Cynthia Bourgeault

Das Auge des Herzens

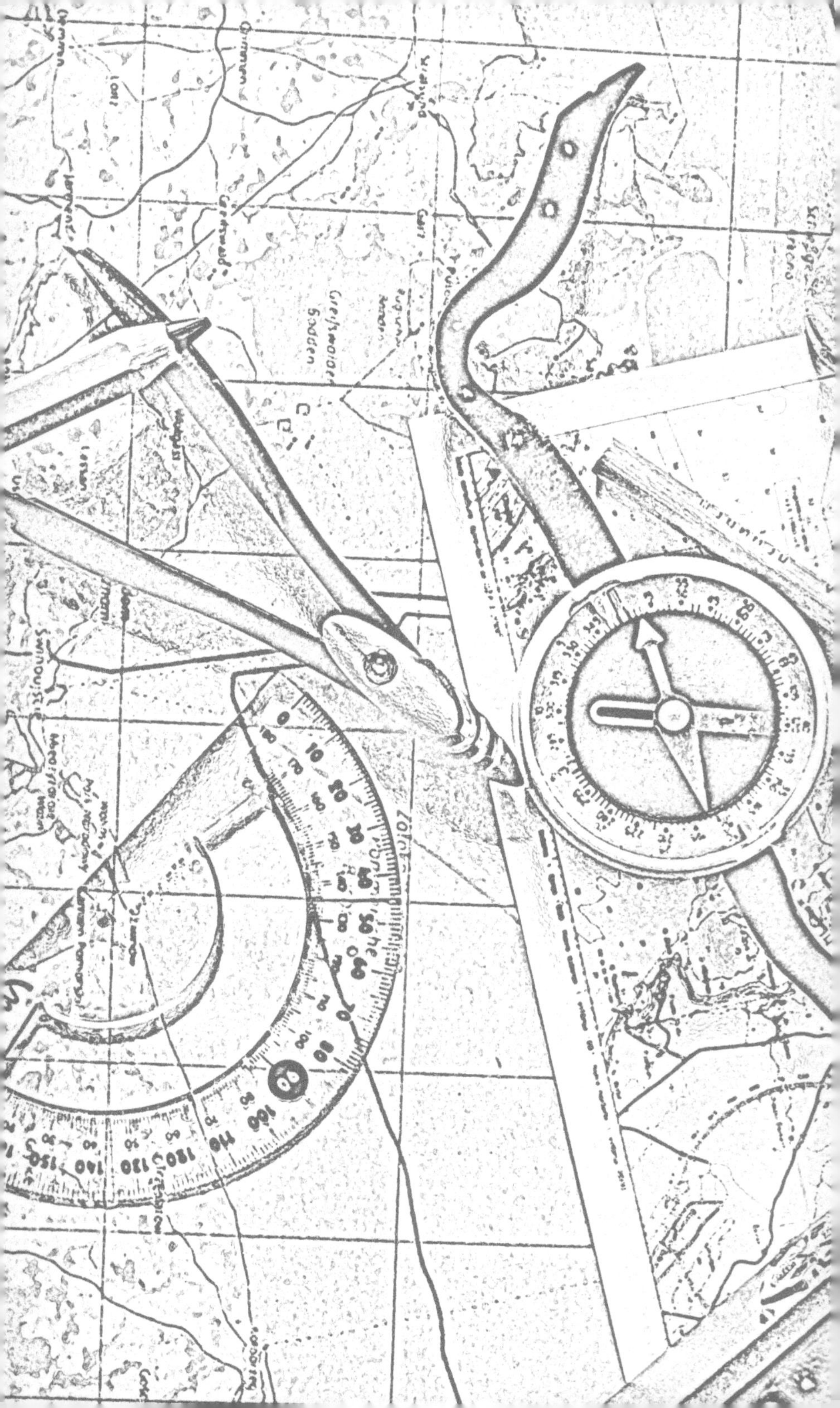

Das Auge des Herzens

Eine spirituelle Reise
ins Reich des Imaginativen

Aus dem Englischen
von Helga Jacobsen und
Robert Cathomas

Chalice Verlag

Die Originalausgabe erschien
2020 bei Shambhala Publications, Inc., Boulder,
unter dem Titel *Eye of the Heart*

Deutsche Erstausgabe

Buchgestaltung: Robert Cathomas
Herstellung: BoD – Books on Demand GmbH
Printed in Germany

ISBN 978-3-942914-48-2

Inhalt

Für dich,
John Kontsas,
trotz und wegen allem

Hier und dort spielen keine Rolle.
Regungslos sollten wir sein und dennoch uns bewegen
In eine andere Leidenschaft
Nach größerer Einheit, nach tieferer Gemeinschaft.

T.S. Eliot: "East Coker"
(aus *The Four Quartets*)

Vorwort und Dank

Dieses Buch, das während einer langen Zeit in meinem Hinterkopf ins Entstehen sickerte, wurde schließlich in der Folge einer wunderschönen, aber kurzen Beziehung aus mir herausgerissen, die mein Herz zum Kosmos hin weit aufgebrochen zurückließ. Einige von Ihnen werden den Kopf schütteln und der Meinung sein, ich hätte es nur geschrieben, um meine Trauer zu verarbeiten. Doch falls das, was ich mir hier als Thema vorgenommen habe – das Reich des Imaginativen und seine geheimnisvolle Kausalität –, tatsächlich eine bestimmende Wirkung ausübt, spielte es sich wahrscheinlich genau andersherum ab: Diese Beziehung trat in mein Leben, um mir dieses Buch zu entlocken. Unterm Strich geht es hier nicht um Trauer, sondern ausschließlich um das alchimistische Feuer. Im Endeffekt geht es um Transfiguration. John Kontsas, meinem Seelenverwandten für einen Sommer, schulde ich unsagbar viel. Du gabst deinem Boot den Namen *Zoi,* was auf Griechisch »Leben« heißt, und Leben hast du mir gegeben – »ein gutes Maß, zusammengedrückt, zusammengeschüttelt und übergeflossen«.

Weil dieses Buch im Wesentlichen in einer Fusionshitze geschrieben wurde (während zweier sechswöchiger Ausbrüche, zwischen denen der Sommer des Jahres 2018 verlief), sollte ich Ihre Aufmerksamkeit vielleicht auf ein paar recht ungewöhnliche Merkmale seines Aufbaus lenken, der im Grunde der visionären Art und Weise entsprang, in der es zustande kam. Das Buch ist eine Erforschung des imaginativen Reichs, doch ein wissenschaftlicher Wälzer ist es nicht. Zu einem Viertel spirituelle Memoiren, zur Hälfte Exegese und zu einem weiteren Viertel ein ausführliches Prosagedicht, soll es ein Versuch sein, diese »andere Leidenschaft« (wie T.S. Eliot sie nannte) nicht nur zu beschreiben, sondern, was wichtiger ist, sie *wachzurufen.* Sie können die Welt dieses Buches leichter durch das Tor der Literatur betreten als durch die Pforte geistiger Spekulation. Der Hauptteil der Arbeit (die Kapitel eins bis neun behandeln verschiedene Aspekte der imaginativen Wirklichkeit) wird eingerahmt von der Geschichte meines eigenen Todes und meiner Transfiguration im Schiffbruch einer zutiefst ersehnten, letzten Endes jedoch zum Scheitern verurteilten Liebe. Sie können diese Liebesgeschichte überspringen und gleich mit Kapitel eins beginnen, doch ich hoffe, Sie werden es nicht tun; die Tiefendimension erwächst aus der Verflechtung beider Teile.

Am Schluss von vier Kapiteln finden sich kürzere Reflexionen, die ich »Tropen« nenne. In der mittelalterlichen Musiklehre ist ein Tropus ein kurzes lyrisches Stück, das einem größeren Element (etwa einer Schriftlesung oder einem liturgischen Text) hinzugefügt wird und dem Zweck dient, dieses zu kommentieren oder auszuschmücken; genau das beabsichtige ich mit diesen kleinen Tropen. Sie sind nicht zur Gänze Teil des Kapitels, an das sie gekoppelt sind (und widerstehen jeglichem Bemühen, sie in das Format hineinzuzwängen), aber in ihrer tangentialen Aufstellung bringen sie tiefere und »gefühlvollere« Bedeutungsnuancen hervor, die unterhalb der kognitiven Oberfläche der Kapitel liegen.

Ohne die großartige Unterstützung und Rückmeldung von Rebecca Parker und Joan Fothergill, meinem »höheren intellektuellen Zentrum« beziehungsweise meinem »höheren emotionalen Zentrum«, wäre es mir unmöglich gewesen, dieses Buch zustande zu bringen. Beide sind sowohl erfahrene Studentinnen meines Weisheitsnetzwerks als auch gute Freundinnen. Die eine wie die andere sind klug in ihrem Urteil und grenzenlos mitfühlend. Sie lasen jedes Kapitel, so, wie es meinem Herzen entsprang, und eröffneten mir ihre unverfälschten Blickwinkel an Stellen, an denen ich selbst die Dinge noch nicht klar genug sehen konnte. Ihre feste Überzeugung, dass dieses Buch gerade jetzt in der Welt gebraucht werde, ermutigte mich weiterzumachen, gerade in Zeiten, in denen ich glaubte, ich hätte nicht mehr die Kraft dazu.

In gleicher Weise bin ich überwältigt und tief gerührt von der weisen und liebevollen Unterstützung durch Roger Lipsey, der das Manuskript aus einer Gurdjieffschen Perspektive las und mir, der Außenseiterin, die ich in Bezug auf Gurdjieff nun mal bin, ein äußerst hilfreiches Feedback gab. Da Roger in der Gurdjieff-Arbeit mittlerweile zu den angesehenen Koryphäen zählt, nahm ich seine Liebenswürdigkeit mit ganz besonderer Dankbarkeit und großem Vertrauen an. Wir werden sehen, wie sich alles entwickelt...

Shambhala Publications war wie gewohnt außergewöhnlich, auch wenn meine Ansprechpartner wechselten. Als ich den Vertrag für dieses neue Buch unterzeichnete (und eigentlich war es damals noch ein ganz anderes!), war Dave O'Neal noch Cheflektor und wir freuten uns auf unser sechstes gemeinsames Wagnis. Doch das Damoklesschwert traf meinen geliebten Mentor heftig und zwang ihn als Folge eines schweren Schlaganfalls, der ihn beinahe das Leben kostete, in den vorzeitigen Ruhestand. Aber er kämpfte sich zurück und machte sich zu Beginn des Jahres 2019, nachdem ich ihm einen frühen Entwurf meines Manuskripts geschickt hatte, eloquent für die Publikation des Buches stark. Gott hab' dich lieb, Dave! Auch hier scheint Liebenswürdigkeit der bemerkenswerte Prüfstein zu sein. Woher mag sie kommen?

Sarah Stanton, die den Mantel der Cheflektorin von Dave übernahm und ihn seitdem würdig trägt, färbte ihn mit der für sie charakteristischen Klarheit, Freundlichkeit und Entschlossenheit, die ich bereits 2004 in unserer Zusammenarbeit an meinem Buch *Centering Prayer and Inner Awakening* kennenlernen durfte. Ihr Können, das ich bereits damals zu schätzen wusste, ist noch größer geworden und ihr Lektorat des vorliegenden Werks ist eine gewandte Mischung aus Einfühlungsvermögen, tiefem Verständnis und klarem strategischem Denken. Ihre Anregungen, die den Lesefluss nicht unterbrachen, die Inklusionskraft des Textes aber auf wundersame Weise sanft erweiterten, haben das Buch gestärkt. Sollte ich tatsächlich noch ein weiteres Werk in mir tragen, freue ich mich schon jetzt auf unsere weitere Zusammenarbeit.

Wie immer möchte ich meine Wertschätzung für die verlässliche Unterstützung durch das Shambhala-Produktionsteam ausdrücken, die insbesondere die Mitlektorin Audra Figgins einschließt, der ich nunmehr seit drei Büchern »auf der Pelle« sitze, und die Chefdesignerin Lora Zorian, die sogar noch länger mit mir zusammenarbeitet. Mein Dank geht auch an die Redakteurin Jill Rogers, die Korrektorin Amy Chamberlain und die Layouterin Claudine Mansour. Und mit seinem stets »übermütigen Geist« konnte kein anderer so plötzlich aus dem Nichts auftauchen wie Andrew Breitenberg, der begabte Student meiner Weisheitsschule, der seine Dienste beim Zeichnen der Illustrationen anbot. Andrew vereint seine geschickte Grafikerhand mit einer tiefen Kenntnis des Terrains der Weisheit. Für das Ergebnis dieser inspirierten Zusammenarbeit werden alle dankbar sein, da bin ich mir sicher.

Und schließlich erinnert sich mein Herz in Dankbarkeit an meine weisen Kolleginnen und Kollegen, die mit mir durch diese

Feuertaufe gingen und mir an einigen schmerzhaft schwierigen Stellen nicht nur mit ihrem professionellen Rat zur Seite standen, sondern auch mit ihrer loyalen und großzügigen Präsenz: Jim Finley, Deborah Jones, Russ Hudson, Jill und Antonio Benet, Buddy Parker, John Moss und selbstverständlich meine beiden Engel des Lichts, Rebecca und Joan, sowie mein immer präsenter und alles vergebender Erzengel Rafe. Beziehungen mögen kommen und gehen, aber wahre Liebe – echte Freundschaft – bleibt für immer.

Cynthia Bourgeault

Präludium

Prospero, Jona und »der Grieche«

> Obwohl einige Illusionen Konstrukte sind, sind nicht alle Konstrukte Illusionen.
>
> EVAN THOMPSON

DIESE SACHLICHE BEOBACHTUNG, UNAUFFÄLLIG UNTERGEbracht in einer ausführlichen Erörterung der Frage »Ist das Selbst eine Illusion?« im letzten Kapital von Evan Thompsons Buch *Waking, Dreaming, Being,*[1] brachte meine Welt ins Wanken. Also *das* war es? Nur weil etwas eine *Konstruktion* ist – eine Schöpfung des Geistes, der Vorstellungskraft –, bedeutet dies nicht zwangsläufig, dass es falsch ist? Die Wahrheit besitzt also wirklich eine Heisenbergsche Dimension? Also schlagen wir uns mit dem Pfad in die Wirklichkeit, für den wir uns entscheiden, unseren Weg tatsächlich aus einer Myriade anderer möglicher Pfade durchs Unterholz?

»Hermeneutik ist immer eine Hypothese«, hatte mir mein Lehrer Rafe kurz vor seinem Tod gesagt. »Nämlich die Hypothese, dass, falls deine Postulate stimmen, du in deinem Leben danach handeln wirst.«

Rafe – auch bekannt als Bruder Raphael Robin – war ein Einsiedlermönch im Saint Benedict's Monastery in Snowmass, Colorado. Er lebte in einer kleinen Hütte ungefähr anderthalb Kilometer oberhalb des Klosters, von der er regelmäßig auftauchte, um seine Dienste als klösterlicher Handwerker zu verrichten. Danach kehrte er schnellstmöglich zurück, um seine einsame Wache am Rande der kosmischen Weite wieder aufzunehmen. Ich begegnete ihm zufällig, während ich an einem Retreat zum Gebet der Sammlung teilnahm, und erkannte in ihm sofort »das einzig Wahre«. Er

1. EVAN THOMPSON: *Waking, Dreaming, Being,* New York: Columbia University Press, 2015, Seite 259.

schien genau die Kombination zu verkörpern, nach der ich mein ganzes Leben lang intuitiv Ausschau gehalten hatte: ein zutiefst eingestimmtes mystisches Herz, verankert in einer glühend bewussten Präsenz. »Wenn der Schüler bereit ist, erscheint der Lehrer«, lautet ein altes Sprichwort, und im Grunde genommen wussten wir beide seit jener ersten Begegnung, dass unsere Leben von nun an dazu bestimmt waren, eng miteinander verflochten zu sein.

Innerhalb weniger Monate hatte ich meine Angelegenheiten in Maine abgeschlossen und war nach Snowmass gezogen, um »in Vollzeit« mit ihm arbeiten zu können. Während der zweieinhalb Jahre seines Menschenlebens, die ihm noch bleiben sollten, waren wir beide nahezu unzertrennlich, Lehrer und Schülerin und zwei sich Liebende in gleichem Maße. Unsere Zusammenarbeit gründete nicht ausschließlich darauf, dass wir uns beide zur christlichen mystischen Tradition hingezogen fühlten, sondern auch auf unserer gemeinsamen Verehrung von G. I. Gurdjieff, dem in Armenien geborenen spirituellen Meister aus dem frühen zwanzigsten Jahrhundert, dessen Lehren eine praktische Zugangsroute zur transformativen Kraft bieten, die dieser Tradition innewohnt. Ich hatte Gurdjieffs »Werk« (wie die Lehren von seinen Anhängerinnen und Anhängern genannt werden) formal in Gruppen studiert; Rafe hatte es ganz für sich allein oben in seiner Hütte in Form von Büchern verschlungen. Als wir begannen, unsere jeweiligen Puzzlestücke zusammenzulegen, flogen die Funken in alle Richtungen, bildlich wie auch wortwörtlich.

Nach Rafes Tod im Dezember 1995 nahm ich ihn hinsichtlich seiner hermeneutischen Hypothese tatsächlich beim Wort. Im zweifelsohne größten spirituellen Wagnis meines Lebens hob ich genau jene Puzzleteile wieder auf und baute mir daraus ein wohldurchdachtes metaphysisches Schloss, das mir mein vages Gefühl zu bestätigen vermochte, dass unsere Verbindung noch immer ganz und gar unversehrt war. Die wesentlichen Bausteine dieser Konstruktion waren die Einigung auf eine »vermögendere Seele« zwischen uns – eine feinstoffliche energetische Trägersubstanz für anhaltendes Wachstum und Austausch über das Grab hinaus – sowie die Andeutung einer bleibenden spirituellen Partnerschaft »im Bewussten Kreis der Menschheit« auf unserer gemeinsamen Reise zur Erfüllung unserer irdischen respektive überirdischen Aufgaben. Diese letztgenannte (ursprünglich wiederum von Gurdjieff stammende) Vorstellung hatte Rafe in unseren diesbezüglichen

Gesprächen vor seinem Tod besonders gefesselt. Er verstand sie als eine Art Sphäre aktiver Zusammenarbeit zwischen den Reichen, in der fortgeschrittene Seelen, die noch immer in ihren menschlichen Körpern leben, sich mit anderen Seelen in den jenseitigen Reichen über die Schwelle zwischen Leben und Tod hinweg die Hand reichen, um gemeinsam einen lebendigen Strom des Mitgefühls und der Weisheit zu erzeugen, der unseren Planeten buchstäblich umfließt und ihm hilft, auf Kurs zu bleiben. Rafe sehnte sich danach, diesem Kreis anzugehören, und während er die Hypothese bejahte, dass er es tatsächlich dorthin schaffen werde, bot ich ihm spontan meine Hände auf dieser Seite an, die sich mit seinen in einer für den Rest meines menschlichen Lebens fortdauernden Partnerschaft und vielleicht darüber hinaus verbinden sollten. Auf diese Vision war mein Kompass für das nächste Vierteljahrhundert ausgerichtet.

Zugegebenermaßen war es eine ziemlich gewagte Hypothese, eine Wette mit hohem Einsatz, die zumindest teilweise mit dem Ziel eingegangen wurde, den Wall der Verzweiflung zurückzudrängen und voranzuschreiten in Richtung einer Vision, die wir in unserer kurzen gemeinsamen menschlichen Zeit so wirkungsvoll geteilt hatten. Im Endeffekt jedoch war es ein Konstrukt, und das wusste ich. Vielleicht handelte es sich ja sogar um eine »ausgeheckte Fantasie«, wie es ein pikierter Bekannter im weiteren Kreis meiner klösterlichen Freunde nannte. Auch andere Erklärungen waren schnell zur Hand und psychologisch wesentlich offensichtlicher. Allen voran diese: dass ich einer Wahnidee aufgesessen und derart in Not sei, dass ich Rafes guten und verdienten Ruf in die Bresche werfen würde, um mich meiner selbst zu versichern. »Ich hätte nur allzu gerne Rafes Version der Geschichte gehört«, lautete der trockene Kommentar einer Rezensentin meines Buches *Stärker als der Tod ist die Liebe* (in dem ich 1999 all dies geschildert habe).

Mir war klar, dass sie da einen wahren Punkt getroffen hatte. Denn Rafe würde nichts mehr dazu sagen, zumindest nicht auf eine Art und Weise, die diese Rezensentin oder irgendjemand anderes hätte verstehen können. Im Laufe der Jahre schworen einige meiner langjährigen Freunde, dass auch sie Rafes Gegenwart spürten. Doch diese Rückmeldungen stammten vor allem aus den Reihen meiner engsten und mental auf mich eingestimmten Unterstützerinnen und Unterstützer, und so war es schwierig, den Faktor der Beeinflussbarkeit auszuklammern. Von denen, die als verlässlichere Zeugen gelten konnten – beispielsweise Rafes früheren Ordensbrüder in seinem Kloster –, hörte ich nichts dergleichen. Es gab keine Heimsuchungen, keine gleichgearteten Rafe-Sichtungen, die darauf hingedeutet hätten, dass er lebendig und irgendwo anders am Wirken war als in meiner überreizten Fantasie.

Die Früchte jedoch waren gut, und sie waren das eine ausgleichende Beweisstück. Kraft dieser sogenannten ausgeheckten Fantasie begann ich nämlich langsam, auf meinem Lebensweg voranzuschreiten. Die Türen öffneten sich und die Lehre fing an zu fließen: eine dynamische Alchimie all jener verblüffenden Einsichten, zu denen Rafe und ich in unserer kurzen gemeinsamen Zeit gelangt waren und mit denen wir zusammen experimentiert hatten. Schritt für Schritt begann die auf diese Art langsam entstehende Weisheitslinie sich aus dem allgemeinen Dunst der verschiedenen Formen kontemplativen Christentums, inneren Mönchtums und anderer Initiativen abzuheben, die sich in dem anbrechenden neuen Jahrhundert entfalteten. Sogar Rafes ehemalige Mönchsbrüder in Snowmass ließen mich wissen, dass meine eigene Transformation erkennbar und am Wachsen sei, obwohl sie jedwede spezifischen Epiphanien Rafes bestritten. Ich war psychisch stark und geistig klar. *Irgendetwas* wirkte offenbar.

Und mein Gefühl der inneren Verbindung mit Rafe hielt an. Konstrukt oder Illusion – wir beide hatten eine Weisheitslinie ins Leben gerufen, deren Einfluss als echter energetischer Zusammenhang spürbar wurde. Und wir haben es geschafft, das Schiff auf Kurs zu halten: ich, die ich mir auf eine Art vorkam (und noch immer vorkomme) wie ein Schiffsjunge, der einen Schoner steuert und darauf achtet, sich anständig aufzuführen, gemeinsam mit Rafe dort drüben auf der anderen Seite.

Irgendwann in den letzten Jahren begann ich zu bemerken, dass unsere innere gegenseitige Position sich sehr langsam veränderte. Rafes »Majestät« (Jakob Böhmes Begriff für kosmische Vermittlung und Verantwortung) nahm spürbar zu, und im Grunde genommen war nichts anderes zu erwarten gewesen. »Rafe« war die Kurzform von Raphael, des ihm verliehenen klösterlichen Namens bei seinem Eintritt ins Noviziat, und es war das Reich der Erzengelschaft, dem er nun spürbar entgegenstrebte. An meinem Ende des Seils drückte sich diese Verlagerung äußerlich als eine neue Betonung des Prophetischen, des Evolutionären und des Kollektiven aus. Im Jahr 2015 ließ mich ein mächtiger kosmischer

Stupser in die Arbeit des jesuitischen Wissenschaftlers und Mystikers Pierre Teilhard de Chardin (1881–1955) eintauchen. Mein Verständnis kontemplativer Transformation wurde evolutionärer und stärker von Modellen angezogen, die Ausdruck waren dieser neuen Vision kollektiver Verantwortlichkeit. Als die politische Weltlage immer brenzliger wurde, spürte ich, wie unsere Weisheitsschule aufgerufen war, eine ganz bestimmte Stellung einzunehmen und eine sehr besondere imaginative und schwingende Aufgabe zu übernehmen. Wir schienen mit dem Verweben einiger überaus wichtiger dialogischer Fäden beauftragt zu sein (beispielsweise zwischen Gurdjieff und Teilhard) und mit der Verknüpfung unserer Arbeit mit derjenigen anderer, auf einer ähnlichen Schwingungsebene agierender Schulen, um dabei zu helfen, ein vereintes Energiefeld zu halten, das so bitter nötig war auf einem Planeten, der vor einem heftigen Wehenschub stand. Am 7. November 2016, dem Vorabend der amerikanischen Präsidentschaftswahl, welche die Welt in die Trump-Ära befördern sollte, erhielt ich in der Tintern Abbey, der durch William Wordsworth zu Ruhm gelangten gebrandschatzten Zisterzienserabtei,[2] diesbezüglich eine überaus explizite Anweisung, und so nahmen wir die Erneuerung unserer Line als Teil des Bewussten Kreises der Menschheit in Angriff. Es war eine reiche, zielgerichtete und gesegnete Arbeit, und ich fühlte mich geehrt, mein Ende des Seils hochzuhalten.

Im Inneren, so vermute ich, war ich einsam – oder vielleicht war ich auch einfach am Wachsen, im andauernden Gleichtakt mit Rafe. Sein sich weitender Raum hinterließ gewiss ein Loch in meinem Herzen, das seit seinem Weggang nie ganz verheilt war; und all jene Jahre, während derer ich Wange an Wange mit dem schmerzhaften Gespenst der Selbsttäuschung lebte, hatten nach und nach ihren Tribut gefordert. Oder vielleicht war ich, im Sinne jener hermeneutischen Hypothese, auch einfach immer unruhiger darob geworden, meine Tage in Prosperos Zelle zu verleben (um die Metapher zu bemühen, die Shakespeare in seinem mysteriösen, packenden letzten Stück, *Der Sturm,* so kraftvoll geschildert hat). Ich fragte mich zunehmend, ob dies nur ein ausgefeiltes mentales *Son-et-lumière*-Spektakel sei, das durch einen einzigen Streich des

2. Das im Jahr 1563 aufgelöste Zisterzienserkloster im walisischen Wye Walley, dessen Ruinen der englische Dichter William Wordsworth 1798 in seinem Gedicht "Tintern Abbey", einem der berühmtesten Werke der englischen Romantik, beschrieb [Anmerkung der Übersetzer].

Zauberstabs auseinanderfallen würde unter den feierlichen Worten: »Wie dieses Scheines lockrer Bau, so werden die wolkenhohen Türme, die Paläste, die hehren Tempel, selbst der große Ball, ja, was daran nur teilhat, untergehn; und, wie dies leere Schaugepräng' erblasst, spurlos verschwinden.«[3] Mein wachsender Riecher für eine direktere Erkenntnis der Wahrheit lockte mich mehr und mehr aus meinem Nest heraus, weil ich verstehen wollte, was mich, wenn überhaupt, tatsächlich aufrecht hielt. Nicht, weil ich an Rafe zweifelte, sondern weil ich der Richtung traute, in die er fortwährend zeigte: direkt ins Unbekannte. Und weil eines der letzten Puzzlestücke von Weisheit, die er mir hinterlassen hatte, lautete: »Wenn das Gebäude fertig ist, brauchst du das Gerüst nicht länger.«

»Nenn mich Johnny!«

All diese Strömungen wirbelten im Sommer des Jahres 2017 im Hintergrund, als ich mehr und mehr in das Gravitationsfeld von Johnny »dem Griechen« Kontsas trieb, einem Hafenlungerer, wie ich es bin, und lokalem Original. In meinen Sommerurlauben liebte ich es, als Verschnaufpause von der spirituellen Ernsthaftigkeit, mich mit meinen Segelbooten zu beschäftigen und bei den Fischern von Stonington, dem Städtchen auf Deer Isle vor der Küste von Maine, herumzuhängen. Johnny war eindeutig der Rattenfänger unter ihnen. Mit seinem Näseln, das so typisch ist für die Menschen, die von etwas weiter südlich zwischen Brooklyn und Boston herkommen, und seiner Marlboro-Mann-Patina (formvollendet mit handgerollter Zigarette, die den größten Teil des Tages aus seinem Mundwinkel baumelte) war er eine eindrucksvolle und gleichermaßen Unheil wie Fröhlichkeit verströmende Erscheinung rund um den Hafen von Stonington.

Als unser anfänglich ruppiges Hin und Her nach und nach gelegentlichen tieferen Wellen innigen Teilens gewichen war, erkannte ich immer stärker, was für ein seltener Charakter er war. Scharfkantig, doch zugleich intuitiv brillant (»Ich bin eine alte Seele«, behauptete er von sich), war er ein vollendeter Mann des Wassers, ein Freidenker und ein unverbesserlicher Träumer. Einige Jahre zuvor

3. William Shakespeare: *Der Sturm,* Vierter Akt, Erste Szene, in *William Shakespeare – Werke in zwei Bänden,* herausgegeben von L.L. Schücking, München: Th. Knaur Nachf. Verlag, 1955, Band I, Seite 1194.

hatte er all seine Rücklagen zusammengekratzt, um einen elf Meter langen Katamaran zu kaufen, den er auf den Namen *Zoi* taufte, was auf Griechisch »Lebenskraft« bedeutet. Während des Sommers lebte er im Hafen von Stonington auf seiner *Zoi* und verdiente seinen Lebensunterhalt als Taucher und als ausgefuchster maritimer Hansdampf. Mit den ersten kalten Winden des Herbstes verließ er jeweils den Hafen für sieben Monate und kreuzte ganz allein in der Karibik. Leidenschaftlich gegenwärtig, wendig wie eine Katze und unnachgiebig wie Diogenes auf seiner Jagd nach der Wahrheit, verkörperte er ein Einmann-Statement der Gegenkultur.

Im Verlauf des Herbstes schlangen sich unsere Herzen allmählich ineinander. Zu Beginn war er der Skeptiker, ich die Beharrliche. Später wurde er in meinem imaginativen freien Flug ganz und gar zu meinem Schams Täbrizi[4] des Wassers, und ich sehnte mich nach beidem: der Initiation und der Beziehung – vermutlich zu gleichen Teilen.

Wonach er sich sehnte, weiß ich nicht genau. »Nach freudiger Gemeinschaft«, räumte er ein – vielleicht aber auch, allen Widrigkeiten zum Trotz, nach seiner noch immer nicht gefundenen Seelenverwandten. Wir waren ein ziemlich ungleiches Entenpaar, doch es gab auch vieles, was für uns sprach. Beide liebten wir das Wasser, teilten einen ähnlichen Abenteuergeist und waren offenbar frei und für eine neue Beziehung verfügbar. Im Spätherbst waren wir zutiefst voneinander angetan und so beschlossen wir, einen Versuch zu wagen. Ich verabschiedete mich von meinem zur See fahrenden Schams, als er den Hafen von Stonington früh im November verließ, und schloss mich ihm vier Wochen später unten in Florida wieder an, um mit ihm die Segel für die Karibik zu hissen.

Fünf Wochen packten wir es, bevor jene erste Runde platzte.

Fast von Anfang an liefen Dinge schief. Es gab die normalen Umstellungen, vor die sich zwei Menschen von sehr unterschiedlichem Hintergrund und Temperament gestellt sehen, wenn sie plötzlich auf engstem Raum auf dem Spielplatz eines der beiden zusammenkommen. All der übliche zwischenmenschliche Krimskrams, und wir kämpften uns wirklich tapfer hindurch, trieb

4. Schams Täbrizi (Schamseddin Tabrīzī) war der mysteriöse Wanderderwisch aus Aserbeidschan, der zum spirituellen Lehrer des großen persischen Gelehrten und Poeten Dschalāl ad-Dīn Rūmī (1207–1273) wurde, diesen in die innersten Geheimnisse des Sufismus einweihte und dessen Leben und Werk radikal veränderte und maßgeblich prägte [A.d.Ü.].

Bojen gleich an die Oberfläche, unterbrochen von Zwischenspielen kaum zu ertragener Süße. Doch auch Sachen aus tieferen pathologischen Schichten kamen nach oben, die eine wesentlich unheilvollere San-Andreas-Verwerfung erahnen ließen, die unter dieser glücklichen Herzenssee verlief.

Und dann begannen die Unfälle. Aus keinem ersichtlichen Grund fiel eines Nachts die Radaranlage herunter und wurde über Bord gespült, sodass wir nur noch nach dem (glücklicherweise gerade vollen) Mond navigieren konnten. Dann lief der Ankerkasten voll Wasser, was dazu führte, dass die Winsch des Ankerspills herausgedrückt wurde (John, begnadeter Handwerker, der er ist, baute sie von Grund auf wieder neu zusammen). Kurz darauf lief (wegen eines geplatzten Schlauchs) der Maschinenraum voll: die Wasserpumpe, der Wechselstromgenerator und der Anlasser gingen kaputt – auch diese Schäden reparierte John. Fast die ganze Reise über waren wir Gegenwind ausgesetzt, und als wir auf der zweiten Runde die Inseln über dem Winde in den Kleinen Antillen erreicht hatten, steigerte sich dieser zu Sturmwindstärke – und hielt neun Tage lang ununterbrochen an. Zwar segelten wir unverdrossen weiter und der Kapitän hatte sein Schiff vorzüglich im Griff, doch die arme *Zoi* hatte einiges wegzustecken. Die Want steuerbords zerschliss (John verstärkte sie mit einer Nylonschnur), die Segel rissen (John flickte sie) und der Autopilot ging in die Brüche (John zurrte ihn wieder fest und dichtete ihn mit Kunstharz ab).

Was war hier bloß los? Als John diese Frage zwei seiner langjährigen Seefahrtkameraden stellte, antworteten beide wie aus der Pistole geschossen: »Du hast einen Jona an Bord.«

Wir lachten anfangs, leicht nervös. Wer will sich schon seine Kreuzfahrtträume zur Geisel eines alten biblischen Knüttels machen lassen? Doch dies sah *wirklich* nach einer ganz außergewöhnlichen Pechsträhne aus. Und die Stürme nahmen zu. Am vorletzten Tag unserer zweiten Runde war ich so ungeschickt, mein linkes Bein beim Loslassen einer Festmacherleine in einer drehenden Seilrolle zu verheddern und brach mir den Knöchel. Zwei Tage später begann John an einer Lebensmittelvergiftung durch verdorbenes Hühnchenfleisch zu leiden, das er gekauft hatte, nachdem er mich in Antigua von Bord gelassen hatte, und war fast den ganzen Monat meiner Abwesenheit krank.

Dann, weniger als eine Woche nach Beginn unserer dritten Runde, beobachteten wir beide mit Schrecken, wie diese San-

Andreas-Verwerfung mit der ganzen Zerstörungskraft des wahrscheinlich größten Wirbelsturms, den ich jemals erlebt habe, zum Ausbruch kam und das, was mit einer fröhlichen Geburtstagsfeier und den ersten Stadien der Sondierung eines dauerhafteren Bekenntnisses füreinander begonnen hatte, in einen verheerenden Schiffbruch unserer Herzen und unserer Träume verwandelte.

Über den Grund bin ich mir noch immer nicht im Klaren.

Natürlich gäbe es eine Vielzahl psychologischer Erklärungen. Manche davon sind mir gewogen, manche dem Griechen. Sagen wir einfach so viel: dass die Zutaten dieses psychischen Eintopfs Ärger, Aneinanderklammern, Misstrauen und wahrscheinlich ein tiefliegendes Borderline-Muster waren, in welchem Liebe sich blitzschnell in Verteufelung verwandeln kann. Doch waren dies wirklich die *Gründe* für das Auftrennen oder bloß die Spannungsrisse, entlang denen das Zerbrechen verlief?

Wohlbehalten zurück in Maine, las ich noch einmal die biblische Geschichte von Jona und danach wieder und wieder. Auch wenn sie eine Volkssage sein mag, so musste ich zugeben, dass das ganze Bild letztendlich Sinn zu machen schien. Alles, was es brauchte, war ein einziges Umlegen des Schalters: von der Mutmaßung, ich sei eine frei Handelnde gewesen, zum Akzeptieren der Prämisse, dass meine zwei Jahrzehnte lange imaginative Partnerschaft mit Rafe eine Konstruktion und keine Illusion gewesen war. Und schon fielen alle Teile des Puzzles an ihre richtige Stelle.

Notiz für mich selbst: Jona war ein *Prophet,* erinnerst du dich? Er hatte eine imaginative Stellung inne, einen Posten im dem Reich, welches den Göttlichen Willen mit dessen Verwirklichung hier auf der Erde verbindet. Die ganze Erzählung beginnt damit, dass Gott Jona verkündet, er werde in Ninive stationiert, um den fehlgeleiteten Bewohnern der Stadt Sein Strafgericht anzukündigen. Jona findet keinen besonderen Gefallen an dieser Aufgabe und beschließt, einen unangekündigten Urlaub zu nehmen. Er findet ein Schiff, das mit Kurs auf Tarsis ablegen soll, und einen Kapitän, der einwilligt, ihn mitzunehmen. Er geht an Bord und ist zweifellos mit sich selbst zufrieden, dass er Gott entwischt ist. Und dann bricht die Hölle los.

War ich jener Prophet, der Fahnenflucht begangen hatte?

Angenommen, diese Welt wäre die einzige *wirkliche* Welt (und die inneren Welten wären rein subjektiv), dann war ich tatsächlich frei und berechtigt gewesen, dem Griechen mein Herz zu schenken. Ich hatte ihm gesagt, ich sei frei und klar in meiner Entscheidung. Ich hatte es wirklich geglaubt, und er hatte dasselbe getan – oder fast. Es war dieses »fast«, das unsere Liebe auseinanderriss.

Am Ende, wenn sämtliche anderen Handlungsoptionen erschöpft sind, bleibt Jona nichts anderes übrig, als sich geschlagen zu geben. Er wurde kosmisch überwältigt und er weiß es. Er wendet sich an seinen Kapitän und sagt: »Nehmt mich und werft mich ins Meer, damit das Meer sich beruhigt und euch verschont! Denn ich weiß, dass dieser gewaltige Sturm durch meine Schuld über euch gekommen ist« (Jonas 1.12).

Zu meinem Geburtstag ein paar Wochen zuvor hatte ich von Johnny meinen ersten Neoprenanzug geschenkt bekommen. Diesen besonderen Aspekt seines Lebens hatte er schon lange mit mir teilen wollen, und am Morgen dieser letzten langen Tagesreise in die Nacht beschlossen wir, es zu versuchen. Ich schlängelte mich in den Anzug und lachte über das Wort »Tiefe«, das auf das Brustteil gedruckt war. »Meine Studierenden werden das lieben!«, scherzte ich, zog die Taucherbrille über, setzte das Mundstück des Luftschlauchs ein und machte meinen ersten Tauchgang in das schäumende, azurblaue Meer. So fasziniert waren wir beide von dem, was sich vor uns auftat, dass keiner von uns bemerkte, dass die Aufschrift auf meinem Anzug nicht nur »Tiefe« lautete. Unter dem Wort stand auch eine Ziffer. Es war die Zahl Sechs.[5]

Man könnte es »imaginative Synchronizität« nennen.

Jona selbst wurde *körperlich* vernichtet, von einem Kapitän widerstrebend über Bord geworfen, um seinen Ort der Abrechnung im Bauch eines Wals zu finden. Im Großen und Ganzen bin ich um einiges besser gefahren. Im Verlauf der nächsten vierundzwanzig Stunden gingen die meisten Totems unserer knospenden Liebe in einem wilden Trennungsritual über Bord: Geburtstagskarten, Valentinsgrüße, Geschenke, mein Weihnachtsfahrrad, meine Gitarre – und ja, auch meine rote Mütze, die fünfzehn Jahre lang die Insignie meines imaginativen Postens gewesen war, verschwand im Laufe dieser Nacht im Irgendwo. Eine deutlichere kosmische Botschaft kann ich mir nicht vorstellen.

Doch ich selbst ging nicht über Bord. Und mein Bauch des Wals wurde stattdessen ein kleines, dunkles Hotelzimmer im Ha-

5. Das amerikanische Verb *to deep-six* bedeutet etwa so viel wie »etwas entsorgen«, »unwiederbringlich vernichten« oder »über Bord werfen« [A.d.Ü.].

fen von Nassau, wo mich John beim ersten Licht des Gründonnerstags hastig absetzte, bevor er gleich wieder hinaussteuerte aufs Meer.

Ich vertraue darauf, dass es sich mittlerweile auch für dich wieder beruhigt hat, lieber Kapitän meines Herzens.

Der Bauch des Wals

Letzten Endes scheint die Jona-Geschichte noch immer die einfachste und netteste Erklärung zu sein. Johnny und ich waren kosmisch schachmatt gesetzt worden. Selbst unter Einberechnung all des psychologischen Krams bleibt da noch immer jener zusätzliche Faktor X, der verdächtig danach aussieht, als sei eine höhere Hand involviert gewesen. Da waren allzu viele genau zusammenpassende »Zufälle« (eigentlich könnte man sagen »Chiasmen«) im Spiel, als dass sie sich einfach einer Pechsträhne ankreiden ließen. Wenn wir erst einmal die Sprache der imaginativen Kausalität erlernt haben, liest sich dies alles wie ein offenes Buch. Das Fazit heißt *»Nein!«*. Das Kleingedruckte lautet*: »Missachtung auf eigene Gefahr.«* Dieses Mal kamen wir mit dem Leben davon. Ein anderes Mal würden wir vielleicht nicht so viel Glück haben.

War diese kosmische »Unterlassungsverfügung« aufgrund einer Pflichtvernachlässigung unsererseits ergangen? Oder zu unserem eigenen Schutz? Oder um uns zu zwingen, eine komplett neue Grundlage für unsere Beziehung zu finden? Noch bin ich nicht so weit, dies beantworten zu können; die Arbeit des Trümmersortierens hat eben erst begonnen. Doch falls, wie der Philosoph Karl Popper bekanntermaßen erklärt hat, wir uns der Wahrheit schneller aus Fehlern als aus Irrtum nähern, dann war unsere Wasserprobe in jenem Winter ganz gewiss ein Quantensprung in Richtung eines wahrhaftigeren Ortes. Ironischerweise wurde mir der »Beleg« für meine imaginative Berufung, zu der ich aus meinem Inneren heraus nie so richtig den Weg hatte finden können, durch eine strenge kosmische Rüge überaus wuchtig von außen geliefert. Doch Bestätigung ist Bestätigung, egal in welcher Form sie auch erteilt werden mag, und zumindest weiß ich jetzt, wo meine eigene Arbeit der internen Buchhaltung beginnen muss.

Nicht alle Konstrukte sind Illusionen – wie wahr, wie wahr. Meine imaginative Reise mit Rafe mag eine Prospero-Zelle gewesen sein – meinetwegen sogar eine »ausgeheckte Fantasie« –, doch über die Jahre hat sie sich in Stürmen der Prüfung wieder und wieder als wahr und wirklich erwiesen. Es kann sein, dass, wie in jener alten Kindergeschichte »Der Samthase«, das »Wirkliche« nicht dort ist, wo wir beginnen, sondern dort, wo wir landen; wenn dich jemand eine sehr lange Zeit liebt, wirst du nach und nach wirklich. Egal, wie Rafe und ich es geschafft haben, hier anzukommen – dank welcher Verquickung aus Wahrheitssuche, Risikobereitschaft und Treue zueinander und zum Weg auch immer –, diese imaginative Partnerschaft ist mein Zuhause geworden, mein spiritueller Arbeitsplatz, mein Posten. Hier wurde gute Arbeit geleistet und scheinbar werde ich noch immer gebraucht. Vielleicht ist es Prosperos Zelle, aber die Burg ist auf einer Quelle errichtet und der Brunnen fördert Wasser.

Doch wenn ich nun nach meinem Wassereimer greife und wieder Kurs auf Ninive nehme, geschieht dies nicht ohne einen langen Blick zurück zu dem kleinen Katamaran, der wieder seines einsamen Weges zieht hinaus aufs offene Meer. Ich weiß, was ich jetzt zu tun habe. Ich muss schreiben. Und du, Grieche, musst segeln. So ist es nun mal.

Eins
Einführung in das Imaginative

WO SOLL ICH MIT DER GESCHICHTE BEGINNEN? WIE KANN ich Ihnen meine Welt nahebringen? Allzu leicht verstecken wir uns hinter intellektuellen Winkelzügen, wenn wir Themen erforschen, die dermaßen schwer zu fassen sind wie das Imaginative. Handelt es sich beim Imaginativen um dasselbe wie das »intelligible Universum« Platons oder die subtilen Bewusstseinsebenen der Hindus oder die Bardo-Reiche des tibetischen Buddhismus? Vielleicht ja, vielleicht nein, doch in keinem Fall ist es das, worum es mir hier geht. Falls es eine Sache gibt, die ich gelernt habe in diesen zweieinhalb Dekaden, in denen ich mich durchs imaginative Unterholz schlug, dann die, dass das Reich des Imaginativen nur durch das Herz betreten werden kann. »Wie du dahin kommst, ist, wo du ankommst.«[1] Auf welche Route uns diese Erkundung auch führen mag, es ist wichtig, nah am Herzen zu bleiben.

Glücklicherweise ist dies mit dem imaginativen Reich gar nicht mal so schwer, denn das Herz ist dessen Geburtsort. Und wenn wir uns erst einmal aller intellektuellen Abstraktionen entledigt haben und dem Reich des Imaginativen erlauben, sich in seiner Muttersprache zu äußern, ist das, worüber es in überraschender Schlichtheit und Unmittelbarkeit spricht, Schönheit, Hoffnung und eine geheimnisvolle tiefere Ordnung der Kohärenz und Lebendigkeit, die durch dieses irdische Gelände fließt und es mit den unermesslichen Quellen kosmischer Kreativität und Fülle verbindet. Anstelle der Isolation und Anomie, die unsere postmodernen kosmologischen Straßenkarten so häufig vermitteln (die uns auf einen bedeutungslosen Planeten in einer bedeutungslosen Galaxie in einem zufälligen Big Bang unter einer endlosen Kakofonie von Big Bangs verbannen), deutet das Imaginative auf die kostbare Besonderheit und die Dringlichkeit unseres menschlichen Beitrags (so gering er

1. Philip Booth: "Heading Out" in: *Selves,* New York: Penguin Books, 1990, Seite 28.

auch sein mag) zum unermesslichen, dynamischen Netz kosmischen Ineinanderseins, das in seiner Gesamtheit als das Herz Gottes verstanden werden kann. Es ruft uns auf zu einem neuen Gefühl der Würde, der Verantwortung, der Zugehörigkeit, der kosmischen Intimität und der Liebe. Nur deshalb schreibe ich dieses Buch, aus keinem anderen Grund. Unser Herz kennt bereits den Klang dieser Sprache. Mit nur einem kleinen Schubs – und vielleicht mit einer etwas neueren Version der Straßenkarte – kann es auch unser Verstand schaffen, sie zu erlernen. Und dies, so Gott will, solange wir noch die Zeit dazu haben.

Ein herzlicherer Ausgangspunkt, um »mit der Geschichte zu beginnen«, könnte also möglicherweise in jenem eindrucksvollen Bild liegen, das uns Jesus selbst liefert: »Im Haus meines Vaters gibt es viele Wohnungen« (Johannes 14.2). Sich das Reich des Imaginativen als eine dieser Wohnungen vorzustellen, gehört vor allem zur westlichen spirituellen Tradition und ist tief verbunden mit einer westlichen Erfahrung des Herzens Gottes. Vielleicht ist sie kein Penthouse und gewiss ist sie keine universelle Wohnung (da viele spirituelle Traditionen sehr gut auch ohne sie auszukommen scheinen). Doch in ihrem eigenen Bezirk, das heißt in der westlichen mystischen und esoterischen Tradition, ist sie sehr zentral gelegen. Irgendetwas Wichtiges geschieht hier.

Aber – stellen Sie sich diese Wohnung nicht wirklich als einen *Ort* vor. Mir ist klar, dass es unserem westlichen Verstand schwerfällt, nicht in diese Richtung zu denken. Dasselbe haben wir mit Himmel und Hölle versucht, nicht wahr? Wir haben Miniaturplaneten aus ihnen gemacht, ausgestattet mit perlenbesetzten Toren und Feueröfen. Doch ein Reich ist grundsätzlich kein Ort; es gleicht eher einem Satz bestimmender Konventionen, die eine gewisse Art von Manifestation erlauben. In unserem irdischen Reich unterliegen wir vielen dieser bestimmenden Konventionen (wir nennen sie »Gesetze«). Die Schwerkraft hält unsere Füße am Boden; die Zeit fließt nur in eine Richtung; wir können nicht durch Mauern gehen, uns nicht gleichzeitig an zwei Orten aufhalten oder allein durch die Kraft unserer Gedanken fünf Kilo abnehmen. Es existieren viele Gesetze (Gurdjieff behauptete, es gebe achtundvierzig), die unsere Ebene des Irdischen zu einem ziemlich dichten und determinierten Ort machen. Es gibt andere Reiche, die leichter sind, und ein paar, die noch dichter sind. Später in diesem Buch werden wir auch auf sie zu sprechen kommen. Für den

Moment ist es wichtig, uns daran zu erinnern, dass, von einem metaphysischen Blickwinkel aus betrachtet, Reiche weniger mit physikalischer Verortung zu tun haben als mit Dichtheit. Tatsächlich haben alle spirituellen Lehrer jedweder Tradition betont, dass »höhere« (das heißt weniger dichte) Reiche sich nicht irgendwo anders befinden, sondern in unserem *Inneren* – noch zusammengerollt als eine feinstofflichere und zugleich intensivere, lebendigere Bandbreite von Erfahrung und Wahrnehmung. Dass wir normalerweise keine Notiz von ihnen nehmen, liegt darin begründet, dass die Gesetze, die jedes dieser Reiche bestimmen, im Allgemeinen zu grob sind, als dass die feineren Schwingungen, die vom nächst »höheren« Reich ausgehen, in seine Wirkungssphäre »herunter«dringen könnten. Wie der heilige Paulus uns erinnert: »Wir sehen jetzt durch einen Spiegel in einem dunklen Bild; dann aber von Angesicht zu Angesicht« (1 Korinther 13.12).

Doch weshalb nennen wir dieses Reich »imaginativ«? Ich gestehe, dass die ganze Frage problembehaftet ist. In der islamischen Mystik steht das Äquivalent dieses Begriffs für ein feines und fluides »Zwischenreich«, das sich zwischen der Form und der Formlosigkeit befindet. Doch die Vorstellung – oder vielmehr der Archetyp – an sich ist eine tragende Säule der westlichen Tradition der *sophia perennis* oder der »immerwährenden Weisheit«, deren Wurzeln bis zu Platon zurückreichen.[2] Innerhalb dieser weitläu-

2. Es würde den Rahmen dieses Buches sprengen, eine vollständige Einführung in die westliche Überlieferung der immerwährenden Weisheit geben zu wollen, doch ein exzellenter Ausgangspunkt ist Aldous Huxleys Buch *The Perennial Philosophy* aus dem Jahr 1945, mittlerweile ein Klassiker (deutsch: *Die ewige Philosophie,* Freiburg im Breisgau: Hans-Nietsch-Verlag, 2008). Die *philosophia perennis* wird dort in diversen Stilen und Linien präsentiert und obwohl es unmöglich ist, alle Varianten in einer einzigen philosophischen Rubrik unterzubringen, ist sein ein Jahr zuvor erschienener Essay "The Minimum Working Hypothesis" (in der Anthologie Swami Prabhavananda und Christopher Isherwood: *Vedanta and the West,* V2, No. 2, March–April 1944, Literary Licensing LLC, 2011) ein guter Ausgangspunkt. Huxley beschreibt in dieser »minimalen Arbeitshypothese« die fünf Grundzüge der *philosophia perennis,* welche in allen mystischen Zweigen der Weltreligionen zu finden sind:

Dass es eine Gottheit oder einen Grund gibt als das nicht manifestierte Prinzip jeglicher Manifestation.
Dass der Grund sowohl transzendent als auch immanent ist.
Dass es dem Menschen möglich ist, diesen Grund zu lieben, darum zu wissen und sich wirklich mit ihm zu identifizieren.

figeren westlichen Tradition wird das Imaginative üblicherweise als eine Randzone verstanden, welche die engere Kausalität unserer irdischen Ebene von den feineren Kausalitäten trennt, die »über« uns in den engelhaften und logoischen Welten liegen. Einfacher ausgedrückt: Wir finden es an der Trennungslinie zwischen den sichtbaren und den unsichtbaren Welten – oder, gemäß der älteren vor-Einsteinschen Metaphysik, zwischen der »spirituellen« und der »materiellen« Welt.

»Imaginativ« heißt es, weil es für das physische Auge zwar unsichtbar, mit dem Auge des Herzens aber dennoch wahrnehmbar ist, was der Begriff der *Imagination* zum Beispiel im islamischen Kontext ursprünglich auch tatsächlich impliziert: *direkte Wahrnehmung durch das Auge des Herzens, nicht durch intellektuelle Reflexion oder Fantasie.*[3] Natürlich betrachten wir im modernen Westen die innere Landschaft heute durch die Brille einer Wordsworth'schen Romantik und verstehen das Wort »Imagination« als Andeutung von etwas Persönlichem, Subjektivem, Illusorischem oder Erfundenem – was jedoch das genaue Gegenteil dessen ist, was der Begriff eigentlich zu vermitteln beabsichtigt.

Mir ist bewusst, dass dies eine Menge unnötiger Verwirrung verursacht, doch wenn Sie erst die wahre metaphysische Bedeutung dieses Begriffs verstanden haben, beleuchtet er nicht nur die islamische mystische Tradition, sondern ebenso die christliche. Ich bin mir beispielsweise sicher, dass der heilige Paulus mit dem Begriff *Glaube* dieses direkte noetische Sehen meinte (wie etwa in Hebräer 11.1: »Es ist aber der Glaube eine feste Zuversicht auf das, was man hofft, eine Überzeugung von Tatsachen, die man nicht sieht«). Doch in unserem eigenen, geistig verarmten Zeitalter hat sich auch der Glaube verdunkelt und wird tendenziell eher verstanden als ein Sprung »mit verbundenen Augen« ins Dunkel denn als

Dass das Erlangen dieses vereinigenden Wissens, die Erkenntnis dieser allerhöchsten Identität, letztendlich das Ziel und der Zweck der menschlichen Existenz ist.

Dass es ein Gesetz oder Dharma gibt, das eingehalten werden muss, ein Tao oder einen Weg, dem es zu folgen gilt, wenn die Menschen ihr endgültiges Ziel erreichen wollen.

3. Je nach Denkschule und der damit verbundenen Anzahl der unterschiedenen Welten wird dieses Reich im Sufismus bezeichnet als *'ālam al-ḫayāl* (Welt der Imagination), *'ālam al-arwāḥ* (Welt der Geister) oder *'ālam al-miṯāl* (Welt der Vorlagen); siehe auch Seite 32 [A.d.Ü.].

einleuchtende Wahrnehmung des unsichtbaren goldenen Fadens. Kein Wunder also, dass das Imaginative aus der heutigen metaphysischen Straßenkarte so gut wie verschwunden ist.

Drei Absätze weiter oben habe ich vom Reich des Imaginativen als einer »Randzone« gesprochen, aber im Grunde genommen ist es eher ein Zusammenströmen; das Wort »Rand« suggeriert eine Trennung, wo es doch tatsächlich um ein aktives Ineinanderfließen geht. »Wo die beiden Meere sich treffen«, lautet eine wunderschöne Metapher der Sufis, welche die Essenz dessen vermittelt, was dort tatsächlich geschieht. Das Imaginative ist ein Begegnungsort, eine Art kosmisches Watt – und wie in allen Gezeitenzonen bestimmen hier Ernährung und Metamorphose die grundlegende Ordnung des Geschehens. In diesem Reich werden die Früchte unseres – bewussten wie unbewussten – menschlichen Strebens dem größeren Ganzen geopfert. Im Gegenzug empfangen wir aus diesem Reich Segen, Inspiration, Führung und eine belebende Kraft, die wir uns »hier unten« teilen und gegenseitig gewähren können. Wie ein Sufi-Derwisch empfangen und schenken wir, erhalten und geben wir, wenn wir uns im größeren kosmischen Tanz drehen und gedreht werden.

Gemäß seiner traditionellen metaphysischen Einordnung tritt diese verbindende Wirkung des imaginativen Reichs nicht direkt zutage, und zwar, weil eine solche Metaphysik unterschwellig zu einer Art »Substanzontologie« neigt, das heißt zu der Auffassung, dass Materie und Geist qualitativ vollkommen unterschiedlich, getrennt und von Natur aus grundsätzlich nicht miteinander in Einklang zu bringen seien. Durch diese Brille betrachtet, liegen das Reich des Imaginativen und das Reich des »Materiellen« auf den zwei Seiten einer fundamentalen ontologischen Wasserscheide – oder wie wir hier in Maine zu sagen pflegen: »Von hier aus kommst du da nicht hin.« Doch in unserer post-Einsteinschen Ära ist es nicht länger möglich, so zu denken; die alten metaphysischen Karten müssen neu gezeichnet werden auf Basis einer frischen Standlinie, die *Energie,* und nicht Substanz, zur Währung für den Austausch unter den Reichen macht.

In diese Richtung denkt der Mystiker Valentin Tomberg in seinen *Meditations on the Tarot* und lädt uns dazu ein, uns die Große Kette der Wesen (oder die Große Seinskette) als ein einziges energetisches Kontinuum vorzustellen:

> Die moderne Wissenschaft ist zu dem Schluss gekommen, dass es sich bei Materie nur um konzentrierte Energie handelt. [...] Früher oder später wird die Wissenschaft ebenfalls entdecken, dass das, was wir »Energie« nennen, lediglich konzentrierte übersinnliche Kraft ist, und diese Entdeckung wird schließlich zur Anerkennung der Tatsache führen, dass jede übersinnliche Kraft schlicht und ergreifend die Konzentration von Bewusstsein ist, das heißt Geist.[4]

»Übersinnliche Kraft« meint hier die feinstofflicheren Energien, welche die heutige Wissenschaft zwar noch nicht zu messen vermag, die jedoch eine verifizierbare Wirkung in der physischen Welt haben – beispielsweise die Energien von Aufmerksamkeit, Willen, Gebet und Liebe. Die Übertragung ebendieser Energien stellt die wichtigste Aufgabe der imaginativen Welt dar. In einer solchen aktualisierten und wesentlich dynamischeren Neubetrachtung lässt sich das Imaginative ungefähr am Zusammentreffen der Bandbreiten der »übersinnlichen Energie« und der »physikalischen Energien« verorten, wo seine Stellung als Dreh- und Angelpunkt in der Übertragungskette wesentlich stärker in den Fokus rückt.

Auf das Risiko hin, den Umfang dieser sehr vorläufigen Einführung zu überladen, möchte ich noch hinzufügen, dass der jesuitische Mystiker und Wissenschaftler Pierre Teilhard de Chardin genau dieselben energetischen Bandbreiten mit seinen Begriffen »radiale Energie« und »tangentiale Energie« beschreibt.[5] Die letztere ist die physikalische Energie, welche unsere Welt ihren kosmischen Lauf tuckern lässt; die zuerst genannte ist die feinere und zielgerichtetere Energie, welche die Welt in Richtung ihrer evolutionären Bestimmung zieht. Radiale Energie wird insbesondere durch das Zusammenspiel der Welt mit der tangentialen Energie

4. Valentin Tomberg: *Meditations on the Tarot,* Rockport, MA: Element Books, 1993, Seite 574; deutsch: *Der wandernde Narr: Die Liebe und ihre Symbole. Eine christliche Tarot-Meditation,* Luxemburg: Kairos Edition, 2007.

5. Sie finden diese Energien an vielen Stellen seiner umfangreichen Schriften erwähnt, doch ein guter Ausgangspunkt ist sein Meisterwerk: Pierre Teilhard de Chardin: *The Human Phenomenon,* Chicago: Sussex Academic Press, 1999 (deutsch: *Der Mensch im Kosmos,* München: C.H. Beck, 2018), insbesondere in der englischen Übersetzung von Sarah Appleton-Weber, die eine wichtige (in späteren Ausgaben leider fehlende) Darstellung aus Teilhards ursprünglichem Manuskript wieder in den Text einfügt und im "Appendix A", Seiten 227–232, einen eingehenden und überaus hilfreichen Kommentar beisteuert.

freigesetzt und generiert und ist für Teilhard ausdrücklich der Entropie entgegengesetzt.

Das Imaginative durchdringt diese dichtere Welt impressionistisch, auf eine ähnliche Weise, wie die Duftnote eines Parfüms einen ganzen Raum erfüllt, diesen dezent belebt und harmonisiert. Mein bevorzugtes Bild, um diese zugegebenermaßen nur schwer fassbare Vorstellung verständlich zu machen, ist noch immer jene eindrucksvolle Skizze in Tania Blixens Roman *Jenseits von Afrika,* in der sie berichtet, wie sie einst auf eine wunderschöne Schlange traf, die durch das Gras glitt; ihre Haut glitzerte in feinen, abwechslungsreichen Farben. Sie war dermaßen von ihr fasziniert, dass einer ihrer Hausangestellten die Schlange tötete und deren Haut zu einem Gürtel für sie verarbeitete. Doch zu ihrem Entsetzen war die vorher glitzernde Schlangenhaut jetzt nur noch stumpf und grau, einfach weil die Schönheit nicht in der physischen Haut, sondern ganz und gar in der Qualität der Lebendigkeit gelegen hatte. Das Imaginative ist diese Qualität der Lebendigkeit, die sich durch das irdische Reich hindurchbewegt, es vollkommen durchdringt und zusammenhält und die Dinge mit der Duftnote einer impliziten Bedeutung erfüllt, deren Linien nicht in dieser Welt zusammenlaufen, sondern an einem Punkt im Jenseits. Wie es im Thomasevangelium geschrieben steht:

> Ich bin das Licht, dieses, das über allen ist.
> Ich bin das All; das All ist aus mir herausgekommen.
> Und das All ist zu mir gelangt.
> Spaltet ein Holz[-Stück], ich bin da.
> Hebt den Stein auf und ihr werdet mich dort finden.[6]

Wenn es erfahren wird, also empfangen in der eigenen stillen Subjektivität, erscheint es als eine Lebendigkeit voller Anspielungen, als eine Bedeutung, die sich in »Einblicken und Visionen« zeigt, als ein Vorgeschmack – oder Nachgeschmack – einer halbvergessenen Wirklichkeit, die dennoch seltsam vertraut und von einer Intensität, Schönheit und Kohärenz ist, die mit dem tatsächlichen Muster unserer Herzen übereinzustimmen scheint, wenn wir es bloß ertragen würden, dort zu leben.

6. *Die Bibel der Häretiker: Die gnostischen Schriften aus Nag Hammadi,* eingeleitet, übersetzt und kommentiert von Gerd Lüdemann und Martina Janßen, Stuttgart: Radius-Verlag, 1997, Seite 143, Logion 77.

Ist es wirklich?

Ich kann es gar nicht genug betonen, dass das Wort *imaginativ* nicht dasselbe bedeutet wie »imaginär«. Diese unglückliche, aber allzu nachvollziehbare Verwirrung stiftete Henry Corbin, der bekannte Islamwissenschaftler, als er den Begriff *mundus imaginalis* einführte, um das mittlere, unsichtbare Reich der Kausalität zu benennen, das in der islamischen Kosmologie einen so wichtigen Platz einnimmt. Dabei stützte er sich auf eine höchst technische und letztlich islamische Idee der Vorstellungskraft als einer jener höheren und feinstofflicheren Energien, die gekennzeichnet sind durch Willen, Objektivität und kreative Vermittlung. Für unser modernes westliches Gehör scheint das Wort »imaginär« tatsächlich auf eine Art persönliche oder subjektive innere Landschaft von »vorspiegelnder« oder fantasiereicher Natur hinzuweisen. Doch obwohl es typischerweise mit der Welt der Träume, Visionen und Weissagungen in Verbindung gebracht wird, das heißt mit einer subtileren Form, wird das Imaginative in der traditionellen Metaphysik immer als *objektiv wirklich* verstanden und als »eine ontologische Wirklichkeit« umfassend, »die derjenigen der bloßen Möglichkeit ganz und gar überlegen ist.«[7] Es kennzeichnet einen Bereich, der nicht weniger real, sondern *realer* als unsere sogenannte »objektive Realität« ist und dessen generative Energie den Verlauf der Ereignisse in dieser Welt ändern kann (und es auch tut). So unbedeutend diese auch zu sein scheint, ist sie dennoch mächtig, wie all jene bereitwillig bescheinigen, die versuchen, gegen sie anzuschwimmen.

Walter Wink, einer der wenigen etablierten christlichen Theologen unserer Zeit, die den Mut haben, sich aufgeschlossen auf das Terrain des Imaginativen hinauszuwagen, beschreibt, wie sich diese »generative« Kausalität in den Ereignissen nach der Auferstehung Jesu zeigte. Sein folgender Kommentar wirft ein klares Licht auf beide zentralen Punkte: dass die imaginative Wirklichkeit »objektiv« ist und dass sie über eine wirkliche Kraft verfügt.

> Es ist ein Vorurteil des modernen Denkens, dass Ereignisse nur in der äußeren Welt geschähen. Was die Christen als das

7. Jean-Yves Leloup: *The Gospel of Mary Magdalene,* Rochester, VT: Inner Traditions, 2002, Seite 163.

wichtigste Ereignis in der Menschheitsgeschichte betrachten, geschah laut den Evangelien im übersinnlichen Reich und veränderte unwiderruflich die äußere Geschichte. Christi Himmelfahrt war, wenn man so will, ein »objektives« Ereignis, doch sie spielte sich im Reich des Imaginativen ab, auf dem Nährboden des menschlichen Daseins, wo die grundlegendsten Bewusstseinsveränderungen stattfinden. Die Himmelfahrt war eine »Tatsache« auf der imaginativen Ebene, nicht bloß eine Glaubensbehauptung.[8]

Wir brauchen nur die Apostelgeschichte zu lesen, um die Dimension und die Macht dieser Veränderung im Bewusstsein der Jüngerinnen und Jünger zu spüren und die Bedeutung dessen zu begreifen, was Wink hier sagt. Es ist wahr, dass nicht alle Konstrukte Illusionen sind. Wie und wo auch immer diese Gefährten Jesu auf sie kamen, aus den Ereignissen nach der Auferstehung gingen die Jünger jedenfalls erfüllt von einem klaren und starken Gefühl der Sinnhaftigkeit, der Entschlossenheit und der Bevollmächtigung hervor und vor allem mit dem unerschütterlichen Vertrauen, dass ihr Herr noch immer unter ihnen gegenwärtig war – was auf der imaginativen Ebene unbestritten wahr ist. Mit ihren Rudern, deren Dollen fest in jenem Königreich verankert waren, bewegten sie sich voran, um die Welt zu verändern. Genau dies ist es, was Henry Corbin mit dem Wort »Imagination« zu vermitteln versuchte. Imaginative Wirklichkeit ist ein zulässiges Konstrukt, das, indem es das Bewusstsein vom innersten Grund auf verändert, das Wesen der Wirklichkeit in der äußeren Welt verändert.

Und natürlich ist dies, vom anderen Ende des Spektrums aus gesehen, exakt jener Gegenwind, mit dem Johnny und ich uns in unserem Jona-Syndrom konfrontiert sahen: das imaginative Reich, das in Bezug auf das unsere ursächlich, gezielt und wild entschlossen war. Von außen betrachtet findet sich keinerlei sinnvolle Erklärung, weshalb es zwei abenteuerlustigen und scheinbar ungebundenen Menschen nicht möglich sein sollte, gemeinsam auf eine winterliche Odyssee in die Karibik aufzubrechen. Doch die Kraft der Disharmonie zwischen den Reichen zerriss die Segel und brachte das Radar zu Fall. Die Botschaft war laut und deutlich.

8. Walter Wink: "Easter: What Happened to Jesus?" im Magazin *Tikkun,* Vol. 23, No. 2, March–April 2008.

Aufgrund dieses nachgewiesenen Vermögens, sich auf die Resultate in dieser Welt auszuwirken, wurde das Reich des Imaginativen schon seit langer Zeit mit der Welt von Prophezeiung und Orakel in Verbindung gebracht. Darauf abgestimmten Herzen scheint es tatsächlich »Botschaften« zu übermitteln, so wie es ganz sicher bei den Jüngerinnen und Jüngern von Jesus, bei Jona oder bei Johnny und mir der Fall war. Aus diesem Grund wird es auf heutigen Straßenkarten häufig mit der »subtilen« Bewusstseinsstufe gleichgesetzt, wie etwa auf denen des Philosophen Ken Wilber.[9] Ganz gewiss finden wir dort Wahrheit, und doch müssen wir uns vor Augen führen, dass diese Karten der »Bewusstseinsstufen« im Wesentlichen alle – um die Sprache Wilbers zu verwenden – in der Metaphysik des »oberen linken Quadranten« angesiedelt sind oder, anders gesagt, ausgerichtet sind auf die individuelle innere Reise und die persönliche Transformation. Richtig verstanden und durch die westliche Brille betrachtet, ist das Reich des Imaginativen indes *kollektiv und evolutionär;* sein letztlicher Zweck ist es, zu leiten, zu gestalten, zu nähren und, wo nötig, unserer gesamten planetarischen und interplanetarischen Entwicklung Kurskorrekturen anzubieten. Als ein objektiv verifizierbares Reich, das unsere irdische Ebene durchströmt und auf einer zweimal höheren Frequenz spiritueller Intensität und Kohärenz wirkt, ist es ein Leben innerhalb des Lebens und seine Gesetze, die unsere eigenen durchdringen, liefern die innere Schablone, durch welche die äußere Entfaltung richtig vorankommen kann.

Deshalb ist es auch und in erster Linie das Reich des *kosmischen Beistands.* Es ist der »Ort«, von wo aus Heilige, Lehrer und Lehrerinnen, Meister und Meisterinnen und alle Arten vermögenderer Seelen über die scheinbare Trennung zwischen den Welten hinweg ihre Hand ausstrecken, um »hier unten« in Zusammenarbeit mit gewillten und eingestimmten Herzen irdische Resultate zu fördern oder, falls notwendig, zu modifizieren.

Und, was die traditionellen Straßenkarten vielleicht zu wenig betonen, dies ist der Dreh- und Angelpunkt von allem.

9. Eine schöne, aktuelle Version dieser Karte ist zu finden bei KEN WILBER: *Integrale Spiritualität,* München: Kösel-Verlag, 2007, Seite 53.

Zwei
Welten innerhalb von Welten

AUF DEN KOSMOLOGISCHEN KARTEN IST UNSER EIGENES irdisches Reich seit Langem als *mixtus orbis,* das »gemischte Reich«, bekannt. Die vollständige Erklärung dieses Begriffs ist komplex, doch scheint hier auf jeden Fall irgendetwas miteinander vermischt und verbunden zu sein. Wir Menschen sind auf eine eigenartige Weise zweisprachig: Wir sprechen die Sprache dieser Welt mit ihrem ganzen Charme und ihren Feinheiten, doch genauso streben wir nach diesem unsichtbaren Anderen, das in jenen schillernden Einblicken und Visionen direkt über uns zu schweben scheint, oder mit den Worten von T. S. Eliot ausgedrückt, nach dieser »anderen Leidenschaft«[1] oder Intensität, von der wir intuitiv wissen, dass wir auch ihr angehören. Dieses unsichtbare, doch uns ständig durchdringende Andere ist das Reich des Imaginativen.

Wie bereits erwähnt, neigten die früheren metaphysischen Landkarten dazu, eine scharfe Trennlinie zwischen Materie und Geist zu ziehen, mit dem Resultat, dass das Imaginative, das genau am Horizont unseres *mixtus orbis* schwebt, häufig als eine eigene, in sich geschlossene Welt erschien, die mit der unsrigen offenbar nichts zu tun hat. Weshalb und wie könnte es als letzter Außenposten der »geistigen« Reiche die Kluft zu den stofflichen Reichen überbrücken? Im vorhergehenden Kapitel habe ich versucht, diese traditionelle metaphysische Gewohnheit im Sinne des aktuelleren Verständnisses zu überarbeiten, dass es in Tat und Wahrheit eine solche »Kluft« gar nicht gibt, sondern vielmehr ein einziges Kontinuum an Energie, das sich in unterschiedlichen Subtilitäts- und Grobheitsgraden manifestiert.

Wenn wir die metaphysische Karte aus ihrem ursprünglichen platonischen in dieses eher Einsteinsche Milieu übertragen, bringt uns dies tatsächlich weit über das traditionelle esoterische Verständnis des Imaginativen hinaus, das sein Hauptaugenmerk auf

1. T. S. Eliot: "East Coker" in *The Complete Poems and Plays,* New York: Harcourt, Brace, and World, 1952, Seite 129.

die persönliche und schwer fassbare Natur dieses Reichs legte, hin zu einer neuen Aufgeschlossenheit gegenüber seiner kollektiven und evolutionären Bedeutung.

Es war Gurdjieff, der diesen Ball so richtig ins Rollen brachte, indem er das zentrale Teil des Puzzles einfügte, das mit der Brille einer von der *sophia perennis* überlieferten Metaphysik nicht auszumachen ist und das er als »gegenseitige Ernährung« bezeichnete. Er behauptete, dass entlang des gesamten »Schöpfungsstrahls« (sein äquivalenter Begriff für die Große Kette der Wesen oder die Seinskette) ein ununterbrochener, aktiver Austausch *in beide* Richtungen vonstattengehe – nicht nur von den höheren Reichen zu den niedrigeren, sondern auch von den niedrigeren zu den höheren –, um den ganzen Strahl in einem Zustand dynamischen Gleichgewichts zu halten gemäß einem kosmischen Prinzip, dem er den ziemlich sperrigen Namen »Trogoautoegokrat« gab. Das Wort mag schwierig auszusprechen sein, doch die Idee als solche ist ein bemerkenswert vorausschauender Versuch, die gesamte geschaffene Ordnung als das zu betrachten, was wir heutzutage ein »selbsterhaltendes System« nennen würden, ein Ganzes, das größer ist als die Summe seiner Teile und dessen wichtigstes metaphysisches Kennzeichen nicht länger die *Involution* ist – der schleichende Energieverlust, wenn das untere Ende der Kette stetig in Richtung Entropie abfällt –, sondern vielmehr eine austarierte Homöostase, welche die Energie des Gesamtsystems bewahrt (und sie sogar noch erhöht), indem jedes Reich seinen erforderlichen Beitrag zum Ganzen beisteuert.

Gurdjieff nannte dieses System aus gutem Grund »gegenseitige *Ernährung*«: Der Austausch, den er meinte, erfordert die eigentliche Transformation kosmischer Substanzen – was mehr einer Verdauungstätigkeit ähnelt als dem bloßen Informationsaustausch, der von den heutigen auf Bewusstsein basierten Modellen favorisiert wird. Die umfassende Darlegung dieser Vorstellung führt uns rasch in einen der dichtesten Urwälder der Gurdjieffschen Mysterien: nämlich zu seinen berüchtigten »Tabellen der Wasserstoffe«, einem wahren Labyrinth esoterischer Chemie, in dem schon so mancher übereifrige Sucher den Faden verlor.[2] Doch die Idee an

2. Diese Tabellen sind ausführlich dargelegt in P.D. Ouspensky: *Auf der Suche nach dem Wunderbaren,* Bern, München, Wien: O.W. Barth-Verlag, 2010, das noch immer das klassische Zugangsbuch zum Gurdjieffschen Universum darstellt. Die Wasserstoff-Tabellen finden sich insbesondere auf den Seiten 249–255.

sich ist im Grunde genommen recht unkompliziert und – für einen Planeten, der auf eine ökologische Katastrophe zurast – dermaßen offensichtlich zeitgemäß, dass es meiner Ansicht nach keine Rechtfertigung mehr dafür gibt, sie in einem Giftschrank für Gurdjieffsche Vierter-Weg-Esoterika unter Verschluss zu halten. Für unser konkretes Anliegen ist hier jedoch von größerer Wichtigkeit, dass diese umfassendere Vision dessen, was einem großen intergalaktischen Selbsterhaltungsprozess gleichkommt, absolut unverzichtbar ist, wenn wir ein wirkliches Gespür dafür entwickeln wollen, worum es bei diesem Reich des Imaginativen – über eine bloße schwammige Bandbreite innerer Führung und eine blendende Intensität hinaus – in Wirklichkeit geht. Falls der Austausch tatsächlich die Hauptaufgabe dieses Reichs darstellt, müssen wir uns diesen Austausch von vornherein als eine Straße mit Gegenverkehr vorstellen.

In diesem Kapitel möchte ich nun versuchen, eine nicht-technische Variante der »gegenseitigen Ernährung« anzubieten, die ohne Gurdjieffs quasi-chemische Begrifflichkeit daherkommt, aber dennoch das Wesentliche seiner äußerst brillanten ökologischen Intuition vermittelt. Dies wird den kosmologischen Hintergrund bilden für einen genaueren und substanzielleren Blick auf den Beitrag, den das Reich des Imaginativen in diesem Vorgang leistet – und noch konkreter auf das, was *wir* zu dem beitragen, was das Imaginative beiträgt.

Gleich zu Beginn will ich darauf hinweisen, dass es sich bei meiner Darstellung *nicht* um »Gurdjieff, die 101ste« handelt. Gurdjieff verwendet in seiner Lehre den Begriff »imaginativ« noch nicht einmal (obwohl er ganz klar aus denselben Brunnen der islamischen Mystik getrunken hatte).[3] Die hier vorgelegte Synthese ist also

3. Genau genommen gebraucht Gurdjieff den Begriff »imaginativ« zwar nicht, doch zeigt sich bei sorgfältiger Lektüre seines Hauptwerks *Beelzebubs Erzählungen für seinen Enkel* (Basel: Sphinx Verlag, 1981), insbesondere in der englischen Neuausgabe von 1992 (Viking Arkana), dass er sich offensichtlich der Unterscheidung von »Imagination« (subjektiv und fantasiereich) und »imaginativ« (in Übereinstimmung mit einer direkten Wahrnehmung objektiver Wahrheit, die aus höheren Reichen auftaucht) im Klaren ist. Sein ganzes Kapitel »Kunst« [deutsche Ausgabe Seiten 477–555] zeichnet den Zerfall der Kunst als einem Viadukt für imaginative Wahrheit nach, und das von ihm gewählte Adjektiv für »allegorische Literatur«, die nach dem antiken objektiven Prinzip aufgebaut ist, lautet gemäß der englischen Ausgabe von 1992 *imagonisirian* [in der deutschen Ausgabe, die auf ein leicht unterschiedliches Manuskript aus dem Jahr 1950 zurückgeht, lautet es

meine eigene, zusammengepflückt nicht nur aus der Lehre Gurdjieffs, sondern auch aus dem, was ich von Rafe gelernt habe sowie aus meiner eigenen inneren Arbeit und der größeren christlichen mystischen Tradition, insbesondere betrachtet durch die Augen meiner beiden zuverlässigsten Berater: Jakob Böhme und Pierre Teilhard de Chardin. Wenn Sie so wollen, können Sie dies als meine eigene kosmologische Reflexion ansehen, die sich mir eröffnete, während ich auf den Schultern dieser drei (eigentlich vier, wenn ich Rafe mitzähle) visionären Genies stand, von denen ich glaube, dass sie alle in dieselbe Richtung blicken.

Der Schöpfungsstrahl

Gurdjieff benutzt tatsächlich *zwei* kosmische Landkarten, und um den Wirkungsbereich des Imaginativen innerhalb seiner Lehre einzuordnen, muss man diese beiden übereinanderlegen.

Die erste und (aufgrund ihrer engen Verbindung zum Enneagramm und dem Gesetz der Sieben) wahrscheinlich bekanntere ist sein Schöpfungsstrahl, der, wie schon erwähnt, die Gurdjieffsche Version der Großen Kette der Wesen oder der Seinskette darstellt. In den meisten Punkten folgt dieser dem gewohnten Prozessmodell der traditionellen Metaphysik der *sophia perennis* mit seinen zunehmend dichter und kälter werdenden Reichen, die sich aus der anfänglichen Feuerexplosion des Göttlichen Gestaltungswillens entwickeln, durch den das ganze Geschehen in Bewegung kam. Die der Entropie entgegengesetzte Verlaufsbahn ist zunächst nicht erkennbar.

Was uns an dieser Karte sofort als interessant ins Auge springt, ist allerdings, dass der gesamte Strahl innerhalb des *physikalischen* Universums angesiedelt ist – obwohl das Wort »physikalisch« hier natürlich bis zu unseren weitesten und wildesten kosmologischen Vorstellungen gespannt werden muss. Gurdjieffs »Megalokosmos«, die unermessliche Leinwand, auf der er seine Karte entwirft, erstreckt sich sogar über die vierzehn Milliarden Jahre unserer gegenwärtigen »Geschichte des Universums« hinaus, zurück bis in jene absolut endlose Matrix, aus der die Big Bangs wie virtuelle Teil-

similisiernisch, Seite 787, beziehungsweise *similisierend,* Seite 788; A.d.Ü.]. Für weitere Nachforschungen siehe *Guide and Index to Beelzebub's Tales to His Grandson,* Toronto: Traditional Press, 2003.

chen auftauchen. Seine Vision spielt sich auf der größtmöglichen kosmischen Skala ab.

So sind auch die Reiche auf diesem Strahl nicht mit spirituellen oder theologischen Namen bezeichnet, so wie es für die Metaphysik der *sophia perennis* üblich ist. Wir treffen hier nicht auf logoische Reiche, Reiche der Engel oder Reiche des Himmels und der Hölle – oder, in unserem Zusammenhang, auf imaginative Reiche. Stattdessen finden wir hier konkrete interplanetarische Orte, die gemäß einer Ordnung benannt sind, die uns seltsam vertraut vorkommen mag: *Dominus* (das Heilige Absolute), *Siderum* (sämtliche Galaxien), *Lactera* (die Milchstraße, unsere Galaxie), *Sol* (unsere Sonne), *Fatum* (das Schicksal, unser eigenes Sonnensystem oder Sphäre des planetarischen Einflusses), *Mixtus orbis* (das »gemischte Reich«, unser Planet Erde), *Regina coeli* (die Königin der Himmel, der Mond).

Aber Moment mal! Ist das nicht unsere moderne westliche Tonleiter: Do, Si, La, Sol, Fa, Mi, Re, Do?

Ja, das ist sie. Und damit kommen wir zum zweiten faszinierenden Charakteristikum des Schöpfungsstrahls. Laut Gurdjieff bewahrt unsere moderne Haupttonleiter in den Namen ihrer Noten und der Anordnung ihrer Intervalle die Überbleibsel einer alten esoterischen Lehre über das »kosmische Solfeggio« (wie es James Moore, ein Gurdjieff-Kommentator aus unseren Tagen geistreich genannt hat), und zwar nicht nur hinsichtlich der Art und Weise, in welcher die geschaffene Ordnung ursprünglich ins Sein kam, sondern auch in Bezug darauf, wie *Energie entlang des Schöpfungsstrahls fortwährend übermittelt und erneuert wird.* Dieses Wissen ist noch immer erhalten, verborgen in der musikalischen Tonleiter, um von denen ausgegraben zu werden, die sich davon angesprochen fühlen; und seine Ausformulierung passt ganz genau zu dem, was im Werk Gurdjieffs »das Gesetz der Sieben« genannt wird, das Gesetz der Welterhaltung.

Dies ist nicht der Ort für eine ausführliche Diskussion des Gesetzes der Sieben. Wer das möchte, kann mehr darüber in meinem Buch *Die Heilige Dreifaltigkeit und das Gesetz der Drei* wie auch in einigen der Gurdjieffschen Lehrbücher nachlesen.[4] Aber im Hin-

4. Siehe CYNTHIA BOURGEAULT: *Die Heilige Dreifaltigkeit und das Gesetz der Drei*, Xanten: Chalice Verlag, 2020, insbesondere die Seiten 69–84 sowie das gesamte Kapitel 4, Seiten 237–257. Die Literaturhinweise in dem Buch werden Sie auch zu detailliertem Quellenmaterial in P.D. OUSPENSKY: *Auf der Suche nach*

blick auf den imaginativen Austausch steuert es eine sehr interessante Tatsache bei, nämlich ein weiteres zentrales Merkmal des Gesetzes der Sieben. Wenn Sie einen Blick auf das untenstehende Schema werfen, werden Sie die beiden gestrichelten Linien zwischen dem Do und dem Si sowie zwischen dem Fa und dem Mi bemerken. Diese bezeichnen die Halbtonschritte auf der Tonleiter und korrespondieren mit den »Verzögerungspunkten« auf dem Schöpfungsstrahl, an denen eine neue Energieinfusion geschehen oder eine andere *Art* von Energie hereinkommen muss, um den ganzen Strahl auf seiner Verlaufsbahn am Fließen zu halten. Ohne sie würde die ganze Sache aus der Bahn geraten oder an einer nicht überwindbaren Schwelle zum Stopp kommen. Diese Punkte, in der Gurdjieffschen Fachsprache als »Schocks« bezeichnet, sind die Orte, an denen die gesamte Vorwärtsbewegung am verletzlichsten, die Durchlässigkeit gleichzeitig jedoch am größten ist.

Do	Das Absolute
- - - - -	- - - - -
Si	Alle Universen
La	Alle Sonnen
Sol	Die Sonne
Fa	Alle Planeten
- - - - -	- - - - -
Mi	Die Erde
Re	Der Mond

Gurdjieffs Schöpfungsstrahl: adaptiert aus P.D. Ouspenskys Buch Auf der Suche nach dem Wunderbaren, *Seite 199*

dem Wunderbaren, und Maurice Nicoll: *Psychological Commentaries on the Teachings of Ouspensky and Gurdjieff,* Boston: Shambhala Publications, 1984, führen. Von dort aus folgt dann eine Vielzahl von Verzweigungen.

Im Fall des höhergelegenen Schockpunktes (Do–Si) liefert diese Überbrückungsenergie der Wille des Heiligen Absoluten, das noch nahe genug am Ausgangsnullpunkt liegt, um diese Kluft im Abstieg mühelos schließen zu können. Im tiefergelegenen Fall, den wir uns gleich genauer betrachten wollen, liegt der Schockpunkt genau zwischen Fa, dem traditionellen Endpunkt der sogenannten feinstofflichen Reiche, und Mi, dem Beginn jener »Reiche dichterer Stofflichkeit«. Und genau an diesem Ort lokalisieren die traditionelle Metaphysik wie auch ich (siehe meine nachfolgende Darlegung der zweiten Karte Gurdjieffs) das Reich des Imaginativen. Mit anderen Worten: Der Schockpunkt Fa–Mi fällt genau in die Mitte der Gezeitenzone des Imaginativen. Wenn Sie sich intensiver mit dieser Aussage beschäftigen, wird sie Ihnen beinahe alles offenbaren, was Sie über die primäre kosmische Funktion des imaginativen Reichs und über unseren spezifischen menschlichen Beitrag zu diesem Wirkungsbereich wissen müssen. Doch da diese Ideen für einige von Ihnen, die sich noch nicht mit der Gurdjieffschen Metaphysik beschäftigt haben, sehr neu sein dürften, möchte ich Ihnen versichern, dass ich in Kapitel drei darauf zurückkommen und sie dort sehr viel systematischer darlegen werde.

Diese erste Karte gefällt mir, weil sie *wirklich* ist. Nicht nur, dass sie mit einem aktuelleren Verständnis der Beziehung zwischen Materie und Energie übereinstimmt, sie siedelt darüber hinaus auch die gesamte Entwicklung *hier* an (zugegebenermaßen in einem riesigen und umfangreichen »Hier«) anstatt in einem trugbildähnlichen »spirituellen« Reich, das wie ein riesiger himmlischer Themenpark »über« unserem sichtbaren Sonnensystem schwebt. Diese Karte ruft uns zur Ordnung, zu einem Weg der Transformation, der uns nicht fort von der Materialität führt, sondern geradewegs in sie hinein und durch sie hindurch. Ganz besonders, wenn wir jene zwei untersten Reiche betreten, Mi und Re, sprechen wir über unsere *eigentliche* Erde und unseren *eigentlichen* Mond, und wir setzen uns mit der planetarischen Evolution auf eine Art und Weise auseinander, die derjenigen von Teilhard de Chardin erstaunlich ähnlich ist. Auch Gurdjieff lässt uns hier nicht vom Haken. Für ihn ist das wichtigste Bindeglied, durch das dieser Fa–Mi-Schock übermittelt wird, die Biosphäre – ja, das organische Leben auf der Erde! –, und dessen letztendlicher Empfänger ist der Mond, nicht unsere ewigen Seelen. Und ja, unsere bewusste Aufmerksamkeit und unsere bereitwillige Teilnahme werden sich ganz gewiss enorm darauf auswirken, wie unser Beitrag weitergegeben und in welchem Reich er empfangen wird. Aber egal, ob dieser Beitrag freiwillig oder unfreiwillig geleistet wird – uns wird ein Tribut abverlangt, und der ist in der Münze *dieses* Reichs zu zahlen, mit Fleisch und Blut. Unsere innere Arbeit existiert innerhalb des Megalokosmos und wegen des Megalokosmos und keineswegs andersherum. Es ist wichtig, dies niemals zu vergessen.

Die Welten

Während der Schöpfungsstrahl seiner Orientierung nach äußerlich und kosmisch ist, können wir Gurdjieffs zweite Karte, sein Diagramm der Welten, als Innenansicht betrachten. In Teilhards Worten beschreibt sie das »Inwendige der Dinge«. Man könnte sie sich impressionistisch als einen »Seinsstrahl« vorstellen, der parallel zum Schöpfungsstrahl verläuft und gleichzeitig seinen eigenen unverwechselbaren Kontrapunkt anbietet. Doch bitte denken Sie daran, dass diese Welten (oder »Bewusstseinsstufen«, wie wir sie in der Terminologie unserer heutigen Zeit vielleicht eher nennen möchten) nicht nur innere oder subjektive Erfahrungen sind, sondern tatsächliche *Sphären der Kausalität.* In der Gurdjieffschen Kosmologie gerät deren Yang-Seite nie ganz aus dem Blickfeld.

Wie bereits angesprochen, scheint das Gurdjieffsche System von außen betrachtet dem klassischen Modell der *sophia perennis* insofern zu entsprechen, als dass die Welten, je weiter wir den Strahl verfolgen, zunehmend dichter werden. Auf jeden Fall liegt eine Charakteristik dieses Systems darin, dass Verdichtung nicht einfach eine Frage zunehmender »Materialität« per se ist; vielmehr kommen die Reiche in der Folge unter die Herrschaft von immer mehr Gesetzen, das heißt unter immer mehr formende Gegebenheiten, die sie in ihren Freiheitsgraden einschränken und ihre Ergebnisse festlegen. Je höher »oben« auf dem Strahl, desto weniger kosmische Gesetze herrschen. Unsere eigene Welt, die am »unteren« Ende der Kette liegt, agiert unter achtundvierzig Gesetzen (daher bezeichnet Gurdjieff sie als »Welt 48«), wodurch sie zu einem außerordentlich dichten und mechanischen Ort wird. Die Welt des Imaginativen, in ihrer herkömmlichen Positionierung genau »über« unserer Welt, unterliegt vierundzwanzig Gesetzen und ist folglich bedeutend fließender und mächtiger. Von dort aus führt uns der Strahl zurück,

Ton	*Lateinischer Name*	*Kosmologischer Ort*
Do	***Dominus***	das Heilige Absolute, Vorurknall, »ewige kosmische Inflation«
- - - - - - - - - - -	Zweiter Schock	- - - - - - - - - - - -
Si	***Siderum*** (alle Sterne)	die Gesamttotalität aller Galaxien, aller Big Bangs, aller Universen jetzt und für immer
La	***Lactera*** (Milchstraße)	unser galaktisches System
Sol	***Sol*** (Sonne)	das Zentrum oder »heilige Absolute« unseres Sonnensystems
Fa	***Fatum*** (Schicksal)	die Planeten unseres Sonnensystems
- - - - - - - - - - -	Erster Schock	- - - - - - - - - - - -
Mi	***Mixtus orbis*** (gemischtes Reich)	unser Planet Erde
Re	***Regina coelis*** (Himmelskönigin)	der Mond (das jüngste und instabilste Element des Strahls)
Do_2	***Dominus***$_2$	das schwarze Loch am Ende der Oktave, das als Resultat der Implosion unserer Sonne die Entwicklung entlang dieses Strahls beendet und in dem alles im Schwarz unter dem Ereignishorizont kollabiert

Der Schöpfungsstrahl in einer modernen kosmologischen Interpretation über Welten mit jeweils der Hälfte weniger an Gesetzen bis hin zur Welt 3, der uranfänglichen Dreifaltigkeit, und dann zur Welt 1, dem ungeteilten Heiligen Absoluten. Auf jeder höhergelegenen Ebene gibt es zwar weniger Gesetze, doch sind diese wesentlich stärker bindend.

Nachfolgend möchte ich diese Welten für Sie skizzieren, so wie ich sie verstanden haben. Anstatt lediglich die Attribute zusammenzufassen, die ihnen in der üblichen Gurdjieff-Ouspensky-Version zugeschrieben werden, will ich diese erweitern und gelegentlich auch gänzlich neu formulieren. Einige dieser Assoziationen könnten für Sie ungewohnt sein; ein paar haben sogar mich selbst überrascht. Und auch wenn dieser »malerische Umweg« vielleicht ein wenig von unserer Hauptroute abweicht, hoffe ich dennoch, dass Sie ihn nicht als Zeitverschwendung wahrnehmen – vielleicht schon allein aus dem Grund, dass daraus ein Gefühl des Staunens erwachen kann »über das Ausmaß der ganzen Angelegenheit«, über die riesige Weite der Bühne, auf der sich dieses kosmische Drama entfaltet. In einer praktischeren Hinsicht sollen die folgenden kurzen Skizzen als Grundlage dienen für viele der später noch kommenden Querverbindungen, die ich von Zeit zu Zeit in diesem Buch machen werde und die ansonsten möglicherweise wie »aus dem Nichts zu kommen« scheinen. Sie werden vielleicht häufiger zu ihnen zurückblättern müssen, so wie auch ich es des Öfteren tue.

Welt 1

Welt 1 ist das Heilige Absolute, die Gottheit, das »unerreichbare Licht«, die heilige unergründliche, unsagbare, unerkennbare Ureinheit, bevor »das Ewige« Wahrnehmbarkeit und Unterscheidbarkeit oder, wie Jakob Böhme es beschreibt, »eine Empfindlichkeit und Schiedlichkeit angenommen« hat.[5]

Zweifellos ist dies eine jener riesigen Straßengabelungen, an denen die mystischen Traditionen des christlichen Ostens und des christlichen Westens theologisch getrennte Wege gehen. Für den westlichen theologischen Verstand – mit einigen wenigen rühm-

5. Jakob Böhme: *Christosophia: oder Der Weg zu Christo* [1621], Amsterdam 1731, Seite 164.

lichen Ausnahmen – existiert keine »Gottheit hinter Gott«. Die Trinität ist der vollständige, totale, nicht reduzierbare Ausdruck der Gesamtheit der Göttlichkeit. Die Mystiker beider Wege haben hierüber freilich schon immer gelassen gelächelt. Sie wissen es besser.

Diese Welt 1 stimmt mit dem Do auf dem Schöpfungsstrahl oder mit *Dominus* überein – dem Heiligen Absoluten.

Welt 3

Welt 3 ist das uranfängliche Ternäre, wodurch die Gottheit – ewig unteilbar und nicht manifestiert – Sich selbst in Wahrnehmbarkeit und Unterscheidbarkeit bringt, das heißt in eine »beeinflussbare« innere Konfiguration, die »den Eindruck des Nichts ins Etwas« fördert (auch dies sind Worte Böhmes)[6] und damit den langen Marsch in die äußere Manifestation anstößt. Für beide, Gurdjieff wie Böhme, erfordert diese fundamentale Rekonfiguration des inneren unteilbaren Grundes zwangsläufig Dreiheit, und das, was viele Welten später als die theologische Doktrin der Dreifaltigkeit erscheint, ist in Tat und Wahrheit nur ein weit entferntes Echo dieses Uraufschwungs des Gesetzes der Drei, das von Gurdjieff mit Recht als das »Gesetz der Welterschaffung« bezeichnet wird. Einem brillanten Hinweis folgend, den wir Böhme verdanken, lässt sich tatsächlich behaupten, dass erst in diesem Reich der Begriff »Bewusstsein« herangezogen werden kann (*con-scientia* [von dem das englische Wort *consciousness* für »Bewusstsein« abstammt] bedeutet »mit Wissen«), denn solange es kein »mit« gibt, kann es auch kein »Mitwissen« geben, sondern nur den bloßen, unergründlichen Willen der Einheit (den Böhme *scientia* [Kenntnis, Einsicht, Wissen] nennt). Bewusstsein ist nicht der fundamentale Grund allen Seins. Es ist vielmehr die – in Welt 3 erscheinende – erste Manifestation von Wahrnehmbarkeit und Unterscheidbarkeit. Die beiden sind untrennbar miteinander verbunden.

Diese Welt stimmt mit dem Si auf dem Schöpfungsstrahl oder mit *Siderum* überein – sämtliche Sterne, sämtliche Galaxien, sämtliche Möglichkeiten, unendliche Möglichkeiten.

6. Jakob Böhme: *Clavis oder Schlüssel etlicher vornehmer Puncten und Wörter* [1624], Amsterdam 1682, Seiten 233, 234.

Welt 6

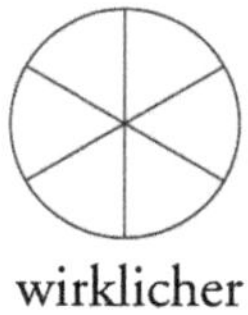

Diese Welt leitet den ersten Sprung in die äußere Manifestation ein, diese erste Beugung in Valentin Tombergs Energiespektrum, in der Bewusstsein zu übersinnlicher Kraft »kondensiert« und anfängt, sich als ein wirklicher Energiestrom zu bewegen und die geschaffene Ordnung zu »erschaffen«, zu beleben und zu formen. Auf den herkömmlichen metaphysischen Karten korrespondiert sie mit dem, was im Osten als das »Kausale« und im Westen als das »Logoische« bekannt ist.[7] Unabhängig von der Bezeichnung handelt es sich um die uranfängliche Stofflichkeit, den erhabensten und mächtigsten Ausdruck des reinen schöpferischen *Eros,* der alle Dinge ins Sein bringt. Es ist die Welt, die zitternd ins Leben tritt, wenn Teilhard schreibt: »Die physikalische Struktur des Universums ist Liebe«, oder wie er ebenso überraschend bemerkt: »Liebe [...] ist nichts anderes [...] als die [...] Spur, die das Universum in seiner psychischen Konvergenz zu sich selbst in das Herz des Elementes einprägt.«[8] Der Eros als logoische, reine generative Kraft, das Blau der Flamme im Herzen der Ureinheit. Für John G. Bennett ist dies die Welt des Demiurgen, aus der die gesamte geschaffene Ordnung hervorgeht. Im Johannesevangelium ist es »das Wort«. Und für diesen anderen Johannes, meinen verrückten Johnny den Griechen mit seinem wilden Herzen, ist es die *Zoi,* die pure Lebenskraft, die an seinen Eingeweiden zerrt wie ein Wind der Stärke 8. Hier geschieht der Big Bang; hier beginnt die Geschichte unseres Universums. Die Meinungen mögen an diesem Punkt zwar auseinandergehen, doch ich bin der Überzeugung, dass wir es hier mit dem höchsten Reich zu tun haben, das sich, solange wir uns noch in einer menschlichen Gestalt befinden, berühren und absegeln lässt. Es liegt jenseits des Persönlichen; es ist die große Gezeitenzone zwischen dem Unmanifestierten und dem uranfänglich Manifes-

7. In aufsteigender Reihenfolge heißen diese Bewusstseinszustände *grobstofflich, feinstofflich* (oder *subtil*), *kausal* und *non-dual.* Weitergehende Erklärungen finden Sie bei Ken Wilber: *Integrale Spiritualität,* München: Kösel Verlag, 2007, Seite 53; Wilbers hilfreiches Diagramm der Schnittstellen zwischen Bewusstseinszuständen und -stationen sehen Sie auf Seite 72.

8. Pierre Teilhard de Chardin: *Der Mensch im Kosmos,* aus dem Französischen von Othon Marbach, München: C.H. Beck, 2005, Seite 273.

tierten. Ich nenne es »das wahre logoische Reich«: reiner Geist, reine Kausalität, reiner Eros, der sich von jedweder Art menschlicher Vermittlung untemperiert bewegt und nichts anderes sein kann als ein wilder, übersprudelnder Geistesquell.

Diese Welt 6 korrespondiert auf dem Schöpfungsstrahl mit dem La oder *Lactera* – der Milchstraße, unserer Galaxie, dem Ort, an dem sich alles für uns entfaltet.

Welt 12

Welt 12 ist die christische.[9] Mir ist bewusst, dass diese Zuschreibung diejenigen überraschen mag, die das »Christus-Bewusstsein« als höher positioniert betrachten, als eines der non-dualen Reiche an der obersten Spitze der Großen Kette der Wesen. Ich glaube nicht, dass dem so ist. Ich denke, auch Welt 6 liegt bereits fest innerhalb der kausalen oder logoischen Bandbreite (und *nicht* im wahren Non-Dualen, das aus einer kosmologischen Perspektive die unmanifestierten Reiche kennzeichnet).

Wie wir zuvor gesehen haben, überbrückt Welt 6 die Kluft zwischen dem Unmanifestierten und dem Manifestierten; als das aus ihr prozessierende Resultat ist Welt 12 zwangsläufig in der sie überspannenden Kausalität subsumiert. Darüber hinaus pflichte ich der wie immer provozierenden Karmelitin und Philosophin Bernadette Roberts bei, wenn sie darauf besteht, dass »Logos« und »Christus« nicht dasselbe sind, sondern dass das Christische vielmehr der »gemeinsame Boden« ist (oder die Mandorla, um den korrekten flächengeometrischen Namen zu benutzen), der im Überschneidungsbereich von menschlichem Jesus und feurigem Göttlichem Logos entsteht[10] oder, anders ausgedrückt, zwischen den Welten 24 und 6, wenn man so will. Und das ist eine sehr gute

9. Teilhard führte das Wort »christisch« (französisch: *christique*) als eine Entsprechung zu »kosmisch« ein und kreierte auch den Begriff der »Christosphäre«; siehe dazu Teilhard de Chardin: *Das Herz der Materie und das Christische in der Evolution,* Ostfildern: Patmos, 2014 [A.d.Ü.].

10. Siehe dazu insbesondere Bernadette Roberts: *The Real Christ,* ContemplativeChristians.com 2018. Wie so vieles aus ihrem Spätwerk ist auch diese brillante und anspruchsvolle Abhandlung privat veröffentlicht, aber dennoch erhältlich (zum Beispiel als Kindle-E-Book bei Amazon).

Art, sich Welt 12 vorzustellen. Es ist die Welt vollständig inkarnierter und personifizierter Liebe, die umfassendste Weise, in der das Bodhisattva-Bewusstsein Gestalt annehmen kann. Sie ist der Endpunkt der personifizierten Reiche. Und, davon bin ich überzeugt, es ist die Welt, in der wir das lokalisieren müssen, was Teilhard als den »Omega-Punkt« begriff, der Punkt, an dem alle Dinge in Christus abschließend summiert sind – weil dies die letzte Welt ist, in der eine solche Gesamtsumme überhaupt von Bedeutung ist. Jenseits davon ist alles im Logos zusammengefasst. Es ist das *consummatum est* eines besonders kräftigen und klaren Aussprechens des Wortes *Liebe,* hervorgebracht aus den Feuern des Eros zu seiner verklärten Fülle als Agape oder Göttlicher Liebe. Einige dieser Bruchstücke werde ich in Kapitel sieben vervollständigen.[11]

Diese Welt stimmt mit dem Sol auf dem Schöpfungsstrahl überein oder der Sonne – dem Zentrum unseres Sonnensystems. Von hier gehen Wärme, Licht und kosmische Ordnung aus.

11. Die Tendenz, das Christische mit den non-dualen Reichen (oder Bewusstseinsstufen) gleichzusetzen, geht meiner Einschätzung nach aus zwei Vermischungen hervor, die beide gut gemeint, letzten Endes aber nicht hilfreich sind. Die erste ist die Vermischung von Bewusstsein und Kosmologie. Obwohl es außer Frage steht, dass Jesus als Mensch die charakteristischen Züge dessen musterhaft verkörperte, was wir heute »Christus-Bewusstsein« nennen, impliziert dies nicht, dass das christische Reich, kosmologisch verstanden, innerhalb der non-dualen Bandbreite liegt. Die zweite ist die Vermischung von Theologie und Metaphysik. Da Welt 3 vor allem ternär ist und Jesus gemäß klassischer Theologie mit der zweiten Person der Dreifaltigkeit identifiziert wird, sind Christen manchmal allzu leicht der Überzeugung, dass ihn dies – als eine menschliche Person – in Welt 3 positioniere. Doch die Trinität in Welt 3 ist noch nicht diejenige von »Vater, Sohn und Heiliger Geist«; sie ist das uranfängliche Gesetz der Drei. Die Trinität, wie wir sie theologisch kennen, gehört ganz in das, was ich in Kürze »die Sphäre des Persönlichen« nennen werde – die Welten 12, 24 und 48 –, wo sie als deren zentrales Symbol und Weg zur spirituellen Fülle dient. In Kapitel sieben werde ich dies etwas näher ausführen, aber die umfassendste Erklärung finden Sie in meinem Buch *Die Heilige Dreifaltigkeit und das Gesetz der Drei,* insbesondere in Teil drei.

12. Gemäß Gurdjieff besitzt der Mensch drei hauptsächliche »Zentren« oder auch »Gehirne«: das Bewegungszentrum, das Gefühlszentrum und das geistige oder intellektuelle Zentrum [A.d.Ü.].

Welt 24

Welt 24 ist das »Himmelreich«, wie Jesus es beschreibt, und der vorrangige Aktionsraum des Imaginativen. Es ist die Welt der *Präsenz,* wo die äußeren Formen physischer Materialität von innen heraus durch ein Licht erleuchtet werden, das von Welt 12 und höheren Welten ausgeht, und wo das drei-zentrische[12] menschliche Bewusstsein – nachdem es erwacht ist und den Punkt des ersten bewussten Schocks (seine vornehmlichste Obliegenheit und Vermittlungsaufgabe) überwunden hat – diese physikalische Welt ganz und gar bewohnt, die Belehrung aus den höheren Reichen zuverlässig annimmt und sich am erforderlichen kosmischen Austausch vollständig beteiligt. Dies ist die Welt des bewussten Menschen – des »Menschen Nummer vier« gemäß Gurdjieffscher Terminologie –, der erwacht und bereitwillig genau dort am Knotenpunkt lebt, wo »die beiden Meere sich treffen«, und der der Schalheit der niedrigeren Welten die belebende Energie seiner authentischen Präsenz einflößt.

Diese Welt korrespondiert mit dem Fa auf dem Schöpfungsstrahl oder *Fatum* – unserem unmittelbaren Sonnensystem.

Welt 48

Dies ist die »Welt«, wie wir sie durch die höchsten Ausprägungen der menschlichen Kultur kennenlernen und weitergeben. Es ist die Welt der Philosophie, der Ethik und der Religion, die Welt des intellektuellen Strebens und der Klugheit, der Emsigkeit, der Neugierde, der Wissenschaft, der Technologie und der Künste – mit anderen Worten, der reifsten Früchte der besten Seiten der Zivilisation, wie wir sie kennen. Es ist die Welt der größeren Vernunft, die Welt des höheren egoischen Funktionierens und des selbstreflektierenden Bewusstseins. Es ist die Welt, die Teilhard vor allem im Sinn hatte, als er von der »Noosphäre« sprach. Doch trotz all ihrer Begabungen liegt sie noch immer knapp unterhalb der Linie des ersten bewussten Schocks und ist deshalb, in Gurdjieffs Worten, vorbewusst und »schlafend«. Sie ist Prosperos Zelle, bezaubernd und verführerisch, doch letzten Endes ein Trugbild.

Diese Welt stimmt mit dem Mi auf dem Schöpfungsstrahl oder *Mixtus orbis* überein. Im besten Fall symbolisiert sie die vollste Blüte der Biosphäre, das »Eden« auf dem Schöpfungsstrahl.

Welt 96

Die Verdichtung nimmt zu. Welt 96 ist die »formatorische« Welt, wie Gurdjieff sie nennt, die Welt, in der alles auf Autopilot abläuft, in Klischees und Gedankenhäppchen: schal, konditioniert, gewohnheitsmäßig. Hier gibt es noch nicht einmal echtes Denken, wie es in Welt 48 der Fall ist; hier finden sich nur wiedergekäute Meinungen und Stereotypen. Für Gurdjieff ist dies die Welt der Persönlichkeit, die Welt des »Nicht-Ichs«, die Welt von all dem, was oberflächlich angeeignet ist und unser wahres Wesen verfinstert. Sie ist monochrom, repetitiv und langweilig, unkreativ, starr und unbelebt; sie ist die niedrigste Welt, in der das menschliche Bewusstsein – gerade noch – bestehen kann.

Diese Welt stimmt mit dem Re des Schöpfungsstrahls oder *Regina coeli* überein – dem Mond, der nackten, zu organischem Leben noch nicht fähigen Geosphäre, dem jüngsten und instabilsten Element in der Kette.

Welt 192

Welt 192 repräsentiert die Reiche der Hölle. Sie ist die Welt des zutiefst Ungeordneten, Gequälten und Psychotischen, die Brutstätte des Bösen und des Dämonischen, wo das Bewusstsein all seine Weiträumigkeit eingebüßt hat und zu unerträglicher Dichte erstarrt. Hier liegen die Bardo-Reiche von Gier, Zorn, Stolz, Neid und Begehren, die auf ein bullaugiges Wurmloch fixierte Besessenheit. Hier geht das selbstreflektierende Bewusstsein wie ein tollwütiger Hund, der seinen Herrn beißt, auf sich selbst los. Dies ist der letzte Außenposten, bevor das Bewusstsein in der äußeren Dunkelheit kollabiert – oder einfach ins Koma fällt. Kosmisch betrachtet ist es der kollektive Schmerzenskörper der Menschheit und unseres Planeten.

Diese Welt korrespondiert mit keinem Punkt des Schöpfungsstrahls, doch ich sehe darin dessen Endpunkt – das untere Do –, an dem die gesamte Oktave ihren Lauf genommen hat und einfach implodiert.

Unterhalb von Welt 192 lässt sich nicht mehr wirklich von »Bewusstsein« sprechen. Die Gurdjieffsche Karte geht zwar noch weiter – bis hinunter zu Welt 12 288 –, doch dort sind wir längst im Bereich der anorganischen Chemie. Ein rudimentäres Empfindungsvermögen besteht noch bis in Welt 384 und darunter, allerdings auf der Ebene biologischer Zellfunktion und noch nicht an der Schwelle von irgendetwas, das sich auf dieser zweiten Karte messen ließe, von der wir – im Sinne, wie wir sie hier verwenden – sagen könnten, dass sie den »Bewusstseinsstahl« enthält.

Die Welt des Imaginativen

Aufgrund der vorangegangenen Beschreibungen vermuten Sie wahrscheinlich, dass ich das Reich des Imaginativen im Wesentlichen mit Welt 24 verbunden sehe. Und damit liegen Sie richtig, vorausgesetzt, Sie tappen nicht in die Falle, sie als eine *getrennte* Welt verstehen zu wollen, als eine, die losgelöst vom größeren Beziehungsfeld, in dem sie eingenistet ist, auch nur annähernd begreifbar wäre. Wie bereits erwähnt, liegt das Wesentliche der imaginativen Vermittlung darin, dass sie stets durchdringend und belebend wechselwirkt; es geht *immer* um Verbundenheit.

Und ja, der »Hauptkanal« der imaginativen Vermittlung könnte tatsächlich durch Welt 24 verlaufen. Doch wenn dem so ist, sehe ich dieses Wirken in Übereinstimmung mit dem Gesetz der Drei nach Gurdjieffs Grundverständnis – »Das Höhere verschmilzt mit dem Niederen, um gemeinsam ein Mittleres zu verwirklichen«[13] –, in welchem Fall Welt 24 schlicht und ergreifend »das Mittlere« ist. Die gesamte Bandbreite des imaginativen Wirkungsfeldes umfasst die ganze Skala zwischen Welt 12, oder dem Christischen, und Welt 48, unserer eigenen verwirrten und noch nicht wirklich bewussten irdischen Ebene. Durch die Brille christlicher Mystik bin ich es gewohnt, sie mir als einen weiten dämpfenden Zwischen-

13. G. I. Gurdjieff: *Beelzebus Erzählungen für seinen Enkel,* Seite 800.

boden vorzustellen, der die überwältigende und im Wesentlichen unpersönliche Kraft des Eros, die aus Welt 6 ausströmt, aufnimmt und vorsichtig an die niedrigeren Reiche weitergibt, wo sie durch ihre Einführung in die Endlichkeit ihre letzte Umwandlung zur Agape erfährt.

Deshalb ist dies vor allem die Bandbreite des *Persönlichen* – wo, in den erstaunlichen Worten des Philosophen und Theologen Ladislaus Boros, »die Menschheit Christi die Gefahren der Gottbegegnung gleichsam aufgefangen hat.«[14] Im Großen und Ganzen ist diese Triade von Welten der mystische Leib Christi, und das Imaginative fließt als ihr Lebenselixier durch sie hindurch.

Obwohl der Austausch zwischen den Reichen an jedem Punkt des Schöpfungsstrahls geschieht, gibt es gewisse Grundzüge dieser imaginativen Wirkungszone, die sie zu einem besonders intensiven Ort der Aktivität machen. Ich will hier die drei bedeutsamen Verzahnungen kurz zusammenfassen, die uns konkrete Anhaltspunkte für die spezifische Art des Austauschs liefern, der an dieser Stelle vor sich geht (die in der kombinierten Grafik auf der nächsten Seite grau hinterlegt ist).

Zunächst ist da der *erste bewusste Schock,* der die Welten 24 und 48 voneinander trennt. Das heißt, dass hier eine Infusion von Energie – oder von einer anderen *Art* von Energie – erfolgen muss, damit die Kluft überbrückt werden kann.

Zweitens finden wir an derselben Kluft den Knotenpunkt zwischen dem, was Tomberg »übersinnliche Kraft« (und Teilhard »radiale Energie«) nennt, und der uns vertrauteren Welt der »physikalischen Energie« (oder »tangentialen Energie« nach Teilhard). Hier gehen wir über das uns vertraute Reich der physikalischen Energie, wie sie die Newtonschen Gesetze der Thermodynamik beschreiben, hinaus in eine neue und feinstofflichere Bandbreite, die klassischerweise in Verbindung gebracht wird mit »Gebet«, »Wille«, »Liebe« und »Aufmerksamkeit« und die, gemäß Teilhard, auch implizit der Entropie entgegengesetzt ist: Sie konzentriert Kraft, statt sie zu zerstreuen.

Drittens überbrücken wir hier die Kluft zwischen Vorbewusstem und Bewusstem im Gurdjieffschen Sinne: zwischen dem Menschen, der lediglich wie eine hochentwickelte Maschine funktioniert, und dem Menschen im wahrsten Sinn des Wortes – aus-

14. Ladislaus Boros: *Mysterium mortis: Der Mensch in der letzten Entscheidung,* Topos Taschenbücher 2017, Seite 183.

gewogen in allen drei Zentren, *anwesend*, und zumindest die Ansätze von Bewusstsein und echtem Willen manifestierend.

Lassen Sie uns sehen, was geschieht, wenn wir uns selbst in dieses Gemisch werfen.

	Welt	*Ton*	*Kosmologisches Reich*	*Spirituelles Reich*
	1	Do	das Absolute	das Heilige Absolute
	3	Si	alle Universen	das uranfängliche Ternäre
	6	La	alle Sonnen	das Logoische
	12	Sol	die Sonne	das Christische
	24	Fa	alle Planeten	das Himmelreich / das Imaginative
	48	Mi	die Erde	die sichtbare Welt
	96	Re	der Mond	die formatorische Welt
	192	Do_2	das Sublunare	die Reiche der Hölle

Schematische Darstellung der Welten und Reiche

Drei
Der wunderbare Austausch

> Selig ist der Löwe, den der Mensch fressen wird, denn dieser Löwe wird Mensch werden. Aber verflucht ist der Mensch, den der Löwe fressen wird, denn dieser Löwe wird Mensch werden.
>
> Thomasevangelium, Logion 7

IN DIESEM KURZEN, KRYPTISCHEN SPRUCH AUS DEN WEISheitslehren Jesu finden wir tatsächlich den Kern von Gurdjieffs komplexer Vorstellung vom »Trogoautoegokraten« in weniger als drei Dutzend Wörtern beschrieben. Zumindest deren moralischen Kern. Nahrung, Transformation, auf- und abwärts gerichteter Austausch zwischen den Reichen – all dies finden wir hier, zusammen mit der verblüffend unmissverständlichen Antwort auf die Frage: »Was geschieht, wenn wir uns selbst in dieses Gemisch hineinbegeben?« Die Antwort lautet: Wir landen im Nadelöhr.

In der ersten dieser parallelen Trompe-l'Œil-Transformationen verzehrt der Mensch den Löwen, was bedeutet, dass er ihn verdaut, also das Feuer und die Stärke dieser animalischen Natur in die höhere Ordnung seines bewussten Menschseins integriert hat; und der Löwe, auf diese Weise verwandelt, tritt als ein Diener und ein Mittel hervor. Hier handelt es sich um Aufwärtstransformation. In der zweiten Parallele, in welcher der Löwe den Menschen frisst, verliert sich der Mensch einfach im niedrigen Zustand seiner Tierhaftigkeit; sein menschliches Bewusstsein und seine Klugheit werden Diener seiner urtümlichen Gier, und was daraus entsteht, ist Chaos und Zerstörung. Dies ist *Regression,* Abwärtstransformation, und »dieser Löwe«, besagt der Spruch ironisch, »wird Mensch werden.« Er steht morgens auf, zieht sich an, bereitet sich das Frühstück, macht Politik, bestimmt das Schicksal der Welt – und erfüllt die Atmosphäre um sich herum mit den psychischen Giften seiner Gier, seiner Angst und seiner Entfremdung. Dies nennt

Gurdjieff den »Schrecken der Situation«. Und wir müssen nur unsere unmittelbare Weltlage betrachten, um zu sehen, wie dies abläuft.

»Die Aufgabe eines bewussten menschlichen Wesens besteht darin, die irdische Welt der Erscheinungen mit Energien zu versorgen, die den Schöpfungen und Dingen, die unsere Welt ausmachen, auf anderen Wegen nicht effektiv vermittelt würden«, schreibt William Segal, einer der brillantesten Studenten der ersten Generation von Gurdjieffs Werk.[1] Das ist das nüchterne, vielleicht unspektakuläre Fazit. Worauf auch immer wir, in unseren philosophischen und spirituellen Fantasien, *glauben* auszusein – die Welt zu retten, unsere Seele zu erlösen, vollkommene Erleuchtung zu erlangen –, im Rahmen des kosmischen Austauschs sind wir *Transformatoren* von Molekülen und von Bedeutung in gleichem Maße. Dies ist die kosmische Funktion, die uns im großen Trogoautoegokraten zugeteilt ist. Wenn wir sie auf eine bestimmte Art erfüllen, geschieht etwas mit uns und mit der Welt; wenn wir sie in einer anderen Weise ausüben, geschieht etwas anders.

Sämtliche spirituellen Traditionen haben versucht, uns in diesem Punkt mittels einer Grundmoral richtig auszurichten: »Alles nun, was ihr wollt, dass euch die Leute tun sollen, das tut ihr ihnen auch!« (Matthäus 7.12) Auch ohne jede weitergehende Anweisung wird ein einfaches Befolgen der großen moralischen Regeln, die in der primären Achsenzeit[2] auftauchten, die Menschen im Wesentlichen richtig ausrichten, damit sie den von ihnen geforderten Beitrag am wunderbaren Austausch leisten können. Die Übertragungskette wird reibungslos verlaufen. Der Löwe wird sich weiter in Richtung des Menschen bewegen. Die Schattenseite dieser alten Morallehren ist allerdings, dass sie, um zur Einhaltung der Lehre anzuspornen, dazu neigen, individualisierte, von Angst und Strafe befeuerte Visionen eines Lebens nach dem Tod heranzuziehen. In der verbreiteten säkularen und skeptischen Kultur unserer Tage, in der die Höllenfeuer kaum noch eine größere Überzeugungskraft besitzen als der Weihnachtsmann oder die Zahnfee, ist

1. William Segal: "The Force of Attention" in *Parabola Magazine,* 15:2; ein Auszug aus *The Structure of Man,* Brattleboro, VT: Green River Press, Stillgate Publishers, 1987.

2. Der von Karl Jaspers geprägte geschichtsphilosophische Begriff für die Epoche von etwa 800 bis 200 vor Christus. Siehe dazu auch Fußnote 2, Seite 127) [A.d.Ü.].

der moralische Kompass des Menschen wieder zunehmend auf den unverfrorenen Eigennutz zurückgefallen. »Genieße!« »Hol' alles für dich raus, was du kannst!« »Du bist es dir *wert!*« Wir alle kennen diese Werbesprüche; es sind die Mantras unserer schönen neuen Welt. Und, so sagt Gurdjieff, wir haben es hier nicht bloß mit einem persönlichen moralischen Versagen zu tun. Es ist eine ökologische Katastrophe, denn es läuft auf einen systemischen Zusammenbruch zu, wenn über einen breiten Bereich einer ganzen zentralen Spezies »der Löwe den Menschen frisst« und so der Fluss dieser essenziellen Energien zwischen den Reichen destabilisiert wird.

Bereits um die Wende vom neunzehnten zum zwanzigsten Jahrhundert war Gurdjieff äußerst besorgt über den von ihm erkannten bedeutungsvollen Rückgang dessen, was von unserer menschlichen Spezies benötigt wird, und der daraus folgenden Abnahme unserer Fähigkeit, unsere notwendige Aufgabe in der kosmischen Homöostase zu übernehmen. Es steht außer Frage, dass die vergangenen hundert Jahre unserer Entfaltung auf diesem Planeten seine Bedenken mehr als bestätigt haben. Wenn wir uns kollektiv *zurückentwickeln,* indem wir unseren Ehrgeiz und unsere Klugheit lediglich dazu nutzen, als erfolgreiche Löwen zu leben, fallen wir in derselben Abwärtsspirale unter die kritische Mindestschwelle, die es braucht, um unseren Rang als »*bewusste* Menschen« halten zu können – die Voraussetzung für unsere volle Teilhabe am wunderbaren Austausch. Wenn diese Aufgabe nicht mehr wahrgenommen wird (oder wenn diese in verzerrter oder vergifteter Weise geleistet wird), leiden nicht nur »unsere unsterblichen Seelen«; das gesamte kosmische Gleichgewicht gerät aus den Fugen.

Ich denke, wir alle spüren bis ins Mark, dass, mehr als wir dies zugeben möchten, eine enge und organische Verbindung besteht zwischen den Energiearten, die wir Menschen als Ergebnis unserer moralischen Handlungen in die Atmosphäre pumpen, und den greifbaren Auswirkungen dieser »imaginativen Umweltverschmutzung« auf die Biosphäre. Wir spüren dies, kennen aber nicht den Grund dafür, weil die tradierten physikalischen Karten noch immer auf einer überholten Wissenschaft beruhen und die modernen wissenschaftlichen Karten (mit der rühmlichen Ausnahme jener, die von Teilhard de Chardin vorgeschlagen wurde, der zumindest mutig genug war, einen ersten Versuch eines neuen Paradigmas zu wagen) die moralische Dimension, die all dem innewohnt, noch nicht berücksichtigen – und in den meisten Fällen noch nicht einmal *anerkennen.* Wie sieht diese Ballübergabe zwischen radialer und tangentialer Energie eigentlich aus? In welchem Sinne ist menschliche Tugend eine eigentliche »Nahrung«, die das organische Leben auf Erden versorgt? Und wo und *wie* in unserer persönlichen Arbeit bewusster Transformation spielt sich der Austausch zwischen den Reichen tatsächlich ab?

Diese Fragen gehören zu den entscheidenden fehlenden Puzzleteilchen in jenen sich überschneidenden Diagrammen der Welten, die wir uns im vorangegangenen Kapitel angesehen haben. In diesem Kapitel möchte ich mit dem Versuch dieses vielleicht seltsam anmutenden neuen Ansatzes des Zusammenfügens der Teile fortfahren in der Hoffnung, dass er einen frischen Ausweg aus einigen der tragischen (intellektuellen, spirituellen und ökologischen) Sackgassen unserer Gegenwart eröffnet. Indem wir über die üblichen moralischen Argumente hinausgehen und einen Blick auf die eigentliche Mechanik des Austauschs werfen, die hier am überaus wichtigen Mi–Fa-Knotenpunkt vor sich geht, werden wir, so bin ich überzeugt, mit größerer Entschlossenheit – und vielleicht mit tieferen »Gewissensbissen«, wie Gurdjieff es ausdrücken würde – erkennen, warum unsere menschliche Ausrichtung auf das Gute weniger eine persönliche Tugend als vielmehr eine kollektive kosmische Verantwortung ist.

Eine kurze Bemerkung zum »Auf und Ab«

Bevor wir uns weiter in den Gegenstand dieses Kapitels vertiefen, muss ich hier auf eine mögliche Quelle der Verwirrung hinweisen, damit sie uns nicht ins Stolpern bringt. In einem anderen jener unvermeidbaren Trompe l'Œils gibt es tatsächlich *zwei* Arten von »Auf und Abs«, die wir betrachten werden, und es ist wichtig, sie auseinanderzuhalten. Die erste ist die Polarität zwischen Evolution und Regression, der wir uns hier gerade gewidmet haben; in diesem Fall ist mit dem »Auf« eine Bewegung in Richtung eines höheren Seinszustands gemeint (der Löwe wird zum Menschen), wohingegen das »Ab« zu einem niedrigeren hingeht (der Mensch wird zum Löwen). Doch es gibt noch eine zweite Bedeutung von »Auf und Ab«, die sich für unsere Untersuchung des gegenseitigen

Ernährens als die wichtigere herausstellt – nämlich das legitime und notwendige »Hinaufladen« und »Herunterladen« oder der »Upload« und »Download« von Energien zwischen den Reichen. In diesem zweiten Fall ist *jede* Richtung der Bewegung gleichermaßen essenziell für das Gleichgewicht insgesamt. Wenn wir uns nun weiter durch das Material arbeiten, werde ich versuchen zu verdeutlichen, in welchem Sinn ich diese Richtungsmarkierungen verwende; es ist wirklich das Zusammenspiel beider, durch welches das vollständigere Bild zum Vorschein kommt.

Imaginative Mechanik

Wie also geschieht der Austausch zwischen den Reichen? Der versteckte Antrieb liegt in jenem kleinen Informationsdetail, das ich gegen Ende des vorangegangenen Kapitels habe einfließen lassen: In Gurdjieffs kosmologischer Theorie wird Dichte nicht so sehr durch die physikalische Stofflichkeit als solcher erzeugt, sondern durch die Anzahl von Gesetzen, an die ein bestimmtes Reich gebunden ist. Unsere irdische Ebene, Welt 48, steht unter achtundvierzig Kausalgesetzen. Das Reich des Imaginativen, das im Wesentlichen als Welt 24 wirkt, ist halb so dicht und doppelt so frei, doppelt so flüssig.

Selbstverständlich sind diese Gesetze keine Gesetze in juristischem Sinn; vielmehr gleichen sie Algorithmen, welche die Konventionen bestimmen, gemäß denen jedes Reich konstruiert ist. In unserem irdischen Reich zählen dazu Vorgaben wie: lineare Zeit, diachronische (sequenzielle) Kausalität, materielle Dichte, kernbildende Selbstheit, »Anziehung und Abneigung« als zentrale Verhaltensmotivatoren, ein allgegenwärtiges und grundlegendes Gefühl von Knappheit und Entweder-oder-Heit (das direkt in unsere mentale Festverdrahtung eingebaut ist, mittels der wir die Welt wahrnehmen) sowie ein zwingendes Unterworfensein unter die Gesetze der Schwerkraft und der Entropie. In ihrem Zusammenspiel rufen diese Parameter eine Welt hervor, die in ihrer äußeren Erscheinung fest ist, jedoch ziemlich träge und schwerfällig, was ihren eigentlichen Modus Operandi angeht. Wir werden später noch auf sie zurückkommen, doch es wird eine Weile dauern.

Im Reich des Imaginativen sind die bestimmenden Prinzipien: radiale Zeit, synchrone Kausalität, Non-Dualität, fließende und durchlässige Grenzen, nichtlokale Wirkung, ein holografisches Verständnis von Selbstheit (das Ganze im Teil und das Teil im Ganzen), Bewusstsein als der zentrale Verhaltensmotivator sowie das Vermögen zur Bewegung gegen den Fluss der Entropie und zur Generierung von Energie statt nur zu deren Zerstreuung.

Aufgrund der deutlich unterschiedlichen Dichten dieser beiden aneinandergrenzenden Reiche weisen in ihnen Dinge gleichen Namens signifikant unterschiedliche Konfigurationen auf.

In diesem irdischen Reich wird mein *Körper* als die Fleisch-und-Blut-Struktur verstanden, welche »meine« funktionalen Grenzen definiert und der Sitz »meiner« Personifizierung ist. Die *Energie,* die diesen Laden im Wesentlichen am Laufen hält, ist tangential oder physikalisch, also die Energie, welche von der Physik nach den Gesetzen der Thermodynamik beschrieben wird. Die essenziellen Eigenschaften meiner Humanität und der jedes anderen Menschen werden im Grunde genommen als einfache »Tugenden« oder »Laster« betrachtet: wichtige Deskriptoren unseres Charakters, letzten Endes aber lediglich Eigenschaften und nicht mehr.

Im imaginativen Reich verhält es sich anders. In diesem leichteren, flüssigeren Reich ist mein *Körper* nicht die äußere Hülle, sondern ein subtiler innerer Körper – in den unterschiedlichen esoterischen Überlieferungen als »feinstofflicher Körper«, »innerer Körper«, »zweiter Körper« oder »Kesdschan-Körper« bezeichnet –, der in Welt 48 einfach als jene Eigenschaft innerer Lebendigkeit registriert wird, von der ich bereits im Beispiel der lebenden, durch das Gras gleitenden Schlange gesprochen habe. Die hier operierende *Energie* ist vor allem radial: feiner, lebhafter, diffuser, intensiver und zielgerichteter. Und in dieser flüssigeren Welt werden jene zuvor erwähnten Tugenden und Laster zu *feinen kosmischen Stoffen* – sind also nicht mehr bloße Gedankenformen, sondern echte chemische Elemente, die dazu benötigt werden, unsere Welt 48 und die auf der Kette unter ihr liegenden Welten aufzubauen (oder leider auch abzubauen).

Die Arbeit besteht also in Wirklichkeit in der Energieumwandlung zwischen diesen beiden Dichtegradienten. Und diese Arbeit geschieht prinzipiell durch das Mittel unserer einzigartigen menschlichen Bewusstseinsform.

Teilhard de Chardin hatte ein klares Verständnis dieses Punktes. Obwohl er (soweit uns bekannt ist) mit den Lehren der westlichen Esoterik überhaupt nicht vertraut war, begriff er bereits in den

Welt 48	*Welt 24*
lineare Zeit	radiale / räumliche Zeit
sequenzielle Kausalität	synchrone Kausalität
Entweder-oder-Dualität	Non-Dualität
körperliche Dichte	flüssige, durchlässige Grenzen
kernbildende Selbstheit	holografische Selbstheit
Anziehung und Abneigung	Bewusstsein
entropisch	kontraentropisch
tangentiale Energie	radiale, generative Energie
Fleisch-und-Blut-Körper	subtiler innerer Körper
Tugend als Deskriptor	Tugend als operative Energie

1920er-Jahren aus einer wissenschaftlichen Perspektive heraus, dass das, was wir die »theologischen Tugenden« nennen, tatsächlich *Ströme radialer Energie* sind, welche die Ergebnisse in der physikalischen Welt verändern. In seinem Buch *Der Göttliche Bereich* legt er Gewicht darauf, dass Glaube »operativ« ist, was für ihn heißt, dass dieser tatsächlich in dieser Welt wirkt und nicht nur das Ergebnis, sondern *die subtile physikalische Zusammenstellung von Materialität* verändert. Er sieht es folgendermaßen: »Unter dem Einfluss unseres Glaubens kann das Weltall, ohne äußerlich seine Züge zu ändern, geschmeidig werden, sich beseelen – sich überbeseelen.«[3] Zweifellos ist dies, ohne dass es Teilhard bewusst gewesen wäre, eine bemerkenswert präzise Definition der imaginativen Kausalität, wie sie klassischerweise in den inneren Traditionen des

3. Pierre Teilhard de Chardin: *Der Göttliche Bereich,* Olten: Walter Verlag, 1962, Werkausgabe, Band II, Seite 163.

Westens verstanden wurde (und wie wir sie im Wesentlichen in Kapitel eins von Walter Wink zusammengefasst fanden). Und Teilhard brachte diese Definition sogar noch einen Schritt weiter mit seiner Erkenntnis, dass dieser Veränderungswirkstoff hier nicht nur ein erwecktes menschliches Herz ist, das auf die Welt einwirkt, sondern dass der *Glaube selbst auf diese Welt einwirkt* und zwar durch eine direkte energetische Auswirkung auf die molekularen Elemente, aus denen die Welt zusammengesetzt ist.

Vor fünfzehn Jahren hatte ich dieselbe Intuition, obwohl ich damals weder der imaginativen noch der Teilhardschen Sprache mächtig war. Aber als ich das Thema erstmals in meinem Buch *The Wisdom of Knowing* behandelte,[4] spürte ich dennoch deutlich, dass die kosmische Aufgabe, zu der wir Menschen aufgerufen sind, von ausschließlich alchimistischer Natur ist und damit zu tun hat, die belebenden und fruchtbaren Eigenschaften, die eigentlich den höheren Reichen angehören, in die Blutbahn unseres eigenen »feinfühligen« Reichs freizusetzen. Das, was ich damals als »die in den physikalischen Formen der Dinge aufgespulten Namen Gottes« bezeichnet habe, würde ich mir heute als die in Welt 48 aufgerollte Welt 24 vorstellen; in beiden Fällen bleibt die Marschrichtung jedoch dieselbe.

In Kapitel 5 jenes Buchs beschrieb ich die energetische Natur dieses Austauschs vorsichtig mithilfe des Bildes einer Kerze, deren äußerliche Form natürlich Talg und Docht sind, doch deren innere Essenz die Flamme ist – die sich allerdings nur dann enthüllt, wenn das Streichholz angezündet ist und die Kerze zu brennen beginnt. Ich schrieb dort:

> Natürlich sprechen wir über Transformation, eine Art heilige Alchimie. Und es ist genau diese Alchimie, die unsere wesentliche menschliche Aufgabe definiert. Das Geheimnis unserer Identität liegt nicht in unserer äußeren Gestalt oder darin, wie erfolgreich wir die Formen der sinnlich wahrnehmbaren Welt zu manipulieren vermögen. Vielmehr besteht es in unserer Fähigkeit, diese (und uns selbst) zu entflammen, um die innere Qualität ihrer Lebendigkeit zu enthüllen. Die Namen Gottes liegen aufgespult in den physischen Formen der Din-

4. CYNTHIA BOURGEAULT: *The Wisdom of Knowing*, San Francisco: Jossey-Bass, 2003.

> ge; unsere besondere und einzigartige menschliche Aufgabe ist es, die Feder der Spule zu lösen und diese Namen zu befreien. Sie können sich nicht außerhalb des Reichs der sinnlichen Wahrnehmung manifestieren (dazu ist dieses Reich der Sinne da), doch ebenso wenig werden sie sich in ihm von selbst manifestieren, solange es zu keinem weiteren Schritt bewusster Transformation kommt. Und das ist unser Job.[5]

In diesem frühen Anlauf auf das Thema erahnte ich bereits die Züge einer Aufwärts- und Abwärtsübertragung – wobei »abwärts« in diesem Sinn keine Regression (der Löwe frisst den Menschen) meint, sondern den ordnungsgemäßen, belebenden und fruchtbaren Energiefluss der in den höheren Reichen generierten Elemente hinein in die niedrigeren. Das ist es, worauf William Segal in dem oben zitierten Satz verweist, wenn er von »Energien« sprach, »die den Schöpfungen und Dingen, die unsere Welt ausmachen, auf anderen Wegen nicht effektiv vermittelt würden.« Doch paradoxerweise zieht diese Abwärtsübertragung wiederum eine Aufwärtsübertragung nach sich, denn damit sie ihren Weg ungehindert über den entscheidenden Mi–Fa-Verzögerungspunkt hinweg fortsetzen kann, bedarf es der Infusion einer anderen *Art* von Energie von dezent andersgearteter und feinerer Qualität, die in eine neue Richtung fließt. Das ist das enorme kosmische Geschenk, das wir zu geben potenziell im Stande sind, wenn wir zunehmend willens werden, Docht und Talg unseres äußeren Lebens zu entzünden, um die Hitze und den Duft freizusetzen, die darin aufgespeichert sind. Wenn wir *Hitze* mit »radiale Energie« und *Duft* mit »bewusster Aufmerksamkeit« übersetzen, erhalten wir eine konkrete Vorstellung davon, worüber William Segal spricht, wenn er einige Absätze später schreibt: »Ohne die Aufwärts-Energieübertragung durch die Vermittlung bewusster Aufmerksamkeit würde das Universum der Entropie nachgeben.«

5. Ebenda, Seite 55.

Die Eucharistie als imaginativer Austausch

Wir brauchen nicht weit nach einem kraftvollen, stimmigen Bild für das zu suchen, was ich mit »der Energieumwandlung zwischen diesen beiden Dichtegradienten« meine. Es findet sich im zentralen Geheimnis des christlichen Glaubens: in der Eucharistie.

Ich nenne es hier mit Absicht ein »Geheimnis« – nicht einfach nur ein »Ritual« oder womöglich ein »Sakrament« –, denn ich glaube, beim Christentum geht es zur Gänze um den Austausch zwischen den Reichen, und die Eucharistie ist einer der Hauptkanäle, durch die dieser Austausch fließt. All die Elemente, von denen wir bislang sprachen – gegenseitiges Ernähren, Transformation, Aufwärts- und Abwärtsübertragung – sind in der Eucharistie machtvoll konzentriert, sodass, wenn wir tief in ihren Spiegel blicken, wir auch tief in ein Hologramm des ganzen kosmischen Trogoautoegokraten schauen. Daher eignen sich die beiden bestens dazu, sich gegenseitig zu illustrieren und zu erklären.

Wie sieht also die Eucharistie aus, wenn wir sie durch die Brille des imaginativen Austauschs betrachten? Beginnen wir mit Brot und Wein, zwei physikalischen »Körpern« aus unserer irdischen Ebene, Welt 48. Durch die Kraft unserer bewussten Absicht, die der bewussten Absicht Christi begegnet, verwandeln sie sich in »Leib« und »Blut«, wie sie sich tatsächlich in Welt 24 manifestieren: nämlich als feinstofflicher verkörperte kosmische Substanzen, die in uns hineinfließen, wenn wir ihn »verzehren«, und die unseren eigenen feinstofflichen inneren Körper, unser wahres Medium für die ununterbrochene Kommunikation zwischen den Reichen, nähren.

Währenddessen, zur selben Zeit, in der wir ihn verzehren, verzehrt er auch uns – und wir finden uns buchstäblich als »Löwen« wieder, »die vom Menschen verzehrt werden«, aufwärtstransponiert und verdaut in seiner unendlich größeren Ganzheit, um kurzzeitig unseren Platz in Welt 12 einzunehmen, dem mystischen Leib Christi. Derart genährt und transformiert (soweit jedenfalls die Theorie), kehren wir zurück in unsere eigene Welt 48 als Viadukte für jene transformierten christlichen Früchte – Liebe, Freude, Friede, Langmut, Freundlichkeit, Güte, Treue, Sanftmut und Enthaltsamkeit[6] –, welche dann aus uns heraus in die physika-

6. Wie sie Paulus in Galater 5.22–23 aufzählt.

lische Welt hineinfließen, um sie »geschmeidiger« und »beseelter« werden zu lassen. Und dieser Zustand erhöhter, fließender, mitteilsamerer Lebendigkeit wäre wiederum eine gute Art, das »Himmelreich« zu beschreiben: die Kausalität von Welt 24, verwirklicht in den endlichen Grenzen von Welt 48. Oder wie Jesus im Thomasevangelium sich diese holografische Einheit anschaulich vorstellt:

> Wer von meinem Mund trinken wird, wird werden wie ich; ich selbst werde er werden, und die verborgenen Dinge werden sich ihm offenbaren.[7]

Die Eucharistie entpuppt sich damit als ein einzigartiger, ununterbrochener, drei Reiche durchlaufender Loop, dessen kosmischer Zweck darin besteht, ein vereinigtes Feld christischer Liebe über das gesamte Spektrum dieser persönlichen Reiche (die »Sphäre des Persönlichen«) hinweg aufrechtzuerhalten.

Rüstzeug für die Reise

Dieser neue Bildrahmen verändert unser Verständnis der spirituellen Praxis signifikant. Während die traditionelle religiöse Lehre unsere spirituelle Aufgabe typischerweise als eine Selbstbefreiung von den unteren Reichen zeichnete, die uns unseren Platz in einem höheren sichern sollte, entpuppt sich dies, durch die Brille des imaginativen Austauschs betrachtet, bestenfalls als eine Halbwahrheit. In Tat und Wahrheit kann man sagen, dass, wenn ich am wunderbaren kosmischen Austausch bewusst teilhaben möchte, während ich physisch noch in Welt 48 lebe, ich meine Zugehörigkeit zu Welt 24 erkennen muss, weil in ihr das authentische menschliche Bewusstsein tatsächlich seinen Anfang nimmt. Doch diese Erkenntnis zielt nicht darauf ab, dass ich dieser Welt »entfliehe«, sondern vielmehr, dass ich *sie vollständig bewohne,* dass ich wach und präsent in dieser Mi–Fa-Lücke stehe und dort der größeren kosmischen Ökologie anbiete, was ich zu geben habe.

Gemäß Gurdjieff sind für die Umsetzung dieser inneren Transformation *bewusste Arbeit* und *absichtliches Leiden* die beiden

7. *Die Bibel der Häretiker,* Logion 108, Seite 146.

Mittel par excellence. Ich selbst habe in meinen Schriften an vielen Stellen darüber gesprochen, doch für diejenigen unter Ihnen, die mit diesem Werkzeugpaar nicht vertraut sind, möchte ich hier zumindest eine kurze Einführung geben. Bewusste Arbeit ist im Grunde genommen jegliche absichtsvolle Anstrengung, die der Entropie entgegengerichtet ist, das heißt gegen die vorherrschende Neigung des menschlichen Bewusstseins verläuft, in den Autopiloten-Modus abzurutschen. Das bedeutet, die Kraft bewusster Aufmerksamkeit (heutzutage vielleicht besser bekannt als »Achtsamkeit«) aufzubieten, um stromaufwärts gegen diesen dominierenden Sog des Mondes anzuschwimmen, der uns in ausgeleierte, repetitive, mechanische Muster hinunterzieht – jenen Sirenengesängen aus Welt 96. Mit den Worten der Chodschagan, der Meister der Weisheit aus Zentralasien, die Gurdjieff ganz besonders am Herzen lagen: »Sei präsent bei jedem Atemzug. Lasse deine Aufmerksamkeit auch nicht für die Dauer eines einzigen Atemzuges wandern.«[8] Auch in einem Abschnitt bei Maurice Nicoll, der für Rafe von großer Wichtigkeit war, bedeutet »Arbeit« letztendlich »eine kontinuierliche innere Anstrengung, ein unaufhörliches Verändern des Verstandes, der gewohnheitsmäßigen Art und Weise, etwas anzugehen, der gewohnheitsmäßigen Reaktionen.«[9] Egal, ob die Anstrengung lediglich darin besteht, ein negatives Gefühl in sich zu beobachten, statt blind darauf zu reagieren, oder etwa in einer derart heroischen Tat wie dem Kampf gegen eine Sucht – es ist nicht das Ausmaß des Unterfangens, sondern die Ehrlichkeit der Anstrengungen, welche die Strömungsrichtung umzukehren vermag.

Während bewusste Arbeit unsere Fähigkeit erhöht, präsent bleiben zu können, steigert absichtliches Leiden die Warmherzigkeit dieser Präsenz radikal. In einem etwas anderen Quadranten der menschlichen Psyche wirkend, doch mit derselben Strategie des Umkehrens der Strömungsrichtung unternommen, liefert sich das absichtliche Leiden ein Kopf-an-Kopf-Rennen mit dem so gewohnten Muster (auch das eine konstruktionstechnische Gegebenheit von Welt 48 und darunterliegender Welten), sich hin zum

8. Siehe dazu John G. Bennett: *Die Meister der Weisheit,* Südergellersen: Verlag Bruno Martin, 1993, Seiten 158 ff; sowie Reshad Feild: *Die innere Arbeit,* in *Gesammelte Werke,* Xanten: Chalice Verlag, 2016, Band III, Seite 1445.

9. Maurice Nicoll: *The New Man,* New York: Penguin Books, 1987, Seite 143.

Vergnügen und vom Schmerz weg zu bewegen. Es lädt uns ein, Verantwortung zu übernehmen und bereitwillig einen Teil dieses universellen Leidens zu tragen, welches unser gemeinsames Los als empfindende Wesen in einer sehr dichten und dunklen Ecke des Universums zu sein scheint. Die Größe des Teils ist dabei nicht von Bedeutung. Er mag so klein sein wie (auch wenn dies nicht einfach ist!) das »ruhige Ertragen der unangenehmen Manifestationen der anderen euch gegenüber«, wozu Gurdjieff nicht müde wurde, die Leute aufzufordern. Es kann aber auch ein großer Teil sein wie: »Niemand hat größere Liebe als die, dass er sein Leben lässt für seine Freunde« (Johannes 15.13).

Was jedoch wirklich zählt, ist die *Absichtlichkeit* dieses Leidens, das heißt: Es muss bewusst, entschieden und unparteiisch angenommen werden. Gurdjieff spricht nicht von sinnlosem und absolut vermeidbarem Leiden, das durch die Enttäuschung unserer neurotischen Programme und Illusionen hervorgerufen wird, was einer meiner buddhistischen Freunde anschaulich als »den Kaktus auspressen« beschreibt. Leiden dieser Art nannte Gurdjieff »dummes Leiden«. Bei solch einem Leiden wirken sich lediglich die Gesetze von Welt 96 und Welt 192 aus, und es ist von keinerlei erlösendem Wert, was die größere kosmische Ökologie angeht. Damit ein Opfer als nach oben gerichtete transformative Arbeit gelten kann, muss es *rein* sein (das heißt frei von persönlichem Nutzen oder Eigeninteressen); es muss *umfassend* sein (das heißt nicht dringlich und unabhängig vom Ergebnis); und es muss *großzügig* sein (das heißt angeboten für das größere Ganze). Liegen diese Merkmale vor, funktioniert es sehr gut.

Meiner Auffassung nach ist absichtliches Leiden eine sehr hoch angesiedelte Praxis. Ich glaube, dass sie im Grunde genommen nicht Welt 24 angehört, sondern aus einer höheren Welt, nämlich Welt 12, hervorgeht und dass sie die Energie des christischen oder Bodhisattva-Bewusstseins trägt, des vollkommen erwachten Herzens, das darum weiß, dass wir hier alle miteinander verbunden sind und dass es in Tat und Wahrheit nichts »Anderes« gibt. Wenn es in der richtigen Haltung unternommen wird, ist es immer implizit österlich. Am oberen Ende beginnt sein Schwingungsfeld im Einklang mit der Energie von Welt 6 zu vibrieren, wo das universelle Leiden sich in ein Kausalprinzip verwandelt – »Schmerz ist der Grund von Bewegung«, wie Jakob Böhme es freiheraus formuliert[10] – und die Leiden der geschaffenen Ordnung ihrem Prototyp im Leiden Gottes begegnen. Und wir dürfen nicht denken, dass es sich hier lediglich um ein sentimentales Leiden handelt aufgrund des Elends, das wir Menschen durch den Missbrauch unserer Freiheit uns selbst und uns gegenseitig zufügen. Dies ist es zwar auch, doch es ist wesentlich mehr als das; letztendlich ist es eine Art uranfänglicher kosmischer Konstante, der notwendige Preis für den »Eindruck des Nichts ins Etwas«, der direkt im Mark des Göttlichen Herzens ertragen wird, wenn Welt 1 es zulässt, gezerrt und geteilt zu werden, sodass alle weiteren Welten ins Sein kommen können. Darüber sprach Gurdjieff von Zeit zu Zeit voller Anspielungen, am offenherzigsten bei der Beschreibung seiner vierten »seinsverpflichtolnischen Bestrebung«[11], wo er mit Nachdruck erklärt, dass die wirkliche menschliche Aufgabe von uns [den Wesen auf diesem Planeten] darin bestehe, »so bald und so rasch als möglich die Schuld für ihr Entstehen und die Individualität ihrer Existenz abzuzahlen, um danach frei zu sein, soviel als möglich den Kummer *unseres Gemeinsamen Vaters* erleichtern zu helfen«. Auch wenn diese Worte einfach sein mögen, kann es für uns, wenn wir die tiefe Liebe und kosmische Traurigkeit erfassen können, die in ihnen anklingt, keine andere Antwort als Tränen geben. Dies ist der Omega-Punkt des Weges absichtlichen Leidens; ab hier kommen wir nicht weiter.

Bewusste Arbeit und absichtliches Leiden sind nicht so sehr zwei getrennte Übungen als viel mehr zwei Säulen, die im Wesentlichen einer einzigen spirituellen Verpflichtung gleichkommen (die Gurdjieff »unsere Partkdolgpflicht«[12] nannte. Sie passen gut zu den klassischen spirituellen Übungen der Achtsamkeit und der Hingabe (bewusste Arbeit entspricht Achtsamkeit, und absichtliches Leiden ist – durch die österliche Brille betrachtet – reine Hingabe). Gemeinsam praktiziert, sind sie für uns ein gutes Rüstzeug, um hier in Welt 48 unter den Gesetzen von Welt 24 zu leben – oder in anderen Worten: unter dem Einfluss der imaginativen Kausalität. Und dies wäre eine gute Erklärung für Jesu Ermahnung, wir sollten, »*in* der Welt, aber nicht *von* ihr sein« (Johannes 17.16). Wenn wir mit diesen Werkzeugen arbeiten, entwickeln wir

10. »So muss nun die Peinlichkeit ein Grund und Ursache seyn zu solcher Bewegniß«; siehe Jakob Böhme: *Christosophia: oder Der Weg zu Christo,* Seite 164.

11. G.I. Gurdjieff: *Beelzebubs Erzählungen für seinen Enkel,* Seiten 409–410.

12. Ebenda, Seite 434.

nach und nach die Bereitschaft und die Fähigkeit, unsere Selbstverwirklichung unter den »niedrigeren achtundvierzig« Gesetzen zu opfern, sodass die Rohmaterialien unseres hingegebenen Willens und persönlichen Dramas stattdessen in etwas von unvergänglicherer, feinerer Substanz transformiert werden können. Das ist die echte Möglichkeit, die uns angeboten wird und die gleichzeitig auch die schwierigste Herausforderung darstellt.

Die Optionen

Welches Reich wähle ich also, um mein Blatt auszuspielen? Die Welten 48 und 96 sind im Grunde genommen keine echten Wahloptionen, sondern lediglich Wege des geringsten Widerstandes. Sie sind quasi die Grundvoreinstellung unseres menschlichen »Aktionsraums«, und alle Strömungen unseres gemeinsamen kulturellen Erbes sind darauf ausgerichtet, ihn so zu belassen, wie er ist. Hier finden wir gewiss mehr als genug, um uns für die relativ kurze Spanne unseres menschlichen Lebens zu beschäftigen und abzulenken und um das Narrativ unserer persönlichen »Seelenreise« zu spinnen. Doch was werden wir am Ende erreicht haben? Aus der Perspektive der größeren kosmischen Ökologie kommt ein anderes Bild zum Vorschein. Falls ich mich dazu entscheide, mein Leben unter den Gesetzen dieser irdischen Ebene ablaufen zu lassen (wobei es energetisch keinen nennenswerten Unterschied macht, ob es sich um Welt 48 oder 96 handelt), kann ich gemäß Gurdjieff tatsächlich sehr hart daran arbeiten, ein guter und verantwortungsbewusster Mensch zu sein. Ich kann eine Menge Steine auf dem Spielbrett dieses Lebens hin- und herschieben und meinen Anteil an den Belohnungen einheimsen, die es hier zu gewinnen gibt: Ruhm, Respekt, Glück, die Illusion von Sicherheit. Aber hinsichtlich eines dauerhaften Beitrages zum kosmischen Austausch ist dies doch eine ziemliche dünne Suppe. Das Gute und das Leid, das ich bewirke, gleichen sich im Grunde genommen gegenseitig aus, zumindest auf der kollektiven Waage – der einzigen Art, auf die unser Beitrag überhaupt gewogen werden kann, da wahre Individualität auf dieser Stufe der menschlichen Evolution noch gar nicht existiert. In Bezug auf die höheren Zwecke des Trogoautoegokraten spiele ich noch nicht einmal mit, weil es hier unten in den niedrigeren Reichen lediglich um Do–Re–Mi, Do–Re–Mi... geht. Die

Schwelle zur bewussten Mitwirkung wird am Fa, in Welt 24, überschritten. Unterhalb dieser Schwelle wird meine Mitwirkung unbewusst und unfreiwillig eingetrieben entsprechend den Gesetzen von Welt 48: Wenn ich sterbe, wird mein irdischer Körper, zusammen mit seinem größtenteils noch immer unentwickelten imaginativen oder inneren Körper (dem wahren Sitz meiner »Seele« oder meiner bleibenden Individualität), ganz einfach zurück in die Elemente zerfallen, aus denen er zusammengesetzt ist, und Teil der Gesamtenergie der Biosphäre werden – oder wie es Gurdjieff zugespitzt formuliert: »Nahrung für den Mond«. Nichts wird verschwendet.

Seit nunmehr einhundert Jahren hat diese Lehre die Menschen schaudern lassen. Insbesondere wir Christen empfinden sie als einen direkten Affront gegen unsere liebgewonnene Vorstellung von einer unsterblichen Seele – und genau ein solcher ist es auch, denn gemäß Gurdjieff kommen wir nicht mit einer bereits voll ausgestatten Seele hier an; vielmehr ist die Seele die höchste Frucht unseres irdischen Aufenthalts, die im Siedefeuer unserer bewussten Arbeit und unseres absichtlichen Leidens verfeinert wurde. Ich werde in diesem ehrwürdigen Disput nicht die Rechtsprecherin sein – möchte jedoch auf Folgendes hinweisen: Unter dem Gesichtspunkt der Absicherung unserer Wetten und auch, um das maximal mögliche kosmische Gute zu tun, ist es weitaus sicherer anzunehmen, dass wir *noch keine* Seele haben, und folglich ernsthaft daran zu arbeiten, eine solche zu erlangen, als davon auszugehen, dass wir bereits eine besitzen, und uns einfach zurückzulehnen, uns auf unseren Lorbeeren auszuruhen (so wie wir Christen es nun seit zweitausend Jahren praktiziert haben) und unseren Planeten immer mehr im Stich zu lassen.

Aufwärtsbeweglichkeit

Falls ich diese andere, schwierigere Wahl treffe, mein Blatt so gut ich kann hier, unter den Gesetzen von Welt 24, auszuspielen, kommt ein vollkommen anderes Szenario in Gang. Mit meiner zunehmenden Fähigkeit, meine Rolle als ein bewusster Teilnehmer im wunderbaren Austausch zu spielen, wird mein Beitrag auf eine Art und Weise angeboten und verarbeitet, die sich erheblich von der vorherigen unterscheidet und die tatsächlich ein wesentlich hoffnungsvolleres Bild meiner selbst und des Kosmos, in den ich eingebettet bin, zeichnet.

Der wichtigste Unterschied besteht darin, dass der von mir geforderte kosmische Beitrag nicht in der Stunde meines Todes eingetrieben wird, sondern *während der kontinuierlichen Alchimie meines Lebens,* durch die katalytische Kraft meiner bewussten Arbeit. Es ist gut möglich, dass die Sufi-Mystiker genau darauf anspielen, wenn sie von »Stirb, bevor du stirbst!« sprechen. Es impliziert zweifellos das »Mensch verzehrt Löwe« an einer entscheidenden neuen Schwelle. Anstatt meine dunklen Elemente einfach in meine phänomenale Selbstheit zu integrieren (wie man diesen Prozess hier, im psychologischen Verständnis von Welt 48, gerne interpretiert), biete ich *meine ganze phänomenale Selbstheit* als den »Löwen« an, der unter der höheren Kausalität von Welt 24 verzehrt und integriert werden soll. Das Material meines Lebens, aus dem in den niedrigeren Welten das Meta-Narrativ des Selbsts konstruiert ist (meine Geschichte, meine Vorlieben, mein Drama und so weiter), wird stattdessen zum Rohmaterial, das in eine kosmische Substanz wesentlich höherer Ordnung transformiert wird: zu »Nahrung für die Erde« statt zu »Nahrung für den Mond«.

Mit »Substanz einer höheren Ordnung« meine ich vor allem die zuvor erwähnten »Früchte des Geistes« – Liebe, Freude, Friede, Langmut, Freundlichkeit, Güte, Treue, Sanftmut und Enthaltsamkeit. Aus dem Brunnen unseres ergebenen Wesens, unseres Hingegeben-Seins, fließen sie hinaus in unser unmittelbares irdisches Umfeld, wo sie tatsächlich dabei helfen, dieses »geschmeidiger«, »beseelter« und entgegenkommender – *beweglicher,* wie Teilhard sagen würde – zu machen, weniger giftig und weniger gleichgültig, zu einem Ort, an dem empfindende Wesen besser gedeihen und wachsen können.

Gleichzeitig laufen zwei miteinander verbundene Prozesse ab. Zum einen setzt diese bewusste Transformation *radiale* Energie frei, die der Entropie entgegengesetzt ist und jene »neue oder qualitativ andere Energieart« darstellt, deren Infusion erforderlich ist, um den Aufwärts- und Abwärtsfluss entlang des Schöpfungsstrahls über den kritischen Punkt des Mi–Fa-Schocks hinaus zu ermöglichen. Ich glaube, dass es diese Funktion ist, auf die sich William Segal in seiner zuvor erwähnten Äußerung bezieht: »Ohne die Aufwärts-Energieübertragung durch die Vermittlung bewusster Aufmerksamkeit würde das Universum der Entropie nachgeben.«

Zum anderen beginnt, als alchimistisches Nebenprodukt dieses ersten Prozesses, in mir nach und nach nichts anderes Gestalt anzunehmen als der »zweite« oder »Kesdschan-Körper«: ein anderes und feinstofflicheres Vehikel meiner Lebendigkeit. Erinnern Sie sich daran, dass es dies ist, was mit »Körper« in der imaginativen Kausalität tatsächlich gemeint ist. Und da er unter den Gesetzen der Kausalität einer höheren Ordnung entsteht, hat er in den höheren Reichen bereits Bestand und ermöglicht es mir, mich dort zurechtzufinden, jenseits der Konventionen von Zeit und physischem Tod, welche die Grenzen unserer normalen irdischen Ebene ziehen. Er wird mir zunehmend als Sitz meiner wirklichen Selbstheit dienen und als Träger der Weisheit und kosmischen Unterstützung, die uns aus diesen Reichen zufließen. Wenn Gurdjieff von der Entwicklung einer Seele spricht, meint er genau dies.

Nahrung für den Mond oder Nahrung für die Erde? Auf die eine oder andere Art werden wir alle als Nahrung enden – doch für welches Reich? In der Studiengruppe des Vierten Weges,[13] an der ich fast ein Jahrzehnt lang teilnahm, wurde regelmäßig darauf hingewiesen, dass wir in diesem irdischen Reich nur vor eine einzige Wahl gestellt werden: Wollen wir unsere Zeit hier damit verbringen, als ein »unbewusster Sklave« zu leben oder als ein »bewusster Diener«? Wenn wir uns für das Erstere entscheiden, wird alles bis zum Ende mechanisch ablaufen und die Ernte wird in der Biosphäre eingefahren. Wenn wir die schwierigere, zweite Route wählen – auf der bewusste Arbeit und absichtliches Leiden uns die volle Staatsbürgerschaft im Imaginativen einbringen –, werden wir früher oder später unsere Pflichten in dem übernehmen, was Gurdjieff den »Bewussten Kreis der Menschheit« nennt. Darin werden wir die Früchte unserer bewussten Arbeit für die kollektive Ernährung und den Schutz unseres noch immer allzu zarten und verletzlichen Planeten darbringen – und, ja, auch dafür, den Kummer unseres »Gemeinsamen Vaters« zu lindern.

Auf meiner eigenen Reise war es diese Grenze, die ich, als ich Rafe begegnete, überschritt – sicherlich ohne genau zu wissen, was ich da tat. Bis zu diesem Zeitpunkt hatten die Ideen des Gurdjieffschen Werks für mich hauptsächlich den Stellenwert einer interessanten Theorie gehabt. Für Rafe war es anders. Als ich ihn traf, war er diesen Weg bereits seit über vierzig Jahren gegangen.

13. Zum Vierten Weg siehe Fußnote 8, Seite 170.

Oben in seiner Einsiedlerzelle widmete er sich tagtäglich neben seinem Bibelstudium auch Maurice Nicolls umfangreichem Werk *Psychological Commentaries on the Teachings of Ouspensky and Gurdjieff.* Die Abschnitte, welche sich auf den inneren Körper bezogen, waren von ihm immer wieder aufgeblättert und markiert worden, und auch am Tag, an dem er starb, war das Buch auf einer dieser Seiten aufgeschlagen. Rafe hatte diesen Bewussten Kreis angestrebt. Er nahm seine Hinweise aus dem Reich des Imaginativen und lebte unter dessen Gesetzen mit einer Konsequenz, die schwächeren Seelen einen Schrecken einjagte. Und er nahm die von ihm verstandene Anweisung, ich sei ihm in der Übermittlungskette in die Obhut gegeben worden, ernst. Er schreckte nie davor zurück.

»Vielleicht sind wir aus diesem Grund zusammengebracht worden«, sinnierte er eines Tages auf unserer Rückfahrt von einem Arzttermin, kurz bevor er starb. »Um eine Verbindung aufzubauen, die von hier bis in die Ewigkeit reicht.«

Damals dachte ich, dass sei einfach nur romantisch.

Tropus

Die Reiche der Hölle

Tragischerweise begleitet uns aber auch immer eine dritte Option: Der Löwe verschlingt den Menschen, und die Dinge bleiben auf der Abwärtsspirale durch die sich vertiefende Totenstarre von Welt 96 hinab in die toxische und pathologische Beengtheit von Welt 192, den Reichen der Hölle. Ja, ich weiß unterdessen ein paar Dinge über jene Orte – wesentlich mehr, als ich zuversichtliche und behütete Seele je zu wissen wünschte. Wer hätte schon gedacht, dass meine winterliche Odyssee mit dem Griechen direkt in diese Reiche führen würde? Doch als ich das kontinuierlich eskalierende Krankhafte zwischen uns beobachtete, konnte ich nur zu gut erkennen, wie sich das Böse aus dem unschuldigen Nährboden menschlicher Verletzungen und Leiden entwickelt und wie wir Menschen, Transformatoren, die wir alle gezwungenermaßen nun mal sind, auch dies umwandeln.

Ich war stur – viel zu stur – in meinem Hängen an der Vorstellung, Liebe würde immer dazu führen, dass der Mensch den Löwen verzehrt. Dies ist nämlich nur dann wahr, wenn es sich bei dem, was erzeugt wird, tatsächlich um Liebe handelt. Nachdem John für den Sommer nach Stonington zurückgekehrt war und die magnetische Störung im energetischen Feld zwischen uns sich noch verstärkte, wurde es unübersehbar, dass der Löwe den Menschen in uns beiden verschlang; wir beide wurden heruntergeholt. Und als jene magnetischen Störwellen schließlich das Frequenzband unserer persönlichen Beziehung übersprangen und anfingen, in wachsenden Wogen der Unruhe auf unser Umfeld überzuschwappen, begriff ich die Tragödie, dass das Spiel zu weit gegangen war. Man hat kein Recht, auch nicht im Namen der Liebe, dem ohnehin schon angeschwollenen Schmerzenskörper unserer gemeinsamen Menschheit noch etwas hinzuzufügen.

Und es muss auch gesagt werden, dass leider ein großer Teil der Arbeit des Bewussten Kreises der Menschheit in der tagtäglichen Dialyse dieses toxischen Schmerzes liegt, den unser verrücktes, unversöhntes und ungezähmtes löwenmenschliches Bewusstsein unserem Planeten zufügt, wenn es Öl ins Feuer des Göttlichen Eros gießt, der an sich schon gut genug brennt. Nein, der Weg zu wahrer Liebe, nicht zu all dem Drum und Dran dieses verrückten Verlangens, führt in die Gegenrichtung – und gerne würde ich denken, dass dies auf unseren Gemeinsamen Vater genauso zutrifft wie auf Johnny und mich –, wo dieser feurige Eros, gleichzeitig der Antrieb und die äußerste Qual des Schöpfungsstrahls, tief in diese begrenzten Reiche heruntersinkt und sich in seine eigene Verklärung zur Agape fügt in der Wiege des hingegebenen menschlichen Herzens.

Vier
Imaginative Kausalität

ICH LEBE NUN SEIT ÜBER FÜNFUNDZWANZIG JAHREN, MEHR als einem Drittel meines Lebens, unter dem Einfluss der imaginativen Kausalität. Es ist eine Art doppelter Staatsbürgerschaft, die nicht immer einfach zu handhaben ist. In jenen rauen Wochen nach Rafes Tod wurde ich nolens volens in sie hineinkatapultiert, als sich irgendetwas in mir entschied, nichts auszuschließen und nicht stehen zu bleiben, sondern weiter mit ihm, Rafe, ins Unbekannte zu schreiten wie eine junge Jagdhündin, die einer Geruchsspur folgt, die sie gerade noch schwach aufnehmen kann. Einen Anhaltspunkt hatte er mir gegeben: »Du musst auf die Unbesiegbarkeit deines Herzens vertrauen.« Doch damals schien mein Herz weit davon entfernt, unbesiegbar zu sein. Noch immer voller klaffender Löcher, in tiefer Trauer und so gut wie unerfahren in subtiler Wahrnehmung, war es anfällig für alle möglichen Arten von Verzerrungen. Und so kämpfte ich mich vor allem durch Ausprobieren voran.

Seit damals habe ich das Terrain nach und erkundet und mich durchs Unterholz geschlagen. In diesem Buch möchte ich die Früchte daraus mit Ihnen teilen und hoffe, Sie fühlen sich ermutigt, auf eigene Faust weiterzuwandern. Wenn, wie ich es im vorhergehenden Kapitel angedeutet habe, der Weg zum kosmischen Dienstantritt darauf hinausläuft zu lernen, in Welt 48 unter den Gesetzen von Welt 24 zu leben, stellt sich die Frage, wie dieser Lernprozess konkret aussieht. Wodurch unterscheidet sich die imaginative Kausalität so entschieden von der uns vertrauten Kausalität von Welt 48? Was sind ihre typischen Merkmale und wie kommen wir mit einem völlig neuen Betriebssystem auf Touren, das mit nur halb so vielen Zwängen, aber mit doppelter Intensität operiert? Diesen Fragen werden wir uns in den nächsten beiden Kapiteln zuwenden.

Beginnen möchte ich mit einer Betrachtung des Gesamtbildes – weil die imaginative Kausalität genau das ist: ein *großes Bild.* Das

Allererste und Allerwichtigste, an das es sich zu erinnern gilt, ist, dass sie räumlich und nicht linear ist. Lineare oder zeitliche Kausalität ist eine Konvention, die nur in Welt 48 und darunter herrscht; oberhalb dieser Schwelle fällt diese alles beherrschende metronomische Dimension des Zeitflusses einfach weg. Und diese Prämisse ist verifizierbar, und zwar, nebenbei bemerkt, nicht nur im Bereich der Metaphysik, sondern auch im Rahmen eines grundlegenden Verständnisses der Quantenphysik: Jenseits der Grenzen der ziemlich engen Bandbreite der Raumzeit, in der die Newtonsche Physik gilt, hört die Zeit auf, irgendeine funktionale Bedeutung zu haben und erweist sich als eine der Konventionen, die es dieser besonderen irdischen Ebene ermöglicht zu funktionieren. Sie ist leicht zu ersetzen und wird an der Verbindungslinie mit dem Imaginativen endgültig aufgehoben.[1]

Was nimmt ihren Platz ein? Es gibt viele Möglichkeiten, diesen Übergang zu veranschaulichen; ich möchte ihn auf eine Weise skizzieren, auf die ich vor vielen Jahren selbst stieß, als ich gerade anfing, mich eingehender mit diesen Fragen zu beschäftigen. Erstmals schrieb ich in meinem Buch *Mystical Hope* darüber – und zwar Folgendes: Eines Sonntags vor vielen Jahren, als ich auf einer Insel vor der Küste von Maine lebte, brachte ich meine Tochter, die damals im Teenageralter war, zur Fähre zum sechs Kilometer entfernten Festland, wo sie ihren Freund Scott treffen wollte. Da der Tag außergewöhnlich klar und ruhig war, stieg ich danach auf meiner Insel auf eine hohe Klippe, um zu beobachten, wie sich das kleine Schauspiel entfaltete. Ich sah jede der einzelnen Sequenzen sich nacheinander abspielen: Die Fähre näherte sich dem Festland, Scotts kleiner, gelber Toyota kam die Straße zum Anleger heruntergefahren und Lucy ging, zumindest in meinen Augen, auf der Fähre nach vorne, da sie es kaum erwarten konnte, von Bord zu gehen und Scott zu treffen. Sie beide erlebten diese Ereignisse innerhalb der Zeit. Doch von meinem Blickwinkel aus waren sie alle bereits gegenwärtig in einem riesigen, imposanten »Jetzt«.

Das ist im Grunde genommen der Schlüssel zum Verständnis der imaginativen Kausalität: Wir lernen, die Perspektive zu wechseln, von der eines Fahrgasts auf der Fähre hin zu einer erweiterten Sicht, die uns auf einer hohen Klippe erwartet.

1. Eine interessante aktuelle Lektüre zu diesem Punkt findet sich bei Carlo Rovelli: *Die Ordnung der Zeit,* Reinbek bei Hamburg: Rowohlt, 2018.

Wie immer kommt Teilhard de Chardin intuitiv der Formulierung dieser Realität sehr nahe, wenn er den bemerkenswerten Prolog zu seinem Buch *Der Mensch im Kosmos* mit »Sehen« betitelt. Er beschreibt, wie wir Menschen normalerweise in unserem eigenen horizontalen Perspektivfeld gefangen sind und wie wir glauben, »die Dinge objektiv« zu betrachten, obwohl dies immer nur auf Augenhöhe geschieht. »Wohl ist ein Beobachter dem banalen Zwang unterworfen, den Mittelpunkt der durchwanderten Landschaft, wohin er auch gehe, in sich zu tragen«, räumt Teilhard ein. *Dann* jedoch fragt er sich:

> Aber wie verhält sich der Spaziergänger, wenn er auf seinem Weg zufällig an einen von der Natur bevorzugten Ort gelangt, wo sich Straßen und Täler kreuzen und wo nicht nur der Blick, sondern auch die Dinge nach allen Seiten hin ausstrahlen? Dann fällt der subjektive Gesichtspunkt mit einer objektiven Gliederung der Dinge zusammen und Wahrnehmung entfaltet sich in ihrer ganzen Fülle. Die Landschaft enträtselt und erhellt sich. Man sieht.[2]

Teilhard scheint sich diesen »von der Natur bevorzugten Ort« nur im Zusammenhang mit einem äußerlichen Topos vorzustellen (»wo sich Straßen und Täler kreuzen«), als etwas auf der äußeren Ebene. Doch, was die innere Ebene angeht, hat er wieder einmal den Nagel auf den Kopf getroffen. Denn in der inneren Topografie des Bewusstseins stellt die imaginative Kausalität tatsächlich – energetisch / kausal – den höheren Aussichtspunkt dar, von dem die Dinge selbst ausstrahlen. Der Grund dafür ist, wie wir bereits gesehen haben, dass das Imaginative im Hinblick auf Welt 48 verursachend (oder zumindest *generierend*) ist; es beinhaltet den epizentrischen Punkt, von dem alle Dinge nach außen in diese langsamere Sphäre der Kausalität ausgehen (oder, um dem Strom in die entgegengesetzte Richtung zu folgen, der Punkt, an dem sie zusammenlaufen). Von diesem Blickwinkel aus zu schauen, ist dann tatsächlich nicht mehr nur »subjektiv«, denn »der subjektive Gesichtspunkt fällt mit einer objektiven Gliederung der Dinge zusammen.« Das Innere ist das Äußere, wie es im berühmten Logion 22 im Thomasevangelium heißt, und von diesem ursprünglichen

2. Teilhard de Chardin: *Der Mensch im Kosmos,* Seiten 18–19.

Punkt aus ist es in der Tat möglich, »eine Hand zu formen anstelle einer Hand oder einen Fuß für einen Fuß, indem ein Bild das andere ablöst.«[3] Man *sieht* tatsächlich – imaginativ. Eine prägnantere und präzisere Beschreibung der imaginativen Kausalität ist kaum denkbar.

Der Chiasmus

Aufgrund dieses grundsätzlich räumlichen Aspekts imaginativer Kausalität lassen sich die einzelnen Teile innerhalb des Rahmens normalerweise nicht in ein lineares Gefüge bringen. Sie erscheinen in den meisten Fällen als gleichzeitige, sich überschneidende Resonanzen oder Muster, die mehr mit dem Herzen als mit dem Verstand erfasst werden, um es in der Sprache der Resonanz auszudrücken, oder als »Entsprechungen«, wie der Dichter Baudelaire sie nennt, die ihre Logik durch die Stärke der Anbindung behaupten, welche sie untereinander aufbauen. Typischerweise manifestiert sich dies aus unserer Perspektive der irdischen Ebene als eine Reihe bedeutungsvoller »zufälliger« Zusammentreffen oder als eine überraschende Synchronizität, und es sind genau diese Merkmale, welche vor allem anderen die imaginative Kausalität kennzeichnen.

Doch auch wenn dieser Eindruck technisch richtig ist – Zufall und Synchronizität sind tatsächlich wesentliche Merkmale der imaginativen Kausalität –, neigt das so beschriebene Gesamtbild zur Irreführung, denn für unsere Alltagsohren scheinen diese Wörter willkürliche, außerordentliche oder außergewöhnliche (manchmal sogar unheimliche) Vorfälle zu beschreiben, und dieser Eindruck ist offensichtlich *nicht* richtig. Wenn die höher schwingenden Gesetze des Reichs des Imaginativen in diese irdische Ebene durchschimmern, können sie uns als außergewöhnlich erscheinen, und tun dies auch, doch in Wirklichkeit sind sie es nicht. Sie folgen ganz einfach der rigorosen Konstruktionslogik dieses höheren Reichs, einer anderen und subtileren Art, Verbindungen herzustellen. Es gibt immer ein zugrunde liegendes Muster.

So möchte ich also die Erforschung der imaginativen Kausalität mit einem genaueren Blick auf dieses zugrunde liegende Muster beginnen. Genauer gesagt schlage ich vor, dass wir anfangen, indem wir eine bestimmte Art von Muster ins Auge fassen – bekannt

3. *Die Bibel der Häretiker,* Seite 136.

als »Chiasmus« –, das in der »Lieferkette aus dem Imaginativen« heraus eine überaus wichtige Rolle zu spielen scheint und uns daher einen sehr guten Ausgangspunkt bietet, um diese neue Art, Verbindungen zu knüpfen, zu erlernen. Vielleicht mag es ein wenig weit hergeholt sein zu behaupten, dass die imaginative Kausalität ihrem Wesen nach chiastisch sei, doch sie tendiert stark in diese Richtung. Eine eingehendere Prüfung von zwei bekannten Beispielen chiastischer Kausalität bietet uns eine ausgezeichnete Möglichkeit, die Wirkung des ganzen Systems zu betrachten. Zumindest verhilft uns dies rasch über den Eindruck hinweg, dass die imaginative Interaktion mit unserer eigenen Welt bloß durch kuriose »Zeichen und Wunder« geschieht: Das ganze Feld ist in sich sehr engmaschig verwoben.

Der Chiasmus ist eine traditionell rhetorische oder literarische Form, doch das Gestaltungsprinzip ist gleichermaßen in der Musik und in den bildenden Künsten anwendbar. Diese Form besteht aus zwei aneinandergekoppelten Ereignissen, die symmetrisch um ein Zentrum angeordnet sind. Die einfachste Form ist B–A–B', wobei A für das Zentrum steht, und B für die symmetrischen Flügel. Die nächstkompliziertere Ebene ist C–B–A–B'–C', von wo aus die Sequenz sich fortsetzt. Sie erkennen sicher das hier zugrunde liegende Muster: Im Wesentlichen ist es wie ein Stein, der in einen Teich geworfen wird und fächerförmig konzentrische Kreise um sich herum ausbreitet.

Der Chiasmus ist also eine ganz andere Art, Kausalität anzuordnen. Anschaulich illustrieren lässt sich dies mit einer bekannten Episode aus den Evangelien: der Geschichte von Zachäus, dem Zollpächter, der oben in einem Baum sitzt (Lukas 19.1–7). In dieser kurzen Erzählung läuft Zachäus einer Menschenmenge voraus und klettert auf einen Maulbeerfeigenbaum, um einen Blick auf Jesus werfen zu können, der gerade in die Stadt kommt. Zachäus selbst ist ziemlich klein gewachsen und könnte ihn anders nicht sehen. Jesus seinerseits erblickt ihn sofort und ruft ihm zu: »Zachäus, beeile dich und komm schnell herunter, denn ich will heute in deinem Haus einkehren.« Die lineare Kausalität ermöglicht uns zwei Erklärungsmuster: (1) Dadurch, dass Zachäus auf den Baum klettert, fällt er Jesus auf, was dazu führt, dass er diesen zu einem privaten Gespräch einlädt; oder (2) das vorausgehende, weitblickende Wissen Jesu darum, dass es ihm bestimmt ist, mit Zachäus Zeit zu verbringen, lässt diesen auf einen Baum klettern.

Man kann es auf beide Arten durchspielen, doch in der imaginativen Kausalität präsentiert sich eine dritte Möglichkeit, nämlich dass es dort eine offensichtliche, notwendige und *imaginativ bereits existierende Wirklichkeit* ihrer zutiefst miteinander verbundenen Herzen gibt: Das ist A, das Zentrum. Um dieses herum geschehen B und B' synchron und mühelos: Zachäus klettert auf den Baum, und Jesus, der ihn dort erblickt, lädt ihn ein, herunterzukommen. Beide Figuren spielen ihre Rollen fehlerlos, wie Subjekt und Kontrasubjekt in einer Fuge von Johann Sebastian Bach, miteinander verwoben als ein einziges harmonisches Ganzes rund um einen vereinigenden, absichtsvollen Kern. So sieht die Welt durch die Brille der imaginativen Kausalität aus.

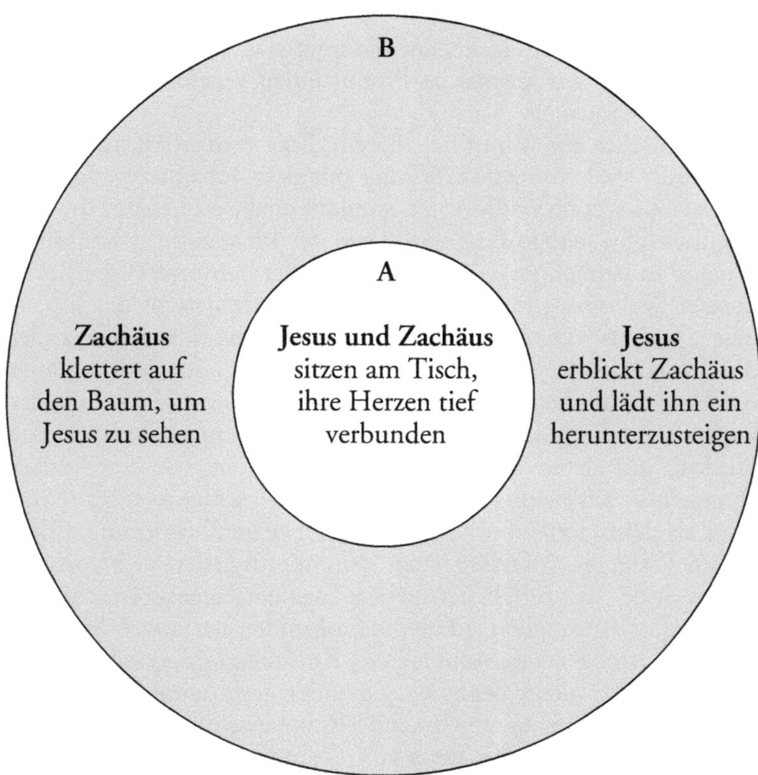

Jesus und Zachäus als Chiasmus betrachtet

Die vielleicht verständlichste Einführung in den Chiasmus als einem grundlegenden Prinzip imaginativer Muster verdanke ich einem Buch, das mein Leben veränderte: *The Good Wine,* geschrieben von meinem langjährigen klösterlichen Mentor Bruno Barnhart am Benediktiner-Kamaldulenser-Kloster in Big Sur, Kalifornien.[4] Es wurde 1993 veröffentlicht und ist eine komplexe und brillante imaginative Rekonstruktion des Johannesevangeliums auf Grundlage des Chiasmus. Das Buch hebt auf der Rampe einer früheren wissenschaftlichen Studie zu demselben Thema ab – *The Genius of John* von Peter Ellis –, allerdings so furios wie eine Rakete, die in den Weltraum geschossen wird. Während die Erläuterungen in Ellis' Arbeit noch zu weiten Teilen im Rahmen der etablierten alttestamentarischen historisch-kritischen Methodik dargelegt sind, taucht Barnhart tief in die Höhle seines Herzens ein, um daraus seine eigene, äußerst mystische Erläuterung zu präsentieren: eine auf kosmische Proportionen vergrößerte biblische Zelle Prosperos.

Ich möchte ein wenig bei diesem Text verbleiben, und zwar nicht nur, weil eine Beschäftigung mit dem Johannesevangelium niemals Zeitverschwendung ist, sondern auch, weil es uns die Gelegenheit gibt, einige Besonderheiten der imaginativen Kausalität genauer zu betrachten, wie sie sich unter der narrativen Oberfläche unserer Welt abspielt. Auf der linearen Ebene besteht das Johannesevangelium aus einundzwanzig Kapiteln, die uns nacheinander durch das irdische Amt Jesu, seine Kreuzigung, seine Auferstehung und seine anschließenden Erscheinungen führen. Unterhalb der linearen Abfolge jedoch entdeckt Bruno eine komplexe, chiastische Struktur aus sieben konzentrischen Ringen, mittels derer dieses Evangelium anspielungsreich eine *zweite* Geschichte erzählt: von Jesus als dem Herrn und Grundstein der neuen Schöpfung. Diese sieben Ringe entsprechen einer durchkonfigurierten Neuinterpretation der ursprünglichen sieben Tage der Genesis-Geschichte. Indem die ursprünglich aufeinanderfolgenden narrativen Segmente in eine völlig neue symmetrische Konstellation gestellt werden und innerhalb dieser beginnen, einander gegenseitig zu beleuchten, erzeugen sie eine zunehmende Resonanz, die in der Aussage gipfelt, dass die Erde in Jesus von Grund auf neu geboren und unter eine neue Führung gestellt wurde.

4. Bruno Barnhart: *The Good Wine: Reading John from the Center,* Mahwah, NJ: Paulist Press, 1993.

Eine chiastische Konstruktion beginnt immer mit dem Lokalisieren des Zentrums, und Bruno erkennt dieses sogleich in der kurzen, geheimnisvollen Vignette bei Johannes 6.16–21, wo Jesus seinen Jüngern plötzlich über das Wasser laufend erscheint:

> Als es aber Abend geworden war, gingen seine Jünger zum See hinab, bestiegen ein Boot und fuhren über den See, auf Kapernaum zu. Es war schon dunkel geworden und Jesus war noch nicht zu ihnen gekommen. Da wurde der See durch einen heftigen Sturm aufgewühlt. Als sie etwa fünfundzwanzig oder dreißig Stadien gefahren waren, sahen sie, wie Jesus über den See kam und sich dem Boot näherte; und sie fürchteten sich. Er aber rief ihnen zu: Ich bin es; fürchtet euch nicht! Sie wollten ihn zu sich in das Boot nehmen, aber schon war das Boot am Ufer, das sie erreichen wollten.

In seiner Wahl dieser Stelle als dem Zentrum des Chiasmus folgt er Peter Ellis, jedoch aus einem ganz anderen Grund als dieser: Für Ellis ruft dieser Passus den historischen Exodus in Erinnerung, für Bruno hingegen ist es ein Widerhall des uranfänglichen flutenden Chaos am Beginn der Schöpfung. Dieses machtvoll konzentrierte archetypische Bild liefert ihm den Rosettastein für das ganze Mandala der neuen Schöpfung. Und dies ist genau die Funktion und der Grund eines chiastischen Zentrums: Fast immer ist es ein ikonisches Wurmloch in das imaginative Epizentrum, das die Kausalität antreibt, gemäß welcher die Ereignisse ihre Ringe in die Zeit hinaustreiben.

Ist dieses Zentrum erst einmal definiert und der Rosettastein gefunden, ist es kein schwieriger Sprung mehr (zumindest nicht für einen Geist wie den von Bruno), die sieben konzentrischen Ringe zu ziehen und das narrative Material entsprechend neu zu ordnen. Die vollständigen Ergebnisse dieses Prozesses sind in der Illustration auf der nächsten Seite zusammengestellt; was ich am interessantesten finde, sind die zum Vorschein kommenden neuen Konstellationen und das neue Licht, das diese gegenseitig aufeinander werfen. Tag IV beispielsweise entfaltet sich rund um das Motiv »Du bist das Licht der Welt« (da der vierte Tag der Schöpfungsgeschichte in Genesis die Schaffung von Sonne und Mond zum Gegenstand hat) und arrangiert Nikodemus (Johannes 3.1–21), den blind-geborenen Mann (9.1–41) und Jesu Abschiedsreden

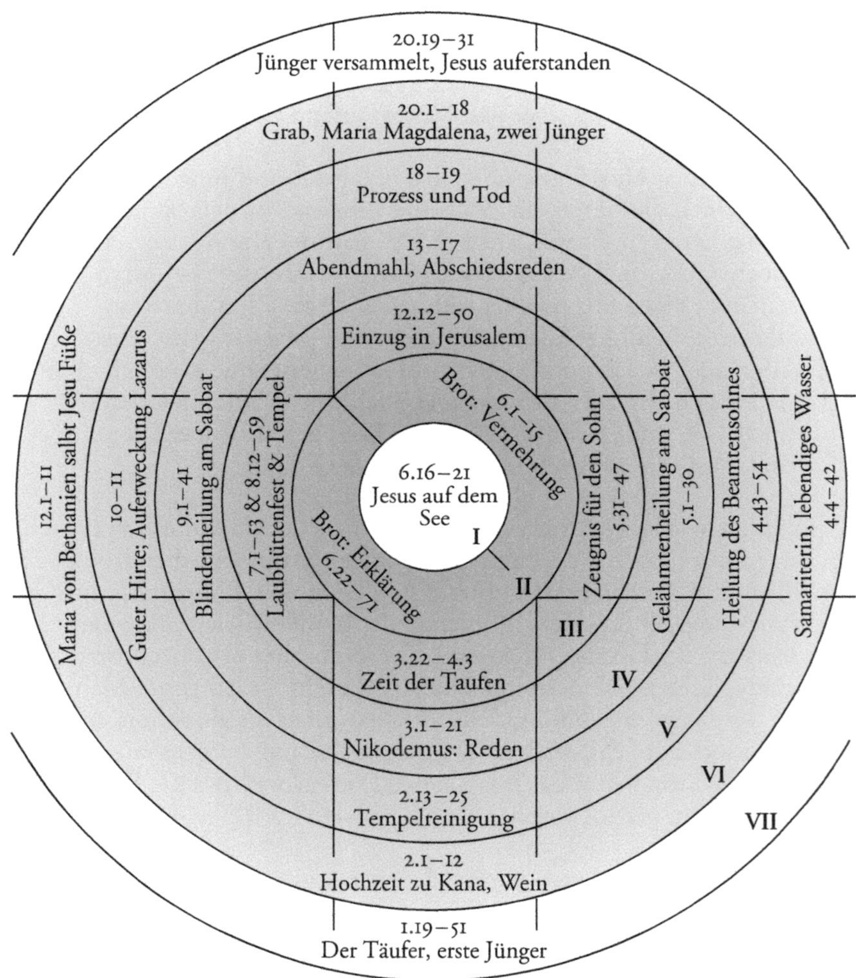

Das Johannesevangelium in chiastischer Darstellung
Adaptiert aus Bruno Barnhart:
The Good Wine, Seite 40

(13–17) in einer Konstellation, welche die Themen Lehre, Bevollmächtigung und wahre Quelle von Vision erhellt. Tag V, dessen Motiv »das Leben« ist (in Genesis ist dies der Tag, an dem die Biosphäre in all ihrer kreatürlichen Pracht erscheint), zeigt eine faszinierende symmetrische Konstellation des zum Leben erweckten Sohnes des Zenturios (4.43–54), der Wiedererweckung des Lazarus (10–11) und Jesu eigener Leidensgeschichte (18–19). Besonders schön erscheint mir der Tag VI, an dem die vier Frauenperikopen – die Hochzeit zu Kana (2.1–12), die Samariterin am Brunnen (4.4–42), die Salbung in Bethanien (12.1–11) und Maria Magdalena im Garten (20.1–18) – in einer einzigen symphonischen Infusion femininer Energie zusammen gruppiert sind und an dem gefeiert wird, dass, in Brunos Worten, »das feminine Prinzip in der Welt die unerschöpfliche Quelle kreativer Verwirklichungen der Herrlichkeit des Vaters darstellt.«[5] Durch diese bezaubernde innere chiastische Entfaltung treten diese Passagen, die in der linearen Erzählung weit voneinander entfernt liegen, in einen spontanen, synchronen Dialog – wie Glocken in einem Glockenstuhl. Die daraus entstehende Musik ist einfach *elegant!*[6]

Resonanz

In der imaginativen Kausalität wird die Bedeutung durch die reichen Wechselwirkungen erzeugt. Wir können regelrecht von einem »Bildteppich von Bedeutung« sprechen oder eine wissenschaftliche Metapher verwenden und sagen, Bedeutung sei eine »emergente Eigenschaft des Ganzen«. Sie liegt nicht in irgendeinem einzelnen Teil, ganz egal, wie komplex dieses auch sein mag, sondern in der Art und Weise, wie die verschiedenen Teile aufeinander reagieren und einwirken, wie sie sich gegenseitig zum Klingen bringen. Die Bedeutung findet sich in der Raffinesse der Webart und in der Energie, die im Wechselspiel der unterschiedlichen Fäden freigesetzt wird. Aus dem Zentrum fließen die Dinge hervor und aufeinander zu und bilden Kombinationen, die zuweilen überraschend

5. Ebenda, Seite 240.

6. Ich glaube übrigens, dass genau dieses chiastische Mandala – Jesus als der Herr der neuen Schöpfung – in Teilhard de Chardins Denken stark am Wirken ist und tatsächlich den Schlüssel zu einer Neubewertung seiner gesamten Werke unter chiastischen Gesichtspunkten liefert. Ich möchte dieses Buch nicht mit der Idee überladen, doch könnte sie einen faszinierenden neuen Ausgangspunkt zu einem Desiderat liefern, das in der wissenschaftlichen Rezeption Teilhards noch der Erarbeitung harrt: einer umfassenden Neuordnung seines Kanons und zwar auf eine Art und Weise, durch die sein Schaffen zugleich zugänglicher wie auch innerlich kohärenter wird.

sind, vom Herzen jedoch als bedeutungsvoll stimmig erkannt werden. Die Themen, Worte, Symbole und Bilder erklingen gemeinsam und enthüllen auf diese Weise zuvor ungeahnte Dimensionen von Tiefe, von Sinn und von Schönheit. Es entsteht ein bestätigendes Gefühl von *Kohärenz*, ein reiches Muster von Bedeutung.

Einer der wichtigsten Stränge des Zusammenspiels verläuft zwischen den beiden kontrapunktischen Arten der Kausalität selbst: der linearen und der synchronen. Es ist eine absolut notwendige Verflechtung; ohne sie triebe dieses große imaginative Panorama einfach dort draußen umher und könnte nicht mit dem Mark unseres irdischen Lebens verknüpft und mit dem Rohmaterial für die kontinuierliche Alchimie zwischen den Reichen gespeist werden. Wie bereits geschildert, sind die Welten 24 und 48 unzertrennlich miteinander verbunden, und genau hier, entlang dieser Linie des Zusammenspiels, entfaltet sich der wunderbare Austausch am intensivsten. Genau *dies* ist unsere menschliche Reise hier: ein andauernder Dialog zwischen zwei Arten von Wirklichkeit – der linearen und der synchronen. Und nur im verständigen Zusammenspiel zwischen ihnen enthüllt sich dessen wahre Bedeutung.

Die Enthüllung des größeren Musters bringt uns ein allgemeines Gefühl von Geräumigkeit und Ruhe zurück: Hier ist etwas oder jemand verantwortlich, es ist nicht alles bloß zufällig und tragisch. Die zeitlich aufeinanderfolgenden Geschehnisse verursachen nicht den Tod Jesu und liefern ganz gewiss auch keine Deutung für ihn; sie stellen einfach nur die in der Linearität notwendige Entfaltung einer tieferliegenden Zweckdienlichkeit dar, deren Epizentrum bereits jenseits der Zeit liegt und deren Bedeutungsfülle nur in der Auslegung des gesamten Musters zu finden ist. So wie es bei Zachäus auf dem Baum und Jesus, so wie es bei meiner Tochter Lucy auf der Fähre und ihrem Freund Scott der Fall war. Das, von dem wir glauben, dass wir es sequenziell in der Zeit erleben (voller Dramen und Sorgen in Bezug auf das, was kommen mag), ist tatsächlich alles bereits da, schon enthalten in diesem großartigen imposanten »Jetzt«. Wenn wir das wirkliche Zentrum bloß finden, die richtige Zeitskala bloß erkennen würden, könnten wir anfangen, das Bild wirklich zu deuten.

Babettes Fest

Ein anderes eindrückliches Beispiel für eine wirkmächtige chiastische Konstruktion, das von seinen Fans – Darf ich das sagen? – vielleicht sogar noch mehr geschätzt wird als die Geschichte im Johannesevangelium, ist *Babettes Fest.*[7] Was ist es, das viele Zuschauer an diesem Film als so verklärend empfinden? Ich glaube, es ist nichts anderes als das helle Leuchten von Welt 12, die christische Liebe in ihrer ganzen Fülle, die hier durch den zerlumpten Schleier unserer irdischen Gewänder und zerbrochenen Herzen hindurchscheint. Auch in diesem Fall wird die tiefere Bedeutung durch die Kraft des Chiasmus übertragen.

Der Film beruht auf der gleichnamigen Kurzgeschichte von Tania Blixen. In der zeitlichen Kausalität entwickelt sich die Handlung wie folgt: Ein strenggläubiger christlicher Missionar – ein Witwer mit seinen beiden Töchtern Martina und Philippa – kümmerte sich viele Jahre lang um seine Schäfchen in einem kleinen jütländischen Fischerdorf im Dänemark des neunzehnten Jahrhunderts. Jede der Töchter verliebte sich zu gegebener Zeit in einen Mann, der ihre jeweiligen Gefühle für kurze Zeit entzündete; doch beide Beziehungen verkümmerten unter dem allgegenwärtigen Einfluss des Vaters recht schnell und die Töchter nahmen ihre Rollen als seine hauptberuflichen Helferinnen in der Missionsarbeit schweigend wieder auf. Schließlich stirbt der Vater, und die beiden Frauen, unterdessen im mittleren Alter und mit längst schon erloschenem Feuer in ihren Herzen, bemühen sich tapfer, ihre Glaubensgemeinschaft zusammenzuhalten. Ein offensichtlich aussichtsloses Unterfangen.

Eines stürmischen Abends steht eine verzweifelte, völlig durchnässte Frau vor ihrer Tür, der die Schwestern zunächst Obdach gewähren und schließlich eine Anstellung als ihre Köchin anbieten. Im Verlauf der Handlung erfahren wir, dass diese Frau, Babette, eine der berühmtesten Küchenchefs von Paris gewesen war, bevor sie in den politischen Unruhen des Jahres 1871 alles verlor und aus Angst um ihr Leben fliehen musste. Die Gunst des Schicksals hatte sie durch die Vermittlung von Achille Papin, einem gefeierten

7. Gabriel Axel [Regie]: *Babette's Feast,* Spielfilm produziert von Just Betzer und Bo Christensen, Panorama Films International 1987.

französischen Opernsänger, der viele Jahre zuvor für kurze Zeit der Verehrer der jüngeren Schwester gewesen war, zur Türschwelle der beiden geführt.

Irgendwann erhält Babette wie aus dem Nichts einen Brief, der sie davon in Kenntnis setzt, dass sie mit einem Lotterielos, das sie noch aus ihrer Zeit in Paris aufbewahrt, zehntausend Francs gewonnen hat. Sie beschließt auf der Stelle, diese dänischen Fischer und Kleinbauern mit einem echten französischen Festessen zu verwöhnen. Die Zutaten werden bestellt und geliefert, zusammen mit dem passenden Porzellan, dem Besteck, den Weingläsern und selbstverständlich auch dem Wein. Mit wachsendem Staunen und Entsetzen beobachten die beiden äußerst enthaltsamen Schwestern, wie ihre Küchenangestellte, die ihre Menüs nun seit vierzehn Jahren auf die von ihnen geforderten einfachen Suppen und Brote beschränkt hat, sich anschickt, sämtliche Stoppschilder links liegen zu lassen und das ganze Ausmaß ihrer kulinarischen Künste darzubieten.

Unter den geladenen Gästen ist auch jener Mann, der einst der Verehrer der älteren Schwester gewesen war, der ehemals schneidige General Löwenhjelm – zum Glück, denn ohne ihn hätte es die Abendgesellschaft wahrscheinlich noch nicht einmal bis zum Ende des ersten Gangs geschafft! Nicht an Überfluss und Alkohol gewöhnt, geben sich die älteren Gemeindemitglieder zunächst misstrauisch und distanziert. Doch im Laufe des Abends fließen die Trankopfer immer reichlicher und mit ihnen auch die Erinnerungen... und die Worte der Vergebung... und die Herzen erweichen. An einem Punkt des Banketts erhebt sich General Löwenhjelm und hält eine knappe, bewegende Rede; sein Blick begegnet kurz dem der Frau, die er schon immer geliebt hat, und einen Moment lang ist die Zärtlichkeit kaum zu ertragen. Doch wie alle Augenblicke, geht auch dieser vorüber. So verabschiedet sich General Löwenhjelm, und kurze Zeit später brechen auch die anderen Gäste auf. Aber zuvor machen sie noch einen kurzen Halt am Dorfbrunnen, reichen sich um ihn herum die Hände und stimmen einen rührenden Dankgesang an. Babette räumt die Küche auf, genehmigt sich noch ein wohlmundendes Glas Wein und bereitet dann wie gewohnt alles für den kommen Tag vor.

Also, worum geht es hier? Aus dem Blickwinkel der irdischen Kausalitätsebene war dies alles eine riesige Verschwendung: Das Geld ist ausgegeben und der Liebreiz war nur von kurzer Dauer.

Doch wenn wir es unter chiastischen Gesichtspunkten betrachten, rückt die tiefere Bedeutung in den Fokus. Was hier getan wurde, wurde in der Ewigkeit getan. Und dort bedarf es dafür nur einer Nanosekunde.

Das Epizentrum liegt augenscheinlich in der kurzen Rede, die so heilend und von Gnade durchflutet ist wie ein am himmlischen Bankettisch ausgeschenkter Trank. Der General schaut seiner Geliebten direkt in die Augen und beginnt seine Ansprache mit einem großartig passenden Vers aus Psalm 85: »Es begegnen einander Gnade und Wahrheit; Rechtschaffenheit und Himmelssegen sollen vereint sein in einem Kuss.«[8] Danach spricht er das aus, was zum sprachgewaltigen Höhepunkt des Films wird:

> Der Mensch, meine Freunde, [...] ist schwach und töricht. Uns allen ward kundgetan, dass wir Gnade finden sollen in der Schöpfung. Aber in unserer menschlichen Torheit und Kurzsichtigkeit bilden wir uns ein, die Göttliche Gnade sei etwas Begrenztes, und das macht uns zittern. [...] Wir zittern, bevor wir unsere Wahl im Leben treffen, und wenn wir sie getroffen haben, zittern wir aufs Neue, aus Furcht, dass wir falsch gewählt haben. Aber es kommt der Augenblick, da wir sehend werden und erkennen lernen, dass die Gnade unbegrenzt ist. Gottes Gnade, meine Freunde, will nichts weiter von uns, als dass wir vertrauensvoll ihrer harren und sie in Dankbarkeit annehmen. Die Gnade, ihr Brüder, stellt keine Bedingungen und sondert keinen von uns aus der Reihe heraus; die Gnade nimmt uns alle an die Brust und verkündet uns Generalamnestie. Sehet an! Was wir uns erwählet haben, das wird uns geschenkt, aber auch, was wir von uns wiesen, wird uns gleichermaßen zuteil. Ja, eben das, was wir verworfen haben, ergießt sich über uns im Überfluss. Denn Erbar-

8. Der imaginative Überbau ist in diesem Fall tatsächlich ein bisschen schwieriger zu erkennen. Die biblische Stelle, Psalm 85.11, ist nämlich nicht einfach aus der Luft gegriffen. Es handelt sich um genau den Text, der den General Jahrzehnte zuvor, als er diesen an exakt demselben Tisch hörte, dazu gebracht hatte, seine blühende Romanze in einem Anfall von Zynismus und Verzweiflung zu beenden und unmittelbar abzureisen, um sein weltliches Glück auf anderen Nebenstraßen des Lebens zu suchen. Dieselben Worte, die einst das Platzen seiner Hoffnungen symbolisierten, vermitteln nun deren endgültige Wiederbegründung.

men und Wahrheit sind einander begegnet; Rechtschaffenheit und Seligkeit sind zusammengekommen in einem Kuss![9]

Das ist sie: die volle imaginative Bedeutung, die aus dem Epizentrum hervorströmt! Und plötzlich konfiguriert sich das ganze Bild neu, und die verschiedenen Erzählstränge, die sich mit den vielen Rückblenden ruckartig durch die lineare Zeit bewegt hatten, ordnen sich mit einem Mal von selbst in drei ursprüngliche Umlaufbahnen an, die um diese imaginative Sonne kreisen. Die Ergebnisse finden Sie in der Auflistung auf der Doppelseite 90–91.

Im ersten Ring, der sich dicht um das Epizentrum dreht und mit diesem eng interagiert, platziere ich die ältere Schwester, Martina, und ihren General Löwenhjelm. Ihre Liebesgeschichte trägt in dieser Parabel die Botschaft von Welt 12; es ist die Geschichte einer stillen Treue zum Wissen des Herzens jenseits des Zahns der Zeit. In ihrer ebenso kurzen wie zeitlosen Wiederbegegnung an der Festtafel wird aus dem gepressten Diamanten ein unsterblicher Brillant; die imaginative Ehe zwischen ihnen wird für immer besiegelt.

Im zweiten Ring siedle ich die jüngere Schwester, Philippa, und ihren strahlenden Achille Papin an. Es sind sein Feuer – *ihr* gemeinsames Feuer – und der unbezähmbare Eros, die Schönheit und die Kreativität, die durch ihre Geschichte fließen; sie kanalisieren Welt 6 und bereiten die Bühne für den eindringlichen Schlusssatz des Films: »Ein Entzücken für die Engel!« Dieselben Worte, Jahrzehnte zuvor von Papin an Philippa gerichtet, spricht nun, als passender filmischer Abschlusssegen, Philippa zu Babette. Das demiurgische Feuer in beiden, endlich voll und ganz gebilligt, lodert für alle sichtbar noch einmal auf.

Im dritten, dem äußersten Ring platziere ich schließlich Babettes eigene Geschichte des tragischen Verlusts und der erhabenen Entschädigung: ein perfekt verkapseltes Bild in der bereits erwähnten finalen Vignette, wenn sie, mit dem Weinglas in der Hand, für einen Augenblick zur Schechina wird, »zum diffusen Leuchten Gottes«, wie Thomas Merton es sich vorstellt – zur Heiligen Weisheit selbst. Merton mag sie imaginativ antizipiert haben, als er schrieb: »Das diffuse Leuchten Gottes ist die Hagia Sophia. Wir

9. Tania Blixen: *Babettes Fest,* aus dem Englischen von W.E. Süßkind, Zürich: Manesse Verlag, 1989, Seite 65–67.

nennen sie Seine ›Herrlichkeit‹. In Sophia wird Seine Kraft nur als Gnade und Liebe erfahren.«[10]

Als Hagia Sophia wie auch als de facto Zeremonienmeisterin übernimmt Babette mühelos die Rolle des Hierophanten, die vorher mit dem alten Missionar besetzt war, und bewirkt die fast unmögliche Transsubstantiation: Seine kleine Herde findet sich, auferstanden, an der himmlischen Bankettafel wieder, deren Tischbeine noch immer fest auf dänischem Boden ruhen. Ganz besonders im eindrücklichen letzten Bild, in dem sie um den Dorfbrunnen versammelt sind (der sich schnell in den Jakobsbrunnen, den Lebensquell, verwandelt), wird deutlich, dass alles wieder reingewaschen wurde. Wiederum in Mertons Worten: »Die Liebe hat obsiegt. Die Liebe gewinnt.«[11] Durch die imaginative Brille betrachtet, wird der Film zu einem schimmernden Mandala imaginativer Fülle und Glückseligkeit und zu einer überzeugenden Lektion darüber, wie Treue und Verzicht in dieser Sphäre bereits die Ikonen jenes Überflusses sind, zerbrochene Scherben, durch die das himmlische Licht hereinströmt.[12]

Als ich mich in meinem Buch *Mystical Hope* mit der Rede General Löwenhjelms beschäftigte, schrieb ich:

> Wenn wir dies doch nur auf einer tieferen Ebene verstehen würden. Wenn wir doch bloß erkennen und darauf vertrauen könnten, dass all unsere Wege, um im Verlauf der Zeit dorthin zu gelangen – unsere guten und üblen Taten, unser Bedauern, unsere zwanghaften Entscheidungen und die Auswirkungen dieser Entscheidungen, das, was wir getan haben, und das, was wir nie verwirklicht haben –, in einer stillen, in

10. THOMAS MERTON: “Hagia Sophia” in *A Thomas Merton Reader,* herausgegeben von Thomas P. McDonnell, New York: Doubleday / Image Books, 1974, Seite 509.

11. THOMAS MERTON: “Special Closing Prayer”, ebenda, Seite 512. Von ihm selbst erstmals gelesen an der First Spiritual Summit Conference in Kalkutta im Dezember 1968.

12. Dieser Aspekt wird von der Struktur des Chiasmus feinsinnig verdeutlicht. Auf der linken Seite, wo die Zeit entsprechend der linearen Kausalität vorwärts fließt, ist alles Herzschmerz und Verlust. Auf der rechten Seite, wo die Zeit aus dem imaginativen Jakobsbrunnen (›rückwärts‹) hervorsprudelt, ist alles Reichtum und Gnade. Die Szenen, die Bilder und in zwei Fällen sogar der Text (»Gnade und Wahrheit sind einander begegnet« und »Ein Entzücken für die Engel!«) sind vollkommen symmetrisch ausgeglichen.

Die Segmente von Babettes Fest *in chronologischer Reihenfolge und in chiastischer Darstellung*

1 (Prolog) Vorstellung von Martina, Philippa und Babette.
2 (Rückblende) Die Geschichte von Martina und Löwenhjelm.
 2A Die Liebe zwischen ihnen wird entfacht, als sich ihre Augen am Dorfbrunnen begegnen.
 2B Löwenhjelm kommt regelmäßig zu den Gebetstreffen.
 2C Löwenhjelm verlässt plötzlich ein Gebetstreffen, als er hört: »Es begegnen einander Huld und Treue; Gerechtigkeit und Friede küssen sich.«
 2D Er gelobt sich, weiterzuziehen und irgendwo anders nach Ruhm und Glück zu suchen.
3 (Rückblende) Die Geschichte von Philippa und Papin.
 3A Papin, ganz hingerissen von Philippas Stimme, bietet ihr Gesangsunterricht an.
 3B Der Gesangsunterricht beginnt mit einem guten Schuss Eros. »Ein Entzücken für die Engel!«
 3C Philippa beendet den Gesangsunterricht.
 3D Papin verlässt mit gebrochenem Herzen die Stadt.
4 Babette kommt in den Haushalt der Schwestern.
 4A Babette trägt bei ihrem Eintreffen ein Empfehlungsschreiben von Papin bei sich.
 4B Babette übernimmt die Küche und arbeitet in der Mission mit.
5 In der Glaubensgemeinschaft herrscht ständiges Gezänk.
6 Babette erfährt von ihrem Lotteriegewinn und erhält von den Schwestern die Erlaubnis, das Geld für ein echtes französisches Festmahl zu verwenden.
7 Babette begibt sich auf eine kurze Einkaufsreise.
8 Martina träumt, dass das Fest dämonisch inspiriert sei.
9 Löwenhjelm nimmt die Einladung zum Fest an.
10 Babette bereitet alles vor und beginnt, das Essen anzurichten. Die Glaubensgemeinschaft schweigt und ist misstrauisch.
11 Das Fest übt nach und nach seinen Zauber aus.
 11A Die Gemeinschaft ist vollständig, und das Mahl beginnt.
 11B Die Blicke von Martina und Löwenhjelm begegnen sich bei Tisch.

11 C Philippa hat keine Angst vor dem Festmahl und ist überraschenderweise ganz »in ihrem Element«.

11 D Die Gemeinschaft ist allmählich milder gestimmt.

12 Löwenhjelms Rede.

13 Löwenhjelm verabschiedet sich und tauscht mit Martina Worte der Liebe aus.

14 Die Mitglieder der Gemeinde versammeln sich um den Dorfbrunnen und singen einen Lobgesang auf die Freundschaft.

15 Babette räumt die Küche auf und kostet den Moment ihres Triumphs aus.

16 Nachdem Philippa erfährt, dass Babette ihren gesamten Lotteriegewinn für das Fest eingesetzt hat, grüßt sie Babette als eine Künstlerkollegin: »Ein Entzücken für die Engel!«

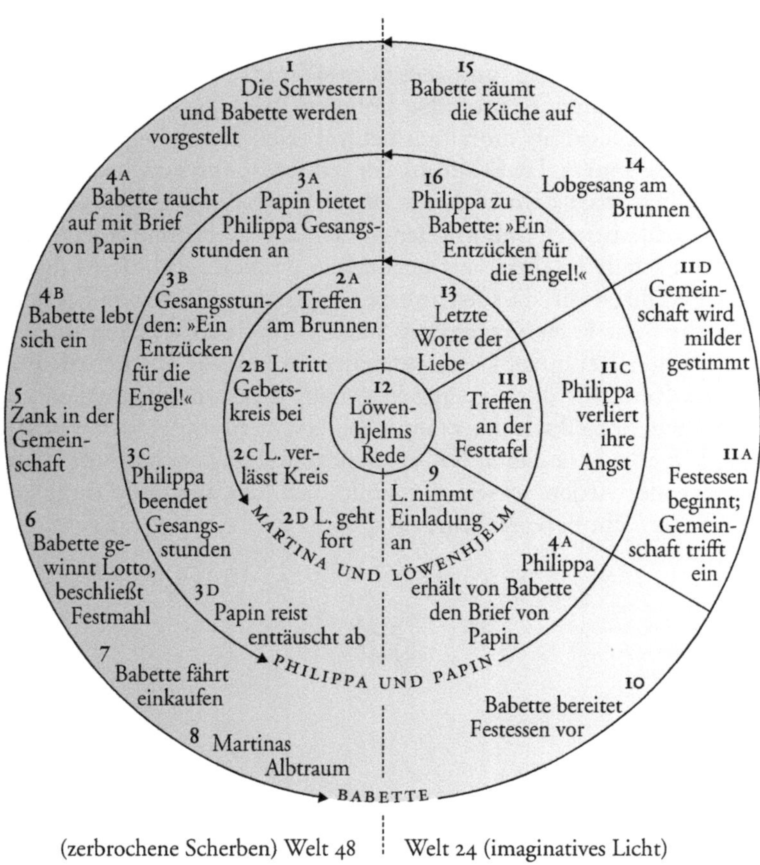

> sich ruhenden, erlesenen Fülle gehalten werden, die sich schließlich in einem einzigen flüchtigen Blick des Herzens ausgießt. Wenn wir davon auch nur einen kurzen Eindruck erhaschen könnten, wären wir vielleicht imstande, die Unermesslichkeit der Liebe zu erfahren, die sich danach sehnt, uns an der Kreuzung des Jetzt zu begegnen, wenn wir uns selbst in dieses Jetzt hineingeben.[13]

Als ich diese Worte im Jahr 2000 schrieb, war ich noch in meinen ersten Zügen des Wiederauftauchens aus der Phase der Trauer um Rafe. Zwanzig Jahre später klingen sie noch immer richtig, vielleicht sogar noch mehr, wenn ich nun ebenso über den Schiffbruch einer winterlichen Romanze nachdenke, für die ich solch eine aufrichtige Hoffnung gehegt hatte, die mir aber so offensichtlich verweigert worden war. Und dennoch ist das imaginative Reich grundsätzlich gütig. So zeigt und verhält es sich uns gegenüber – immer. Während säkulare Kreise diese höheren Reiche gerne als »unpersönlich«, ja sogar als moralisch neutral zeichnen, zwingt mich die christliche innere Tradition, in der ich selbst verwurzelt bin, einzugestehen, dass dem nicht so ist. Je weiter wir in diese andere Kausalität eintreten und mit den tatsächlich knapperen Toleranzen Bekanntschaft machen, mit denen hier gespielt wird, desto deutlicher erfahren wir, dass scheinbare Gegensätzlichkeiten in Tat und Wahrheit gar keine Gegensätze sind, sondern einfach die unvermeidlichen Reibungen, die entstehen, wenn wir versuchen, die lineare Zeitachse allzu energisch gemäß unserem Eigenwillen zu verbiegen. Sobald wir uns räumlich entspannen und es dem größeren Bild erlauben, diesen Raum auszufüllen, zeigt sich unmittelbar die Gnade wieder, so wie der Vollmond, der aus einer dunklen Wolkenschicht hervorscheint.

13. Cynthia Bourgeault: *Mystical Hope,* Cambridge, MA: Cowley Publications, 2001, Seite 65.

Fünf
Die Kunst des Metamorphismus

WIE FINDEN WIR NUN DIESES ZENTRUM? MEINE ANTWORT aus Welt 48 lautet, dass wir diese Fähigkeit *erlernen* können, indem wir das Muster studieren, so wie wir es im letzten Kapitel getan haben. Falls meine Behauptung, dass die imaginative Kausalität zu einer chiastischen Entfaltung neigt, Sie neugierig gemacht haben sollte, können Sie auf Basis der Grundsätze üben, die ich dort dargelegt habe: Beginnen Sie mit Chiasmen, deren Muster bereits offengelegt sind, wie der brillanten Exegese des Johannesevangeliums von Bruno Barnhart oder meinem eigenen Entwurf des Chiasmus' in *Babettes Fest.* Bei der Arbeit mit diesen bereits fertigen Modellen werden Sie ein Gespür für das subtile Geben und Nehmen zwischen dem Zentrum und seinen Umkreisen entwickeln, worin das eigentlich Geniale dieser Interpretationsform liegt. Das Zentrum ist das, was es allen Teilen ermöglicht, in einer ausgeglichenen und harmonischen Ordnung Gestalt anzunehmen, die dann ihrerseits bisher unentdeckte Übereinstimmungen offenlegt. Mit der Zeit werden Sie ein Gefühl dafür bekommen.

Meine Antwort aus Welt 24 lautet, dass Sie es bereits *wissen.* Das Zentrum muss nicht aus einem fertigen Muster hergeleitet werden; wir können es aufgrund einer bestimmten Eigenschaft seiner Konfiguration und Schwingungsintensität bereits in unserem Inneren fühlen. Wir nehmen es wahr wie der Zweig eines Apfelbaums in der Hand eines Wünschelrutengängers, der plötzlich zu zittern beginnt und damit signalisiert: »Hier unten gibt es Wasser!« Oder so ähnlich. Letztendlich ist es eine gefühlte Präsenz, die wir, falls wir geerdet und geläutert sind, direkt »auf frischer Tat« ertappen können inmitten der scheinbaren Vorwärtsbewegung dieser Welt. Und genau hier beginnt der Spaß erst richtig.

In diesem Kapitel geht es mir nun also darum, wie wir lernen können, die imaginative Kausalität in dem zu erkennen, was die Bibel »die Zeichen der Zeit« nennt, und im Auf und Ab unseres eigenen Lebens. Wenn Sie so wollen, können Sie es »prophezeien«

nennen, tatsächlich aber geht es darum, unseren Weg zu Teilhards »von der Natur bevorzugtem Ort« zu finden. Nachdem wir auf den letzten Seiten das übergreifende Muster erkundet haben, möchte ich nun drei seiner wichtigsten Teilstränge in den Vordergrund stellen: die Symbolik, das Timing und die Kraft. Bereits jedes einzelne dieser Elemente reicht aus, die Wünschelrute erzittern zu lassen; aber wenn alle drei miteinander verflochten sind, ist dies ein ziemlich deutliches Zeichen, dass wir unsere Schaufel hervorholen und beginnen sollten, den Brunnen zu graben.

Die Symbolik

La Nature est un temple où de vivants piliers
Laissent parfois sortir de confuses paroles;
L'homme y passe à travers des forêts de symboles
Qui l'observent avec des regards familiers.

Die Natur ist ein Tempel, aus lebenden Säulen erbaut,
Aus denen bisweilen verworrene Worte entweichen;
Der Mensch durchquert darin Wälder symbolischer Zeichen,
Die ihn beobachten mit Blicken, die ihm altvertraut.

Charles Baudelaire[1]

Das auffallendste Zeichen imaginativer Kausalität ist das Vorhandensein eines höchst konfigurierten Musters und einer starken Symbolik. Tatsächlich führt uns unser Weg entlang der imaginativen Landstraße durch Wälder von Symbolen – die Bibel spricht von »Zeichen und Wundern« –, und indem wir lernen, diese zu deuten, werden deren Anblicke seltsam vertraut.

Die größte Herausforderung auf dieser Lernkurve besteht darin, dass wir *einzelnen* Zeichen oder Symbolen manchmal zu viel Bedeutung beimessen wollen. Vielsagend wird ein Zeichen oder ein Symbol dadurch, dass es unverkennbar Teil eines größeren Musters ist, aus dem sich letzten Endes seine Kohärenz und Kraft ablei-

1. Charles Baudelaire: «Correspondances» in *Les Fleurs du mal,* Paris: Poulet-Malassis et de Broise, 1857, Seiten 19–20; deutsch: »Entsprechungen« in *Die Blumen des Bösen,* neu übersetzt von Simon Wehrle, Reinbek bei Hamburg: Rowohlt, 2017, Seite 25.

tet. Vielleicht geht die Behauptung, dieses Muster sei immer chiastisch, ein wenig zu weit; *nicht* übertrieben ist es jedoch zu sagen, dass immer ein Muster existiert. Mir ist noch keine Ausnahme von der Regel begegnet, dass die imaginative Kausalität sich in dieser Welt nicht als zeitliche Abfolge, sondern als ein räumliches Muster zeigt. Je rascher und feiner wir dieses Muster erfassen, desto schneller erschließt sich uns dessen Wirkungsweise.

Die Wurzel des Wortes »imaginativ« ist das lateinische *imago,* also »Bild« oder »Vorstellung«, und für die islamischen Metaphysiker, die sich schon früh mit dieser Lehre beschäftigt haben, lag die ganze »Wissenschaft der Vorstellungskraft« darin, das höchst präzise und schwierige Lexikon sichtbarer Symbolik lesen und so den Sinn der deutlichen Hinweise verstehen zu lernen, die uns aus den jenseitigen Welten gegeben werden. In seinem Verständnis der archetypischen Metaphorik kehrte C.G. Jung einige Jahrhunderte später zu fast genau derselben Idee zurück, in seinem Fall insbesondere im Hinblick darauf, wie sie sich in der Sprache der Träume ausdrückt. Der feine Unterschied zwischen den beiden Interpretationen besteht darin, dass für Jung die Botschaft aus einem größeren und geräumigeren Selbst, aus dem Inneren oder Subjektiven, hervorströmt. Für die früheren islamischen Metaphysiker kam sie aus einer *objektiven Wahrheit auf einer höheren Ordnung der Kausalität.* Der »Engel des eigenen Wesens«, als den man diese größere archetypische Präsenz im persischen Platonismus kannte, war nie nur ein weiser innerer Führer. Er war das syzygische »Selbst«, der eigene »Doppelgänger« oder die Kesdschan-Selbstheit, die sich gleichzeitig in den höheren Reichen abspielt. Dies ist der Grund dafür, dass die islamische »Wissenschaft der Vorstellungskraft« darin nie eine freie Erfindung gesehen hat, sondern ausschließlich einen Download der genauen Verortungspunkte aus diesem größeren Feld der Wirklichkeit. Hier gab es keinen Platz für fantastische Höhenflüge; nur die exakte Positionsbestimmung war von kosmischer Relevanz.

Abgesehen davon möchte ich hinzufügen, dass mir meine eigenen Erfahrungen gezeigt haben, dass die imaginative Symbolik mindestens so verbal ist wie visuell, und auch wenn sie nicht mit Fantasiegestöber verwechselt werden sollte, ist sie definitiv spielerisch. Entsprechend dem klassischen Muster des feinstofflichen Reichs ist die symbolische Sprache fließend, ausdrucksstark, traumähnlich in ihrem Metamorphismus oder Gestaltwandel und unendlich einfallsreich. Und sie ist eine unverschämte Wortspielerin. Von der Aufschrift "Deep 6" auf meinem Unglückstauchanzug habe ich bereits erzählt; doch die Fortsetzung der Geschichte ist, wenn überhaupt möglich, noch seltsamer. Nachdem meine rote Mütze über Bord geweht worden war, besorgte mir Johnny für die Heimreise einen Ersatz: eine wahllos aus dem Kleiderhaufen an Bord hervorgezogene Baseballkappe. Sie trug den Namenszug einer unserer Fabriken für Hummerfallen in Maine – "Friendship Trap & Co." – und verkündete damit auch gleich das abschließende Urteil über unsere Beziehung: »Freundschaftsfalle«.

In dem Maße, in dem wir wirklich in unserem Sein geerdet sind, erweitern sich die »Entsprechungen« um Klänge, Düfte und Farben, bis das gesamte Firmament der Sinne in einem gehaltvollen, massiv verdichteten Bildteppich von Querverweisen und Anspielungen verwoben ist und schließlich die Metamorphose als solche zur eigentlichen Natur des imaginativen Austauschs wird. In einer meiner Lieblingspassagen aus Jacques Lusseyrans Buch *And There Was Light* beschreibt der Autor, wie er als Teenager über diese Erkenntnis stolperte, die tatsächlich der Dreh- und Angelpunkt imaginativer Kausalität ist: nämlich,

> dass es in der Welt nichts gibt, das nicht durch etwas anderes ersetzt werden kann; dass Klänge und Farben endlos ausgetauscht werden, wie die Luft, die wir atmen, und das Leben, das sie uns gibt; dass nichts jemals isoliert oder verloren ist; dass alles von Gott kommt und entlang der Fahrbahnen der Welt wieder zu Gott zurückkehrt.[2]

Dies zu wissen, bedeutet, die eigenen Wurzeln und Flügel in der imaginativen Kausalität wirklich gefunden zu haben und zu beginnen, diese beiden scheinbaren Gegensätze, Unbeständigkeit und Gnade, als einen in Tat und Wahrheit einzigen lebendigen Strom zu begreifen, der mit dieser räumlicheren Wirklichkeit verschmilzt in einer, wie Baudelaire sie in seinem Gedicht einige Zeilen später nennt, *«ténébreuse et profonde unité»* – einer finsteren und tiefen Einheit.

2. Jacques Lusseyran: *And There Was Light,* New York: Parabola Books, 1998, Seite 95. Deutsch: *Das wiedergefundene Licht,* München: Deutscher Taschenbuchverlag, 2006.

Das Timing

In dieser gestaltwandlerischen Welt wird Zeit auch zu einem Ausdrucksmittel bedeutsamer Synchronizität und Konvergenz. Sie bleibt nicht länger bloß die Leinwand, auf die der Pinsel malt, sondern wird selbst zu einem kraftvollen Pinsel in der Hand des Künstlers oder der Künstlerin des Imaginativen und wirkt aktiv an der Formgebung des Gesamtmusters mit.

Dass die Zeit in der imaginativen Kausalität fließend und ausdrucksstark ist, konnten wir bereits sehen. Die furchtbare metronomische Regelmäßigkeit unserer vertrauten Welt 48 wird plötzlich lebendig, pulsiert und nimmt die äußere Gestalt des inneren Sinns an, den sie vermittelt. Die Zeit kann sich, wie sie es in der Rede des Generals Löwenhjelm getan hat, in einen Moment zusammenziehen, in dem die gesamte Bedeutung einer Lebensreise des Herzens in einem einzigen Blick zum Ausdruck kommt – die Welle wird zum leuchtenden Teilchen. Oder sie kann sich endlos ausdehnen – über Tage und Jahre schrecklicher und scheinbar eintöniger Wiederholung. Die Zeit dauert so lange, wie sie braucht, weil sie in der imaginativen Kausalität ein *Volumen* und keine Dauer ist. Sie ist immer ein höchst sekundärer Ausdruck von Intentionalität, die wie das Kielwasser stets der Richtung folgt, in die der Bug steuert.

Aufgrund der implizit chiastischen Struktur des Gesamtmusters kann Zeit auch als »rückwärtsfließend« erscheinen, oder anders ausgedrückt: Aus einer scheinbar linearen Abfolge mögen Ereignisse auftauchen, die sich nur im Licht der sich später entwickelnden Ereignisse erklären lassen. Aus unserem linearen Blickwinkel mutet dies vielleicht geheimnisvoll oder sogar übernatürlich an; leicht greifen wir auf Wörter wie »prophetisch« oder »orakelhaft« zurück und verbrauchen beim Versuch, die verborgene Bedeutung zu entschlüsseln, viel psychische Energie. In Wirklichkeit ist die Erklärung wesentlich einfacher: In der Kausalität des Imaginativen existieren kein »vorwärts« und kein »rückwärts«, lediglich symmetrisch ausbalancierte Teile eines vereinten Ganzen. Um ein Ereignis verstehen zu können, das anscheinend »aus der Zukunft« kommt, müssen wir lediglich dessen ausgleichendes Element im Gesamtbild lokalisieren. Dann können wir seine Bedeutung lesen.

Sehr einfach lässt sich dies in Bruno Barnharts brillanter chiastischer Auslegung des Johannesevangeliums verfolgen, wo in jedem der sechs Ringe, die sich aus dem chiastischen Epizentrum ausfächern (siehe Seite 82), »Vergangenheit« und »Zukunft« sich gegenseitig ausgleichen und die Schlüssel zur Deutung des jeweils anderen liefern. Im äußersten Ring wird die früheste Berufung der Jünger am See Genezareth ausgeglichen durch die letzte Versammlung an genau dem Ort, wo Jesus seine Lehren mit der apostolischen Herausforderung »Weide meine Schafe« abschließt. Die beiden Ereignisse erhellen und vervollständigen sich gegenseitig wie Ruf und Antwort in einer musikalischen Komposition. Vielleicht noch aufschlussreicher sind Ruf und Antwort am Tag VI, insbesondere zwischen Jesus und der Frau am Brunnen (Johannes 4.4–42) und zwischen ihm und Maria Magdalena im Garten am Ostermorgen (20.1–18). Wenn wir nur die lineare Abfolge betrachten, erscheint dieser unvermittelte, intensive Austausch zwischen Jesus und einer unbekannten samaritischen Frau ungewöhnlich: Woher weiß sie, was sie weiß? Warum kann sie die Bedeutung des irdischen Auftrags Jesu so klar benennen, die ansonsten noch niemand, auch nicht annähernd, vermutet? Und weshalb begegnet ihr Jesus mit einer solch großen Schutzbedürftigkeit? Im Licht der drei ausgleichenden Elemente dieses Kreises (die Hochzeit zu Kana, Maria Magdalena im Garten, die Salbung in Bethanien) beginnt das Deutungsobjektiv sich zu öffnen. Bei all diesen vier Episoden handelt es sich um Fraktale desselben zeitlosen Ganzen: der Zelebrierung tiefer, erlösender weiblicher Liebe.

Die Frau am Brunnen ist keine Prophetin; sie ist ein Symbol der imaginativen Fülle. Ihre Bedeutung ist nur im Licht jener beiden späteren, österlichen Begegnungen zu verstehen, welche diese Assemblage des sechsten Tages vervollständigen: die Salbung in Bethanien und die Wiedervereinigung der Liebenden im Garten am Ostermorgen. Angesichts der symbolischen Fülle wird die tiefere Bedeutung dieser Ereignisse strahlend klar. So wirkt der Hebel von Vergangenheit und Zukunft in der imaginativen Kausalität.

»Den Punkt zu begreifen, wo die Zeit das Zeitlose kreuzt, ist eine Beschäftigung für den Heiligen«, lautet eine berühmte Gedichtzeile von T.S. Eliot.[3] Und genau das ist es, was wir tun, wenn

3. T.S. Eliot: "The Dry Salvages" in *The Complete Poems and Plays,* New York: Harcourt, Brace, and World, 1952, Seite 136.

wir beginnen, zwischen den Reichen zu arbeiten. Es ist nicht so, als wäre die lineare Zeit aufgehoben; vielmehr webt die imaginative Zeit sich andauernd hinein und hinaus und erzeugt ihren eigenen interpretativen Kontrapunkt. Bedeutungsvoll konfigurierte Zeit ist genauso vielsagend wie ein bedeutungsvoll konfiguriertes Symbol, und genau danach halte ich zunächst einmal Ausschau, wenn ich vermute, dass irgendwo imaginative Kausalität am Werk ist. Es geht nicht darum, *dass* Ereignisse einfach geschehen, sondern darum, dass sie *genau dann* geschehen und in präzisen und eleganten Konvergenzen. Es ging nicht nur darum, dass die letzte Etappe des fehlgeschlagenen Törns von Johnny und mir sich zufälligerweise irgendwann im März ereignete, sondern darum, dass es der Gründonnerstag war, an dem ich an Land gebracht wurde, der Tag der feierlichen österlichen Selbsterforschung und Hingabe. Ich konnte meinen Marschbefehl gut genug deuten. So lernen wir nach und nach, aufmerksam für die Konvergenzen zu sein, die scheinbar aus dem Nichts auftauchen, genau zum passenden Zeitpunkt und mit der richtigen Kraft. In der Regel kündigen sie das Wurmloch an, das uns in eine Ordnung der Wirklichkeit führt.

Die Kraft

In Kapitel drei habe ich das Reich des Imaginativen ausführlich umgedeutet als eine aktive Zone des Austauschs. Und wo ein Austausch stattfindet, wird Energie freigesetzt. Vielleicht begründet dies das dritte typische Merkmal der imaginativen Kausalität, das darin besteht, dass die von ihr gelieferten Erklärungen nicht einfach nur interessante Enthüllungen für unseren Verstand darstellen, sondern üblicherweise die Kraft in sich tragen *zu wirken,* also eine Situation wirklich zu verändern.

Diesen Aspekt lehrte Rafe mich bereits sehr früh. Er bestand stets darauf, dass »nichts an bewusster Arbeit je verschwendet ist.« Egal, wie isoliert ich mich fühlte, egal, wie sehr mich der Eindruck beschlich, alle meine Anstrengungen glichen ins Meer geworfenen Kieselsteinen – sobald ich einfach nur mein Bewusstsein in einem erweiterten Raum auszurichten vermochte, wurden die Auswirkungen dieser innerweltlichen Verschiebung rasch und bemerkenswert in der äußeren Welt spürbar. Er lehrte so geduldig und kompromisslos, als sollte ein junger Hund stubenrein werden. Sobald ich mich schlecht benahm, ging er weg. Punkt. Wenn ich mich wieder gefangen hatte, kam er zurück. Ich brauchte ihn nicht anzurufen, um Entschuldigung zu bitten oder mich zu erklären; er *wusste* es einfach – manchmal sogar augenblicklich. Kaum hatte meine innerliche Veränderung stattgefunden, hörte ich schon seinen alten Geländewagen über meine Einfahrt knirschen. Schließlich lernte ich, darauf zu vertrauen.

Manchmal war ich auch auf der Empfängerseite. Es gab viele Momente, insbesondere in jenen wunden Wochen direkt nach seinem Tod, als ich allein und verzweifelt in einem sehr tiefen Loch zu versinken drohte. Dann kam es mitunter wie aus dem Nichts zu dieser typischen Veränderung des Windzugs, einem kleinen »Ping« in der Atmosphäre, und ich fühlte mich plötzlich wieder erfüllt von Hoffnung und Entschlusskraft – nicht als Ergebnis einer bestimmten Überlegung, sondern wie durch eine absolut »neue« Energiespritze, als würde ein leeres Champagnerglas wieder aufgefüllt. Auch darauf lernte ich irgendwann zu vertrauen. Ich weiß, dass im imaginativen Austausch Energie übertragen wird und dass diese nicht lokalisierbar, aber hochreaktiv und wahnsinnig effektiv ist. Einige der beliebtesten Schlagwörter aus der heutigen Quantenphysik und der ganzheitlichen Wissenschaft – *nichtlokale (Fern-) Wirkung, Quantenverschränkung, morphogenetische Felder, spirituelle Generativität* – vermitteln uns tatsächlich ein besseres Gespür für die eigentliche Mechanik dieses Transfers. Es wäre faszinierend, die Nahtstelle zwischen Quantenmechanik und imaginativer Kausalität eines Tages weit eingehender zu untersuchen. Ich vermute, dass die Entsprechungen viel näher beieinanderliegen, als bislang angenommen.

Natürlich ist es in der Metaphysik des Imaginativen ein gegebenes Datum, dass die imaginative Kausalität unsere eigene dominiert und auf unserer irdischen Ebene unverkennbare und greifbare Wirkungen erzeugt. Noch fehlt es in Bezug auf die Weise, wie all dies genau funktioniert, an einer konsistenten Darlegung, die mich selbst überzeugen würde. Die herkömmliche und allgemein vorherrschende Vermutung scheint dahin zu gehen, dass sich die imaginative Kausalität durch die Vermittlung des menschlichen Bewusstseins manifestiert. Dies steht in Einklang mit »einer ontologischen Wirklichkeit, die derjenigen der bloßen Möglichkeit ganz und gar überlegen ist«, wie Jean-Yves Leloup schreibt (siehe Fußnote 7, Seite 32); doch diese ontologische Wirklichkeit wird zuerst auf der inneren Ebene als ein *Bewusstseinswandel* erfasst, danach erhebt sich das verwandelte Bewusstsein, um Ereignisse auf der äußeren Ebene zu transformieren. Dieses zweistufige Modell entspricht genau der in Kapitel eins erwähnten, von Walter Wink gemachten Gleichsetzung von imaginativem Reich und psychischem Reich als dem »Nährboden des menschlichen Daseins, wo die grundlegendsten Bewusstseinsveränderungen stattfinden.« Auf dieser Basis konnte er dann überzeugend ausführen, dass »die Himmelfahrt eine ›Tatsache‹ auf der imaginativen Ebene, nicht bloß eine Glaubensbehauptung« war, eben weil sie »die Natur des Bewusstseins der Jüngerinnen und Jünger unwiderruflich veränderte.«[4] Die Intervention des Imaginativen bewirkte ihren anfänglichen Bewusstseinswandel, danach erledigte ihr kollektiv transformiertes Bewusstsein die Aufgabe, die Teile in Welt 48 neu zu ordnen.

Dieser Ansicht zu widersprechen, ist nicht einfach. Genau darum ging es Rafe, als er sagte: »Nichts an bewusster Arbeit ist je verschwendet.« Transformiertes Bewusstsein ist ein großer Viadukt radialer Energie und es erzeugt tatsächlich ein energetisches Feld um sich herum, in dem eine vollkommen andere Kausalitätsordnung herrscht. Mit der Transformation unseres eigenen Verstandes können wir die Arbeit immer beginnen, und so wie wir darin fortschreiten, werden sich die äußeren Auswirkungen früher oder später bemerkbar machen.

Und doch widerstrebt es mir ein wenig, die gesamte Übertragungskette an einer obligatorischen Vermittlung durch das menschliche Bewusstsein festzumachen. Meiner Erfahrung nach weist die imaginative Kausalität eine eigene Absichtlichkeit auf und kann ihre Ziele deutlich kundtun, auch ohne unser bewusstes Einverständnis direkt in Anspruch zu nehmen. Mein ganzes Jona-Syndrom war mir Beweis genug für die diabolische Brillanz dieser Kunstfertigkeit, wenn sie sich gegen einen selbst richtet. Reißendes Metall, tobende Gegenwinde, ausfallende elektrische Systeme: Von Beginn an war klar, dass der Grieche und ich in einem höchst gestörten Energiefeld unterwegs waren, und ich zögere zu glauben, dass wir dessen alleinige Generatoren waren. Auch wenn ich keine Naturwissenschaftlerin bin, gehe ich doch stark davon aus, dass

4. Walter Wink: "Easter: What Happened to Jesus?" im Magazin *Tikkun,* Vol. 23, No. 2, March–April 2008.

diese Kräfte ihrem Wesen nach elektromagnetisch sind und dass elektromagnetische Energie der eigentliche Haupttreiber imaginativer Übermittlung ist – nicht bloß »menschliches Bewusstsein«, was in diesem Zusammenhang eine viel zu ungenaue Beschreibung wäre. Obschon unser individuelles Bewusstseinspixel (das selbst von elektromagnetischer Natur ist) sicherlich einen bedeutenden Einfluss auf das Energiefeld als Ganzes haben mag, kann es dieses nicht erzeugen und im Endeffekt auch nicht abbauen. Eine solche Hilfe muss von etwas kommen, das wesentlich weiter oben auf dem Schöpfungsstrahl angesiedelt ist.

Ich sage dies unter anderem, um das Imaginative von jeglichem Versuch zurückzuerobern, dessen Reich als eine bloße innere Ebene menschlichen Bewusstseins zu beschreiben, als ein in der Terminologie Ken Wilbers ausschließlich im »oberen linken Quadranten« angesiedeltes Phänomen. Die alten islamischen Meister – wie auch Gurdjieff – haben völlig zu Recht darauf bestanden, dass »objektiv« wirklich *objektiv* bedeutet und nicht nur eine innere (subjektive) Wahrheit ist, die sich auf der äußeren Ebene als eine »psychische Tatsache« abspielt. Imaginative Kausalität besitzt Intelligenz, Wirksamkeit, Wahrhaftigkeit sowie ihre eigenen gesetzmäßigen Mittel und Wege, ihre Ziele hier in diesen niedrigeren Reichen zu verwirklichen. Und diese Ziele sind, wie wir gesehen haben, letzten Endes kosmisch und kollektiv und erfordern den lebensnotwendigen zwischenreichlichen Austausch von Nährstoffen, die, egal wie subtil sie auch sein mögen, in Tat und Wahrheit alle *stofflich* sind. Sie existieren tatsächlich. Der Austausch ist wirklich. Es ist wichtig, dies nicht zu vergessen.

Die Überraschung

Wenn es also einen gemeinsamen Nenner aller charakteristischen Merkmale gibt, die wir bis hierhin untersucht haben – Muster, Verspieltheit, Energie, Timing, Kraft, Windveränderung –, so würde ich sagen, dass er in einem Eindruck von Überraschung zu finden ist. Wann immer ich mir in Situationen bewusst werde, dass imaginative Kausalität am Werk ist, bin ich mir auch deutlich im Klaren darüber, dass sie nicht eigentlich aus meinem Inneren auftaucht. Sie *tritt in mich ein.* Sie ist nicht die letzte Stufe eines Prozesses pedantischen Wiegens und Siebens, sondern die plötzliche Infusion von etwas Neuem, von etwas, an das vorher nicht gedacht wurde, ein Fraktal eines größeren zusammenhängenden Musters, das die Energie dieses größeren Musters in sich trägt und überträgt. Immer wieder ist es dieses plötzliche »Ping« von etwas Neuem, das eintritt, mich aufweckt und meinen Zustand verändert – und das Rafe in seinem alten Geländewagen in meine Hauseinfahrt zurückruft.

Häufig scheinen diese imaginativen Interventionen überraschend aufzutauchen: eine »Zufalls«bekanntschaft oder eine Einladung zur genau richtigen Zeit, eine Reihe seltsamer Fügungen, eine unübersehbar passende Symbolik. *Babettes Fest* ist aus genau solchen »Zufällen« gewoben, doch die Kausalität ist alles andere als zufällig. Im größeren chiastischen Bild ist ein »Zufall« eben keineswegs ein Zufall, sondern entspringt der übergeordneten Kompositionstechnik, in welcher der imaginative Bildteppich gewoben ist.

Oft fragen mich Leute, ob ich hier von dem spreche, was Gurdjieff als die »dritte Kraft« bezeichnet: jener dritten Wirkungslinie oder jenem mysteriösen Faktor X, der in eine Situation eindringen muss, damit ein toter Punkt überwunden werden kann und etwas echt Neues entsteht. In gewissem Sinne glaube ich tatsächlich, dass die Kausalität des Imaginativen sich in unserer festgefahrenen niedrigeren Welt häufig – vielleicht sogar typischerweise – als die dritte Kraft manifestiert. Doch wir müssen uns hier behutsam vorantasten und eher auf die Resonanz achten, statt den voreiligen Schluss zu ziehen, dass dem genau so ist. Bestenfalls ist die dritte Kraft *ein Ausdruck* imaginativer Kausalität, doch kein vollständiges Synonym für sie. Auch ist nicht alles, was uns in unserer unmittelbaren Welt aus einer Sackgasse befreit oder über einen toten Punkt hinweghilft, ein Ausdruck imaginativer Kausalität; Wahrscheinlichkeiten und echte Zufälle gibt es hier ebenfalls reichlich. Wir müssen nach dem tieferen Sinn suchen und das größere Muster zu lesen versuchen.

Das Gleiche gilt für eine weitere Frage, die mir häufig gestellt wird: Ist die imaginative Kausalität dasselbe wie das, was die Christen »Gnade« nennen? Grundsätzlich glaube ich durchaus, dass dem so ist: Die Kernerfahrung besteht bei beiden in einer Infusion von etwas, das vorher offensichtlich nicht da war, von etwas, das zu einer höheren Ordnung von Mitgefühl und Erfüllung gehört und das Ergebnis in unserer äußeren Welt grundlegend verändert. Wenn wir diesen Gedankengang jedoch weiterverfolgen wollen, müssen wir zwei Fallen vermeiden. Zunächst einmal dürfen wir Gnade nicht mehr mit einem glücklichen Resultat gleichsetzen. Zwar ist das Imaginative für unsere tiefsten Wünsche nicht unempfänglich, doch ebenso wenig lässt es sich beeinflussen durch unsere Sentimentalität oder unseren begrenzten Sinn für das, was »recht und billig« ist. Seine Gnade spiegelt immer das größere Ganze wider, und genauso wie es strenge Liebe gibt, gibt es auch strenge Gnade.

Zweitens müssen wir uns abgewöhnen, Gnade als eine seltene oder außergewöhnliche Intervention zu begreifen. In dieser Hinsicht glaube ich, dass die imaginative Metaphysik, die wir in diesem Buch erforschen, Christen ein völlig neues Fenster an Einsichten zu einem der schönsten intuitiven Schätze unserer Tradition öffnen kann. Denn im Licht der imaginativen Kausalität können wir deutlich erkennen, weshalb Gnade niemals eine Ausnahme von der Regel darstellt; *vielmehr ist Gnade einfach das Gesetz, gemäß dem die höhere Kausalität sich in dieser niedrigeren Kausalität abspielt.* Sie ist die kosmische »Norm« und sie kann zu einem dauerhaften Zustand werden – und viele (einschließlich Gurdjieff und auch Jesus selbst) betrachteten sie sogar als den normalen und notwendigen Zustand für ein richtiges Funktionieren des Menschen innerhalb des umfassenderen kosmischen Austauschs. Sie kann tatsächlich zu einem Ort werden, von dem wir herkommen, anstatt etwas zu bleiben, das uns geschieht. Doch damit Gnade *dermaßen* wirklich und *dermaßen* wirksam werden kann, muss sie uns auf ihre Seite, in ihren Zuständigkeitsbereich, hinüberziehen – und damit dies geschehen kann, müssen wir uns auf eine Läuterungsfahrt begeben. Der Quäker-Mystiker Thomas Kelly schrieb: »Jene leuchtenden Triebe der Dauerhaftigkeit können zu einem stetigen inneren Licht werden, wenn wir es mit unserer Hingabe an das Licht todernst meinen und bereit sind, über die ersten Stadien hinauszuwachsen in ein reiferes gläubiges Leben.«[5]

5. THOMAS KELLY: *A Testament of Devotion,* New York: HarperCollins, 1992, Seite 5. Deutsch: *Das innere Licht spüren,* Bad Pyrmont: Religiöse Gesellschaft der Freunde (Quäker), 2015.

Tropus
Eine Schule für den Dienst des Herrn

Vielleicht denken Sie, dass ich diese Dinge über die imaginative Kausalität in einem wissenschaftlichen Studium esoterischer Lehren gelernt hätte, und in gewissem Maße stimmt das. Allerdings wurden die Grundlagen dazu bereits in den Jahren meiner Ad-hoc-Ausbildung in benediktinischem Mönchstum gelegt und gefestigt. Als sich der heilige Benedikt im sechsten Jahrhundert daranmachte, das zu gründen, was er »eine Schule für den Dienst des Herrn« nannte, markierten zwei der wichtigsten Säulen seines Lehrplans tatsächlich ein Trainingsgelände für die angewandte Kunst imaginativer Kausalität.

Die erste dieser Säulen ist der grundlegende Rhythmus der Benediktiner als solcher, der in dem langsamen, stetigen Wechsel von *ora et labora* – »bete und arbeite« – besteht und nach dem Takt des Stundengebets orchestriert ist. Sieben Mal am Tag und ein zusätzliches Mal tief in der Nacht klinken sich die Mönche aus ihrem linearen Tagesablauf aus, um innezuhalten, nachzudenken und gemeinsam ihr Gebet darzubringen, hauptsächlich in gesungener oder gesprochener Psalmodie. Die jahrtausendealten Worte dieser einzelnen Horen klingen gegen das Tempo des klösterlichen Alltags an und bilden faktisch ein Lernraster, um »den Punkt zu begreifen, wo die Zeit das Zeitlose kreuzt.«

Und natürlich beginnen dadurch die Symbole und Bilder selbst mitzuschwingen – Baudelaires »Wälder symbolischer Zeichen« werden lebendig, lassen ihre nächtlichen Geräusche erklingen und eröffnen eine Bedeutungstiefe, in der das Leben immer verwobener und magischer wird. Zwischen den gesungenen Psalmentexten im Gottesdienst und den Ereignissen im Arbeitsablauf treten mit vorhersehbarer Regelmäßigkeit Synchronitäten zutage und man beginnt allmählich zu verstehen, wie sich das Leben in der Hand Gottes abspielt. Ich werde niemals den bitterkalten Dezembertag im Benediktinerkloster hoch oben in den Rocky Mountains in Colorado vergessen, als ich, nachdem ich im Pumpenhäuschen stundenlang mit einem defekten Schlauch gekämpft und ihn schließlich repariert hatte, die Pumpe einschaltete und beobachtete, wie der Druckmesser langsam anstieg und ich mich unvermittelt die adventlichen Lobgesänge anstimmen hörte, die wir frühmorgens in der Lauda gesungen hatten: »Ihr werdet Wasser freudig schöpfen aus den Quellen des Heils« (Jesaja 12.3). Woher kam *das?* Genau dieses »woher« ist die tiefere transformierende Weisheit, die hier am Werk ist. Oberflächlich betrachtet, mag das Stundengebet lediglich als ein kunstvolles Beispiel mittelalterlicher Andachtsformen erscheinen. Innerlich jedoch ist es eine strenge Schulung darin, wie man sein Leben unter dem bewussten Einfluss der imaginativen Kausalität führen soll. Mit diesem Buch geht es mir teilweise auch darum, eine breitere Aufmerksamkeit auf diesen »unter der Oberfläche« liegenden (oder mesoterischen) Aspekt der benediktinischen Tradition zu lenken und aufzuzeigen, wie wir uns stärker auf sie einlassen können, indem wir durch die Übungen bewussten Erwachens, wie wir sie hier untersuchen, einen besseren Zugang zu ihr finden.

Die Schulung in imaginativer Kausalität wird noch systematischer, wenn wir uns der zweiten großen Säule des benediktinischen Transformationsprogramms, der *lectio Divina* oder der »heiligen Lesung«, zuwenden. Diese Übung beinhaltet ein langsames, andächtiges Lesen einer Bibelstelle, in dem sich Phasen des aktiven Nachdenkens und Forschens mit Zeiten des spontanen Gebets und der kontemplativen Stille abwechseln. Sie bildet das Rückgrat der benediktinischen Schriftauslegung und erlebt zurzeit, da das neue Erwachen christlicher Kontemplation zunehmend an Dynamik gewinnt, eine Art Renaissance.

Vielen der heutigen Praktizierenden ist jedoch noch nicht wirklich bewusst, dass die *lectio Divina* in der klassischen benediktinischen Pädagogik niemals bloßes »Bibelstudium« war, sondern eine systematische Schulung der vereinigenden Vorstellungskraft oder – in anderen Worten – der Fähigkeit der Deutung der imaginativen Landschaft. Dieses Studium verlief in aufeinander aufbauenden Stufen, die in den frühen Jahrhunderten in ihrer Zahl und Reihenfolge variierten, sich schließlich jedoch in einem vierstufigen Modell etablierten, das als »vierfacher Schriftsinn« bekannt wurde.

Der erste Sinn ist die *wörtliche* Ebene, die mit der Kausalität der linearen Zeit korrespondiert. Hierbei geht es um Fakten und Zahlen: Was geschah wann? Wer beeinflusste wen? Handelt es sich um Tatsachen oder Fiktion? Dies ist die Kausalität von Welt 48 und es ist der unumgängliche Ausgangspunkt. Doch danach kommt der bemerkenswerte zweite Schritt, auf dem der strebsame Mönch über das chronologische Lesen hinausgeht und anfängt, *christologisch* zu lesen, wobei alle Geschichten, Zeichen und Symbole direkt auf Christus verweisen. Mit anderen Worten: Unser Mönch wird geschult, *chiastisch* zu denken – und wie wir gesehen haben, ist dies die Wasserscheide, die überquert werden muss, um die Sphäre imaginativer Kausalität betreten zu können. Es waren seine Jahre des klösterlichen Trainings in der *lectio Divina,* die Bruno Barnhart befähigten, das chiastische Muster im Johannesevangelium derart tiefgehend zu begreifen, und sein Buch *The Good Wine* kündet von der willkommenen Rückkehr einer Form biblischer – oder eigentlich imaginativer – Exegese, die von der Scholastik des dreizehnten Jahrhunderts ins Dunkel verbannt worden war und seit jener Zeit, sowohl in der Kirche als auch in den Universitäten, von der Bildfläche verschwunden ist.

Doch es gibt noch zwei weitere Ebenen. Auf der dritten – der *allegorischen* – Ebene fallen die christologischen Stützräder ab, wenn man beginnt, das ganze Leben entsprechend der imaginativen Kausalität zu verstehen, und das eigene Herz das neue Epizentrum darstellt. Dies ist der Schritt, den Jung so überzeugend in seiner Lehre der archetypischen Vorstellung zusammenfasst. Einem so eingestimmten Herzen erhellen sich die biblischen Passagen plötzlich mit einer höchst konfigurierten Bedeutung. Ich erinnere mich, wie mein Lehrer Thomas Keating gelegentlich erzählte, dass er als junger Mönch entdeckt habe, dass die alttestamentarische Geschichte des Exodus ganz deutlich seine persönliche Geschichte sei, seine eigene symbolische Reise aus der Gefangenschaft Ägyptens. »Es war, als sähe ich mein eigenes Leben blitzartig vor meinen Augen vorüberziehen«, schilderte er ganz aufgeregt. Dasselbe fühlte ich, als ich erkannte, dass die Jona-Geschichte, die ich bis dato als eine »urige« Sage abgetan hatte, plötzlich das Arbeitsskript zu meinem winterlichen Segelabenteuer lieferte. So funktioniert die allegorische Ebene. Wenn wir erst einmal die imaginative Kausalität direkt deuten können, öffnet sich der Chiasmus unseres eigenen Lebens wie ein Buch, und zu dessen Deutung ist die Heilige Schrift noch immer eines der mächtigsten Werkzeuge.

Doch ein weiterer Schritt bleibt noch zu gehen: hin zur *vereinigenden* oder *anagogischen* Ebene. Hier hört unsere persönliche Lebensgeschichte auf, eine Schatzkammer zu sein, die ausgegraben sein will, und wird als das erkannt, was sie tatsächlich ist: einfach ein Fraktal des einen großen Herzens unseres Gemeinsamen Vaters, welches durch diesen ganzen riesigen Megalokosmos schlägt und in dem alle Dinge ihr Alpha und Omega finden. Dies ist die Ebene des Verstehens, auf die jene große paulinische Vision des Universums anspielt, in der alle Dinge »Christi unterworfen sein werden« – das heißt innerhalb der kosmischen, universellen Ordnung – und in der Christus sich selbst in den Vater zurückgibt, »damit Gott alles in allem sei« (1 Korinther 15.28). In ihrer Erhabenheit und Demut ist es eine atemberaubende Vision und sie antizipiert die Zukunft, der wir kollektiv entgegenstürzen und um die Paulus von seinem »von der Natur bevorzugtem Ort« aus bereits intuitiv wusste.

In meinem frühen Interesse am benediktinischen Mönchstum hatte ich natürlich noch keine Ahnung davon, dass ich mich in Tat und Wahrheit auf etwas einließ, was mich in die Systematik des Imaginativen einführen würde. Und gewiss ist dies für die meisten Menschen neu, nicht nur außerhalb der benediktinischen Tradition, sondern auch innerhalb! Und dennoch macht die ganze Angelegenheit, wenn wir uns dem Phänomen des Benediktinertums aus der Perspektive der imaginativen Kausalität nähern, absolut Sinn. Denn der heilige Benedikt, ein Mönch, über den ansonsten nicht viel bekannt ist, verstand vor fünfzehnhundert Jahren intuitiv, dass seine »Schule für den Dienst des Herrn«, das heißt »in aktiver Partnerschaft mit dem Bewussten Kreis der Menschheit«, nur durch das Erlangen völliger imaginativer Gewandtheit wirklich Gutes hervorzubringen vermag. Die Institution, die er ins Leben rief, ist die älteste bis heute bestehende Schule für imaginative Bildung innerhalb des Christentums, und sie ist noch immer dessen brillanteste.

Sechs
Imaginative Läuterung

IN DEN BEIDEN LETZTEN KAPITELN HABEN WIR UNS MIT einigen der Wege beschäftigt, auf denen sich die imaginative Kausalität in dieser Welt ausdrückt. Nun ist es an der Zeit, ein paar der Umstände zu betrachten, unter denen dieser Ausdruck verzerrt werden kann – oder anders gesagt, Bereiche, in denen eine Reinigung des Übertragungsvehikels vonnöten ist, um eine größere Verlässlichkeit und Konsistenz der Verbindung zu garantieren.

Die Sufis nennen diese Arbeit »den Spiegel polieren« oder »die Linse der Wahrnehmung reinigen.« Für christliche Leser, die seit Langem daran gewohnt sind, Läuterung mit Reue und Buße gleichzusetzen, kann die sufische Metapher des »Hausputzes« eine erfrischend neue Herangehensweise eröffnen. In dieser praktischen Vorstellung geht es weniger um unsere Gewissensbisse über unsere moralischen Verfehlungen (obwohl auch dieser Aspekt nie außer Acht gelassen wird) als um eine ganz bewusste Anstrengung, den Bildschirm rein zu halten, damit das, was darauffällt, nicht sogleich durch unsere niedrigeren Gedanken verzerrt wird.

Den größten Bereich von Verzerrungen finden wir dort, wo die Tendenz besteht, Interpretationen auf die Ebene des magischen Denkens herunterzuzerren. Auf dieser Stufe wird der Fokus auf individuelle »Zeichen und Wunder« gerichtet, die fast ausnahmslos aus dem altbekannten Fundus stammen: Eine Adlerfeder fällt mir direkt vor die Füße; ein Regenbogen erscheint am Himmel; eine Sternschnuppe schießt übers nächtliche Firmament – und schon bin ich die Empfängerin einer persönlichen Botschaft Gottes! Oder die Pferde gehen mit mir durch und ich füge die Teile des imaginativen Puzzles mit meinen eigenen Fantasien und intellektuellen Überlegungen zusammen. Doch sind wir so zumeist schlechter dran, als wenn wir gar nicht erst damit angefangen hätten, weil wir an einem Szenario festhalten, das ausschließlich in unserem Kopf existiert. In beiden Fällen findet eine *Verwechslung von Ebenen* statt, und diese Verwechslung leitet die Botschaft (auch wenn sie zu Beginn noch so zutreffend gewesen sein mag) zwangsläufig auf ein im Allgemeinen unzuverlässiges Gleis.

Wer ist dieses »Ich«, das die Botschaft empfängt? Die Verwechslung besteht zwischen zwei Bewusstseinsebenen oder -stufen, die in den klassischen Typologien sowohl des Ostens als auch des Westens mit »psychisch« (oder »übersinnlich«) und »feinstofflich« (oder »subtil«) bezeichnet werden.[1] Unterm Strich gehört die imaginative Kausalität der subtilen Bewusstseinsstufe an, und sämtliche Versuche, sie auf einer psychischen Ebene erfassen zu wollen, werden zu einer Verzerrung führen – im besten Fall ist diese harmlos, schlimmstenfalls ausgesprochen gefährlich.

Die psychische Bewusstseinsstufe ist dieser dazwischenliegende Zustand, in dem eine wachsende Sensibilisierung für transpersonale (auch bekannt als »übersinnliche«) Phänomene noch immer fest mit einer eogischen (oder narrativen) Selbstzentriertheit verbunden ist. Es ist, auf den früheren Karten Ken Wilbers, die nächste Stufe oberhalb des rationalen Bewusstseins, und insoweit sie für die erste Entfaltung imaginativer Fähigkeiten steht, ist sie als Fortschritt zu werten. Doch haben wir es hier mit einem sehr instabilen Punkt auf der Wachstumskurve zu tun, und bis die Spannung geglättet ist, kann hier großer Schaden angerichtet werden.

Ich möchte nur am Rande über jene gefährlicheren Ausprägungen der Magie und des Okkulten sprechen, die genau in dieser Konfiguration an ihrem äußersten negativen Pol zu finden sind: nämlich eine ausgeprägte übersinnliche Kapazität, verbunden mit einem starken, amoralischen Willen. Mittels konzentrierter Aufmerksamkeit und Training ist es durchaus möglich, die Energie aus Welt 24 und sogar aus Welt 6 herunterzuziehen, um damit auf dieser irdischen Ebene in verheerendem Maß zerstörerisch zu wirken. Gurdjieff nannte solche Menschen »Hasnamusse«[2], aber vielleicht passt der alte Begriff *böse* genauso gut. Wir sehen Beispiele dieses Typs in den »Hitlers« dieser Welt, in Amok laufenden Sek-

1. Ken Wilber verwendete in seinen früheren Landkarten der Bewusstseinsstufen diese Begriffe, ließ sie jedoch später fallen – allerdings nicht, bevor er die ursprüngliche Terminologie an Jim Marion weitergegeben hatte, der sich in seinem einflussreichen Buch *Putting on the Mind of Christ* (Charlottesville, VA: Hampton Roads, 2000; deutsch: *Der Weg zum Christus-Bewusstsein: Eine Landkarte für spirituelles Wachstum in die Tiefe der Seele,* Petersberg: Via Nova, 2003) dieser Kategorien intensiv und förderlich bediente.

2. Eine eingehende Erklärung dieses abscheulichen Typus findet sich bei G.I. Gurdjieff: *Beelzebubs Erzählungen für seinen Enkel,* Seiten 430–435.

tenführern wie Jim Jones und in vielen weiteren Menschen, die manchmal auch auf wesentlich subtilere, aber nachhaltige Art und Weise Schaden anrichten (ich persönlich würde auch Ayn Rand und zu dieser Kategorie zählen):[3] Menschen mit zu viel psychischer Kraft und zu wenig Liebe. Die moralische Inversion, die in diesen Individuen Wirkung entfaltet, ist nicht nur ein Affront gegen die Vorstellung unserer gemeinsamen Menschlichkeit, sondern missinterpretiert auch das Wesen der höheren Energie als solcher und lässt sie durch deren Filter als ein lediglich unpersönlicher, amoralischer »Geist in der dritten Person«[4] erscheinen, als eine weitere mechanistische Kraft, derer man sich bedient und die

3. Anmerkung der Übersetzer: Jim Jones (1931–1978) war ein US-amerikanischer Prediger und Gründer einer Sekte, von der 1978 bei einem von ihm befohlenen Massen(selbst)mord in Guyana rund neunhundert Anhänger ums Leben kamen. Ayn Rand (1905–1982) war eine vor allem in den Vereinigten Staaten sehr einflussreiche Schriftstellerin und Philosophin, deren atheistischer »Objektivismus« und laissez-faire-kapitalistischen Ideen eine beachtliche Wirkung auf libertaristische Kreise und die politische Rechte ausübten.

Auf die Frage, ob sie auch Donald Trump zu dieser Kategorie zählen würde, gab uns die Autorin (im Februar 2021) die folgende interessante Antwort: »Ich persönlich setze die Messlatte für eine Verwendung der Bezeichnung ›Hasnamuss‹ hoch an. Nicht jeder dahergelaufene pathologische Narzisst ist gemäß meiner Buchhaltung auch ein Hasnamuss; dafür braucht es eindeutige Anzeichen einer diabolischen Intelligenz. Hasnamusse haben sich selbst, das heißt ihre Emotionen, so weit im Griff, dass sie sie wie Trümpfe ausspielen können und ihnen nicht ausgeliefert sind. Donald Trump schien mir immer zu flatterhaft, zu reaktiv – und damit zu manipulierbar –, um als voller Hasnamuss durchzugehen. Gurdjieff sagt, ein Hasnamuss habe ein mächtiges, bewusstes, inneres Zentrum ›kristallisiert‹, das heißt entwickelt, das er nach Belieben einzusetzen vermöge. Das Problematische bei einem wahren Hasnamuss ist, dass er bloß hinsichtlich seines Feuer-Prinzips (wie Jakob Böhme es ausdrücken würde) kristallisiert ist und die persönliche Alchimie des Sich-Beugens und der Ergebenheit ablehnt, die ihn zum Licht-Prinzip oder zu authentischer menschlicher Tugend führen würde. Weil Donald Trump meiner Ansicht nach keine Anzeichen eines kristallisierten Sich-im-Griff-Habens zeigte, habe ich ihn, vor Mitte November 2020, zur Kategorie der rücksichtslosen und pathologischen Individuen gezählt und noch nicht als Hasnamuss gesehen, der bewusst dämonische Kräfte anwendet. Aus heutigem Blickwinkel, nach der Präsidentschaftswahl, betrachtet, mag es sein, dass er die Stufe zu einem echten Hasnamuss überschritten hat – ich bin, was das betrifft, noch immer am Abwägen. Als ich dieses Buch schrieb [das im amerikanischen Original 2020 veröffentlicht wurde] war er psychologisch noch immer zu reaktiv und sprunghaft, um alle Voraussetzungen eines Gurdjieffschen Hasnamusses zu erfüllen.«

4. Diese Beschreibung stammt von Ken Wilber und ist Teil seiner hilfreichen Erklärung der Rollen von Personalem und von Beziehung im Leben des höheren Bewusstseins. Siehe Ken Wilber: *Integrale Spiritualität,* Seiten 156–160.

man *nicht* als das erkennt, was sie wirklich ist – nämlich ein mächtiges, mitfühlendes und kohärentes relationales Feld, welches das moralische Herz Gottes in sich trägt. Als Teilhard de Chardin gegen Ende seines Lebens beharrlich versicherte: »Gott ist eine Person«, »Gott ist persönlich«, stellte er sich keinen alten Mann mit Bart oben im Himmel vor. Vielmehr sprach er davon, dass wir, je weiter wir in diese leuchtenden Sphären vordringen, desto vollständiger der persönlichen, strahlenden, zärtlichen und innigen Gegenwart des Göttlichen Herzens begegnen, das niemals zu einem »Es« degradiert werden kann, sondern immer ein »Du« bleibt und uns unvermeidlich hinzieht zu größerer Du-Heit, zum höchsten Opfer: dem der Liebe.

Das Reich des Imaginativen korrespondiert eigentlich mit der feinstofflichen Ebene des Bewusstseins, die ihrerseits mit einer anderen Art von Selbstheit übereinstimmt. Notwendigerweise bewegen wir uns hier von einer Selbstheit, die ihren Sitz im Narrativen oder Egoischen hat, hin zu den Anfängen einer authentisch bezeugenden Selbstheit. Die spirituelle Theologie des Christentums versteht dieses Konzept nicht richtig, weil sie noch immer dazu neigt, das Fabeltier des »wahren Selbsts« mit der hoch egoischen Funktionsweise von Welt 48 zu verwechseln. Bezeugende Selbstheit ist eine Erscheinung von Welt 24. Das unstetige Gefühl eines persönlichen »Ichs«, das gestützt auf Erinnerung und Verlangen entlang einer linearen Zeitlinie marschiert, verändert sich zunehmend zu einer größeren und weniger begrenzten Selbstheit, sozusagen zur »Wellen«-Form unserer selbst.

Der unbekannte mittelalterliche Autor der *Wolke des Nichtwissens* fasste diesen fundamentalen Perspektivwechsel dahingehend zusammen, dass wir unsere Aufmerksamkeit nicht darauf richten sollten, *was* wir sind, sondern darauf, *dass* wir sind.[5] Für

5. Hierbei handelt es sich nicht um ein direktes Zitat, sondern um meine Interpretation eines sehr stichhaltig begründeten Teils einer leidenschaftlichen und ausgeklügelten Argumentation, die dieser unbekannte englische Mönch aus dem vierzehnten Jahrhundert in einem Essay darlegte, der heute bekannt ist als »Brief persönlicher Führung« (siehe Willigis Jäger [Hrsg.]: *Wolke des Nichtwissens,* Freiburg im Breisgau: Kreuz Verlag, 2012, Seite 179): »Du bist nun so weit, dass dein Wachstum verlangt, den Verstand nicht länger mit Nachdenken über die vielfältigen und vielfachen Ausfaltungen deines Wesens zu beschäftigen. [...] Jetzt aber ist es an der Zeit, dich zu bemühen, ständig in der innersten Mitte deiner Seele zu bleiben, um Gott die dunkle Wahrnehmung deines Seins als Erstlingsfrucht anzubieten.«

Gurdjieff wäre dies der Beginn des Übergangs vom »Kern« zum »wirklichen Ich«.[6] Diesen Übergang habe ich anderenorts ausgiebig thematisiert, zuletzt in meinem Buch *Das Herz im Gebet der Sammlung,* daher werde ich ihn an dieser Stelle nicht weiter beleuchten.[7] Doch im Hinblick auf unser gegenwärtiges Anliegen möchte ich deutlich betonen, *dass wir erst auf der Ebene bezeugender Selbstheit mit einer verlässlichen Deutung der imaginativen Kausalität beginnen können und dass sie uns früher oder später auffordert, uns auf dieser Ebene auf sie einzulassen.* Der Eintritt in diese neue und intensivere Bandbreite der Wirklichkeit kostet letztendlich unser phänomenales Selbst. Das, was wir *dachten,* dass wir es seien – unsere Biografie, unsere Gefühle, unsere Besonderheiten und unsere »Beschreibungen« (wie Beatrice Bruteau sie nennt)[8] – sind genau jene Dinge, die dem Feuer der Verfeinerung dargeboten werden, um ein Wesen zu erschaffen, das zuverlässig zu hören und zu antworten vermag.

Mit dem Auge des Herzens sehen

Durch die inneren Traditionen des Westens verläuft ein starker Faden des Verständnisses, dass diese Verschiebung der Selbstheit hin zu einem neuen Sitz unentwirrbar verbunden ist mit einem herzzentrierten *neuen Betriebssystem der Wahrnehmung.* »Selig, die rein sind im Herzen; denn sie werden Gott schauen« (Matthäus 5.8), sagte Jesus in diesen Worten der sechsten Seligpreisung, die nicht bloß einen neuen Pfad, sondern sogar eine neue Phänomenologie der Läuterung einleiten. Das Herz wird bereits implizit als Sitz der imaginativen Vision identifiziert, und während diese Lehre im Laufe der Jahrhunderte immer mehr an Substanz gewann, entwickelte sich, insbesondere in der Mystik des Sufismus, ein Konsens dahingehend, dass das Herz (und nicht der kognitive Ver-

6. Diese Übersetzung der beiden Ausdrücke *essence* und *real I* entspricht der in deutschsprachigen Gurdjieff-Kreisen etablierten Übertragung in P. D. Ouspenskys Buch *Auf der Suche nach dem Wunderbaren* in der Übersetzung von Arnold Keyserling und Louise March [A.d.Ü.].

7. Cynthia Bourgeault: *Das Herz im Gebet der Sammlung – Non-duales Christsein in Theorie und Praxis,* Chalice Verlag, 2021.

8. Cynthia Bourgeault: "Beatrice Bruteau's 'Prayer and Identity'" in Thomas Keating [et al.]: *Spirituality, Contemplation, and Transformation,* New York; Lantern Books, 2008, Seite 101.

stand, also das Gehirn) das wahre Organ spiritueller Wahrnehmung und der Sitz unserer imaginativen Selbstheit ist. In Kabir Helminskis überzeugender Zusammenfassung der traditionellen Sufi-Lehre über das Herz, in seinem Buch *Living Presence,* werden Sie gewiss einige Fähigkeiten wiedererkennen, die ich in den vorherigen Kapiteln bereits als grundlegend für eine imaginative Bildung hervorgehoben habe, einschließlich der Fähigkeit, Muster, visuelle und verbale Symbolik, die übergeordnete Einheit sowie nichtlineares Timing lesen und deuten zu können:

> Wir verfügen über feine unterbewusste Fähigkeiten, die wir nicht nutzen. Jenseits unseres begrenzten analytischen Verstandes liegt ein unermesslicher Bereich des Geistes, der mediale und übersinnliche Möglichkeiten einschließt: Intuition, Weisheit, ein Einheitsgefühl, ästhetische, qualitative und kreative Fähigkeiten sowie Kapazitäten der Vorstellungskraft und der Symbolik. Obwohl diese Fähigkeiten so zahlreich sind, geben wir ihnen aus gutem Grund nur einen einzigen Namen, weil sie nämlich im Zusammenspiel am besten funktionieren. Sie beinhalten einen Geist, und darüber hinaus, in spontaner Verbindung mit dem kosmischen Geist, jenen vollständigen Geist, den wir »Herz« nennen.[9]

Die Lehren des christlichen Ostens weisen einen parallelen Faden auf mit einer stärkeren Betonung einer Qualität der *Wachsamkeit des Herzens* als notwendiger Voraussetzung, um Christus direkt in die Welt 24 nachfolgen zu können oder – in der uns vertrauteren Sprache Paulus' – »die Gesinnung Christi anzunehmen.« Der orthodoxe Lehrer Symeon der Neue Theologe des elften Jahrhunderts erkannte sehr früh, dass diese Gesinnung von einer wesentlich höheren Bewusstseinsebene herrührt als jener, die wir Menschen normalerweise aufrechtzuerhalten vermögen; ohne die vermittelnde Präsenz dieser inneren Aufmerksamkeit, so bemerkt er unverhohlen, ist es schlicht und ergreifend nicht möglich, nach der Lehre der Evangelien zu leben:

> Kurzum, derjenige, der innerlich nicht aufmerksam ist und seinen Geist nicht bewacht, kann nicht reinen Herzens wer-

9. Kabir Helminski: *Living Presence: A Sufi Way to Mindfulness and the Essential Self,* New York: Jeremy Tarcher / Putnam, 1992, Seite 157.

> den und also auch Gott nicht erkennen. Wer innerlich nicht aufmerksam ist, kann nicht geistlich arm sein, vermag nicht, Tränen der Reue zu weinen, noch gütig und sanftmütig zu sein; es kann ihn nicht nach Gerechtigkeit hungern und dürsten, noch kann er barmherzig oder ein Friedensstifter sein und nicht um der Gerechtigkeit willen verfolgt werden.[10]

Das Ziel, »den Geist im Herzen zu sammeln«, begann im Laufe der Zeit die Transformationsagenda dieser östlich-orthodoxen Hesychasten zu dominieren. Die Formulierung taucht in den Schriften der *Philokalie,* dem großen Kompendium der orthodoxen mystischen Weisheit, immer häufiger auf und offenbart die Grundzüge einer lebendigen Praxis. Teil dieser Praxis war die konkrete energetische Übung (die immer im persönlichen Zwiegespräch gelehrt wurde und ausschließlich vorbereiteten Schülern zugänglich war), die Aufmerksamkeit im Bereich der Brust zu konzentrieren. Der Löwenanteil der Vorbereitungen lag allerding im Kampf mit den »Leidenschaften«: jenen ungestümen, selbstbezogenen Gefühlen, die unsere Aussichtsplattform stets vernebeln und das Empfinden unserer Selbstheit wieder hinab in das Gravitationsfeld der niedrigeren Reiche ziehen. Symeon behauptet, diese Übung – seine eigene Version des universellen spirituellen Themas des Nichtverhaftetseins – sei eigentlich relativ einfach, allerdings auch nicht wirklich leicht:

> Du solltest vor allem drei Dinge beachten: Freiheit von jeglichem Grübeln, nicht nur über schlechte und unwichtige, sondern auch über gute Angelegenheiten [...]; dein Gewissen sollte so rein sein, dass es dich in keiner Hinsicht belastet; und du solltest keinerlei leidenschaftliche Bindung haben, sodass sich dein Denken nichts Weltlichem zuneigt. Behalte deine Aufmerksamkeit in dir – nicht in deinem Kopf, sondern in deinem Herzen.[11]

10. Symeon the New Theologian: “Three Methods of Attention and Prayer” in *Writings from the Philokalia: On Prayer of the Heart,* übersetzt von E. Kadloubovsky and G.E.H. Palmer, London: Faber and Faber, 1992, Seite 58.

11. Symeon the New Theologian: “Three Methods of Attention and Prayer”. In Kapitel 5, »Weiteres zu Symeon dem Neuen Theologen«, meines Buches *Das Gebet der Sammlung* finden Sie detailliertere Ausführungen zu diesem byzantinischen Kirchenlehrer und Mystiker, der Übung des Nichtverhaftetseins

Falls dies in Ihren Ohren mehr als nur ein bisschen ungenießbar klingt, so als verzichtete man bewusst auf unser gottgegebenes »Menschenrecht zu genießen«, dann bedenken Sie den Kontext, indem wir diese Möglichkeit beleuchten – *in welcher Welt wollen wir spielen?* Es ändert nichts daran, dass, vom Standpunkt der imaginativen Kausalität aus betrachtet, die Kraftanstrengung zur Aufrechterhaltung des egoischen Kerns der Selbstheit (auf seinem andauernden Orbit durch Geschichten und Gefühle) als dem Sitz der Identität Energie verbraucht und uns in das dichtere Gravitationsfeld von Welt 48 und tiefer hinabzieht. Lösen wir diese Bindung, ist die Energie augenblicklich zurück in unser Wesen befreit und besorgt den zusätzlichen Schub für unsere Teilnahme an der Kausalität von Welt 24. Maurice Nicoll erinnert uns treffend daran, dass unsere Fähigkeit zu erkennen abhängig von unserem Zustand ist. »Wenn Ihr Sein zunimmt, nimmt Ihre Empfänglichkeit für die höhere Bedeutung zu.«[12] Dies entspricht im Wesentlichen dem, was Rafe versuchte, mir beizubringen, indem er mich jeweils augenblicklich verließ, wenn ich in einen negativen Zustand verfiel. Aus der Perspektive von Welt 48 mag ein solches Verhalten nicht gerade nach einer »Unterstützung« aussehen, doch hatte ich ihn ja auch um ein Noviziat in Welt 24 gebeten, und genau das war es, was er mir zu gewähren beabsichtigte. Die unbequeme Wahrheit bleibt: Wenn wir in Welt 24 mitspielen wollen, sind all die schweren, negativen Gefühle, an denen wir hängen und in denen wir schwelgen, nutzlos. Sie gehören zur Dichte jenes anderen Reichs. Wir können sie wälzen, solange wir möchten, wenn wir unsere Welt 48 perfektionieren wollen. Doch wenn wir die Grenze zum Reich des Imaginativen vollständig überqueren möchten, kann es kein Klammern oder Verhaftetsein mehr geben, nur noch durchgehende Transformation.

Konsequenz

Die zweite Hürde in diesem Hindernislauf der Läuterung besteht in der Forderung nach Konsequenz. Wir können nicht in beiden Welten spielen – oder besser gesagt: Wir können es schon, doch

und den erstaunlichen Parallelen zwischen seinen Lehren über die Wachsamkeit des Herzens und den klassischen asiatischen Vorstellungen von Non-Dualität.

12. MAURICE NICOLL: *Psychological Commentaries,* Band 5, Seite 1542.

müssen wir dann nach den Regeln der höheren Kausalität spielen. Jeder Versuch, das Imaginative als einen Platz zu »kolonialisieren«, den wir zu unserem persönlichen Genuss oder zur spirituellen Angeberei besuchen, führt definitiv in eine Sackgasse – zu einer erneuten Verwechslung der Ebenen. Unsere imaginative Staatsbürgerschaft können wir nur antreten, indem wir diesen Weg beharrlich und konsequent gehen. »*Wie* wir dahin kommen, ist, *wo* wir ankommen.«

Auch diese Lektion hatte Rafe längst gelernt. Konsequenz war eines der markantesten Merkmale seiner Art zu suchen. Sobald er etwas *begriffen* hatte, setzte er es augenblicklich in die Tat um, ohne sich um den Ausgang Sorgen zu machen. »Ich glaube, Menschen, die sich lieben, locken einander in die Falle«, bemerkte er eines sonnigen Augusttages, als wir bei mir an Deck eine Tasse Cappuccino tranken. Und dann: Peng! Zwei Tage vor Weihnachten ließ er mich wissen, dass er die Festtage allein oben in seiner Einsiedelei verbringen wolle – teilweise, um einige der kleinen Beziehungsrituale zu entrümpeln, die sich zwischen uns bereits festzusetzen begonnen hatten. »Kann ich denn zumindest für einen kurzen Besuch hochkommen?«, beschwatzte ich ihn. »Vielleicht machst du es nicht und schaust einfach, was geschieht?« Er war durch und durch Empiriker, der stets prüfte und abschätzte. Er akzeptierte keine Lücke zwischen einer Idee und ihrer Umsetzung. Und er hatte recht.

Bei mir hingegen war diese Lücke schon immer meine persönliche *bête noire* auf diesem Weg. Weil ich mit einem ausgesprochen kreativen und beweglichen Verstand gesegnet bin, verliere ich mich leicht in Prosperos Zelle und werde am Ende der objektiven Anforderung nicht gerecht, das *umzusetzen,* was ich weiß. Als Wahrheit lebt es in mir bloß auf der inneren Ebene, nicht aber in den konkreten Entscheidungen, die ich in dieser Welt treffe; es gibt da einen Spalt, einen »Puffer«, wie Gurdjieff ihn bezeichnete. Und diese ach so törichte Wunschvorstellung, es sei doch irgendwie möglich, den Kuchen zu behalten und ihn gleichzeitig zu verspeisen – eine Liebhaberin des Imaginativen zu sein, während ich dennoch vollständig in der Komfortzone von Welt 48 lebe –, macht aus der spirituellen Reise im Prinzip eine bessere Variante des Spiels *Trivial Pursuit.* Dieses vielleicht allzu menschliche Manko, das mit etwas weniger Nachsicht auch einfach »Unaufrichtigkeit« genannt werden könnte, ist ein ständiger Wegbegleiter nicht nur unzähliger Individuen, sondern auch des institutionellen Christentums als solchem und das größte Energieleck seiner ansonsten außerordentlichen Botschaft. Mit den Worten Meister Eckharts: »Es gibt viele, die unserem Herrn bis zur halben Strecke folgen, doch die andere Hälfte nicht gehen.«

Der Herr ist geduldig; er schlägt nicht. Ein bekannter Ausspruch von Thomas Keating lautet: »Ihr beide tanzt eine Weile Ringelreigen miteinander.« Auf einem Spielfeld, auf dem alles andere ausgeglichen verläuft, stellt sich Fortschritt im Reich des Imaginativen in direktem Verhältnis dazu ein, wie gut wir den Weg, der sich unserem inneren Verständnis zunehmend offenbart, verstehen lernen und ihm dann tatsächlich auch *folgen.* Eines der Kardinalgesetze von Welt 24, die in unseren Landen »hier unten« unverrückbar herrschen, obwohl sie fast gänzlich unerkannt sind, lautet, *dass die Mittel dem Zweck angemessen sein müssen.* Ansonsten hebt sich eine Handlung in Welt 24 selbst auf; und das bedeutet, dass sie sich auch hier aufhebt. Sie mag uns zwar wie ein Feuersturm erscheinen, doch ihre Wirkung wird schnell nachlassen.

Aus den Tiefen

Wenden wir uns nun der Frage des *Gehorsams* zu. In unseren heutigen Ohren klingt dieser Begriff nach Unterwerfung unter eine äußere Autorität, doch der lateinische Ursprung des englischen Wortes *obedience* lautet *ob-audire* und bedeutet eigentlich, »gründlich zuhören«, »aus den Tiefen zuhören« oder »mit dem Ohr des Herzens hören«, wie es der heilige Benedikt formuliert. Und ja, Zuhören ist im Grunde genommen auch ein Tun, eine *Unterwerfung* unter das, was das Herz gehört hat.

In seinem Buch *Meditations on the Tarot* schildert Valentin Tomberg diesen spirituellen Standpunkt anschaulich anhand des »Gehängten«, der zwölften Trumpfkarte aus dem großen Arkanum. Auf dieser Karte hängt der Mann buchstäblich kopfüber, seine Füße befinden sich in der Luft, also sinnbildlich höher. Damit ist er in der Lage, der »Gravitation von oben« (in anderen Worten: der imaginativen Kausalität) besser zuzuhören und zu antworten, deren anhaltender Trommelschlag nur vom Herzen wahrgenommen werden kann. Indem wir diesem tieferen Zuhören gegenüber gehorsam sind – anstatt dem Denken, Abwägen, Reflektieren zu »gehorchen« –, antworten und folgen wir und fangen an, diesen Weg wirklich zu gehen. Die Füße, das Bewegungszentrum, wissen wohin, bevor es der Verstand tut.

Zur Veranschaulichung zitiert Tomberg den Propheten Abraham, der die Stimme seines Herrn vernimmt, die ihm befiehlt: »Geh fort aus deinem Land, aus deiner Verwandtschaft und aus deinem Vaterhaus in das Land, das Ich dir zeigen werde! Ich werde dich zu einem großen Volk machen« (Genesis 12.1–2). Noch versteht er den Teil »Ich werde dich zu einem großen Volk machen« dieser Anweisung nicht (der wird ihm erst im Verlaufe der Zeit klar werden); doch das »Geh!« versteht er. Und er geht los.

Ich kann die Wahrheit dieser Geschichte in meinem eigenen Leben bestätigen. Entscheidungen, die als Antwort auf dieses innere Ausströmen aus dem Herzen getroffen wurden, tragen das Merkmal der Mühelosigkeit. Sie fallen buchstäblich wie reife Früchte von den Zweigen. Als sich mir die Möglichkeit eröffnete, nach Colorado zu gehen und mit Rafe zu arbeiten, traf ich keine Entscheidung. Ich kündigte ganz einfach meinen Job, lud das Auto voll und fuhr los.

Natürlich droht hier die Gefahr, dass dieses Muster allzu leicht zu einer weiteren Form magischen Denkens wird. Die wahre, praktische Herausforderung besteht darin, dass die wenigsten von uns in den Anfangsstadien der Reise bereits über die Fähigkeit verfügen, genau zu erkennen, aus welcher Ebene ein innerer Impuls tatsächlich auftaucht. Über dieses Dilemma spricht Gurdjieff in einer faszinierenden Lehre über das, was er als »A-, B- und C-Einflüsse« bezeichnet. Zu Beginn, wenn die Wachsamkeit des Herzens noch nicht stabil ist, werden wir von jedem Impuls angezogen, der auf unserem Radar auftaucht. Wir können nicht zuverlässig unterscheiden zwischen einem zufälligen Spiel von Anziehung und Fantasie (A-Einfluss) und einer Einladung, die von der höheren imaginativen Ebene stammt (B-Einfluss). Insbesondere kommt es auf der Reise für eine lange, lange Zeit zu einer optischen Täuschung zwischen den ausgesprochen unterschiedlichen Schattierungen des niederen, leidenschaftlichen Selbsts – das im Sufismus als *nafs,* im allgemeinen Sprachgebrauch unserer Zeit als »Seele« bezeichnet wird – und dem echten Leuchtfeuer unseres Herzens. Das quietschende Rad erhält ein paar Tropfen Öl, und das Drama der *nafs* wird anfangs die feinere Schwingung aus jenem anderen Kanal noch eine gewisse Zeit übertönen. Doch mit zunehmender Praxis, wenn die Präsenz des Herzens mittels der beiden Übungen der Aufmerksamkeit und der Hingabe gestärkt ist, beginnen wir, ein qualitatives *Niveau* von Unterscheidungsfähigkeit zu entwickeln. Wie Alan Jones, der ehemalige Dekan der Grace Cathedral in San Francisco, einst geistreich bemerkte, können wir dann unterscheiden »zwischen dem, was wesentlich, und dem, was bloß interessant ist.« Wir folgen unseren Füßen, die uns immer sicherer führen. Und irgendwann, wenn eine entscheidende Schwelle überschritten ist, kristallisiert sich etwas in uns, was schließlich bleibt. Das imaginative Sonar entfaltet seine volle Wirkung, und wir ziehen einen Lehrer von der Stufe eines C-Einflusses ebenso mühelos an, wie es Zachäus oben in seinem Maulbeerfeigenbaum getan hat. Weil etwas in uns lebendig geworden ist, was oberhalb des unaufhörlichen Drängens und Ziehens dieser Welt bestehen kann, sind wir schließlich zu vollwertigen Mitspielern in diesem Spiel geworden. An diesem Punkt kommt der Ringelreigentanz an sein Ende und die Reise beginnt richtig.

Das Gesetz des Schicksals und das Gesetz des Zufalls

Ich werde niemals die warnende Bemerkung des kanadischen spirituellen Lehrers John de Ruiter an einem Vortrag vergessen, den ich vor vielen Jahren besuchte, nämlich dass die höheren spirituellen Reiche sich während unseres Aufstiegs nicht als zunehmend entspannter oder toleranter erweisen. Vielmehr werden wir in immer engere Toleranzen hineingezogen.

Gurdjieff hätte dieser Ansicht sehr wahrscheinlich zugestimmt; er beschrieb den Zusammenhang in der für ihn typischen anschaulichen Art: Die niedrigeren Reiche, so lehrte er, stehen unter dem Gesetz des Zufalls. »Dumm gelaufen«, heißt es dann im Volksmund, und es gibt keine großen Konsequenzen, denn letzten Endes haben wir es lediglich mit A-Einflüssen zu tun, die andere A-Einflüsse ablösen – irritierend, aber im Grunde genommen harmlos. Wie Jakob Böhme einst düster bemerkte:

> Darum, wer nun viel in solcher Müheseligkeit wircket und bauet, der wircket nur zum Gerichte Gottes. [...] D[e]nn was

> in Gottes Zorn gewircket wird, das wird von Ihme eingenommen und wird im Mysterio Seiner Begierde behalten zum Gerichtstage Gottes, da Böses und Gutes soll geschieden werden. So aber der Mensch nun umkehret und von seiner Selbheit ausgehet, und in Gottes Willen eintritt, so wird auch das Gute, das er in der Selbheit hat gewircket, von dem Bösen, so er gewircket hat, erlediget werden.[13]

Und somit scheinen die Dinge in dieser Welt hier unten tatsächlich geordnet zu sein, und die Zufälligkeit von allem bleibt unserem Blick nur deshalb verborgen, weil wir darauf bestehen, darin ein Muster zu erkennen. Das Gute daran ist, dass auch von wirklich dämonischen Importen sich hier nur sehr wenig dauerhaft festsetzt; das Meer ist schlicht zu unruhig.[14]

Am Tor zum Imaginativen geraten wir jedoch unter eine völlig andere Kausalitätsordnung, welche Gurdjieff das »Gesetz des Schicksals« nannte. *Fatum* oder »Schicksal« ist der Name des Reichs, das auf der klassischen Karte der Großen Kette der Wesen

13. Jakob Böhme: *Christosophia: oder Der Weg zu Christo,* Seite 96.

14. Mir ist bewusst, dass ich hiermit in ein Wespennest steche und etwas genauer verdeutlichen sollte, was ich im Text dargelegt habe. Ich glaube, dass das Böse absolut real ist und, wie ich bereits in meinen Überlegungen im Zusammenhang mit den Reichen der Hölle ausgeführt habe (siehe Tropus zu Kapitel drei), dass es im unschuldigen Boden unseres menschlichen Leides und Schmerzes Wurzeln schlagen kann und dies auch tut. Doch die ausgewachsene Statur des Dämonischen ist im Wesentlichen ein Phänomen vom Rang eines »C-Einflusses« (siehe Seite 119) – nur auf der gegenüberliegenden Seite des moralischen Spektrums. Glücklicherweise sind solche Erscheinungen selten. Wie bereits in Kapitel sechs erwähnt (Seiten 110–111), prägte Gurdjieff den Begriff »Hasnamuss« zur Beschreibung solcher Wesen, in denen eine natürliche Neigung zum Bösen mit einem ausgesprochen mächtigen und disziplinierten Eigenwillen kombiniert ist. Diese Leute können einen beträchtlichen Schaden anrichten, nicht nur an unserem Planeten und dessen Bewohnern, sondern auch am Bild der Menschheit als solchem. Doch sogar in diesen Fällen macht es die große Ruhelosigkeit und Ablenkbarkeit des menschlichen Zustands dem Dämonischen (oder auch irgendetwas anderem) schwer, dauerhaft Wurzeln zu schlagen. Was Teilhard de Chardin *tâtonnements* nennt – ein »Herantasten«, das ständige Spiel von Versuch und Irrtum, das die erratische Verlaufsbahn unserer irdischen Evolution bestimmt –, fungiert glücklicherweise ebenso als ein Schutzschild gegen das anhaltende Gefangensein in diesen grotesk verdrehten psychischen Konstellationen. Die Energie, durch die uns Dellen eindrückt werden, ist auch die Kraft, die uns wieder ausbeult – eine der kosmischen Sicherungen, die offensichtlich und glücklicherweise in die beschränkenden Konventionen von Welt 48 eingewoben sind.

direkt über unserem eigenen liegt und das üblicherweise mit den Planeten in Verbindung gebracht wird (siehe Tabelle Seite 43). Doch während die landläufige Vorstellung das Schicksal mit astrologischen Sternzeichen und Wahrsagungen gleichsetzt, liegt das *fatum* auf der anderen Seite einer fundamentalen kausalen Wasserscheide. Es ist ein Reich, dessen Währung nicht mehr die A-Einflüsse, sondern die B-Einflüsse sind. In ihm befinden wir uns jenseits der zufälligen Störungen, die zur Kausalitätserfahrung hier in der »unteren Hälfte« von Welt 48 gehören. Und da dieses Reich das unsrige kausal dominiert, müssen in ihm zwingenderweise höhere Präzision und engere Toleranzen gelten. Schönfärberei über die Leitlinien hinaus ist unter dem Gesetz des Zufalls gestattet, nicht aber unter dem Gesetz des Schicksals. Unter ihm gelten durchwegs höhere Standards hinsichtlich Konsequenz, Gehorsam, Klarheit und Aufrichtigkeit – nicht nur zur eigenen Sicherheit, sondern auch für die Sicherstellung des gesamten kosmischen Gleichgewichts. Hier wird mehr Macht ausgeübt, und zwar eine Macht, die an ihrem oberen Limit sogar über die Einflusssphäre des Imaginativen hinausgeht und beginnt, sich direkt mit den wahrhaft kausalen Reichen zu verbinden. Hier sind Fehler kostspieliger.

Wenn ich heute auf meine winterliche Odyssee zurückschaue, würde ich sagen, dass dies das Spielfeld war, auf dem die Dinge schiefgelaufen sind. Ich hatte den Posten, den ich besetzte, oder die durch ihn ausströmende Energie nicht ernst genug genommen. Manche Leute haben gesagt, durch meine Lehren fließe eine gewisse energetische Kraft – eine *Übermittlung* –, doch ich neigte dazu, diese Kommentare als New-Age-Gerede abzutun. Ich hielt mich nicht für besonders energetisch oder verantwortlich, sondern, wie bereits erwähnt, einfach als der Schiffsjunge, der vorübergehend die Steuerung des Schoners zu übernehmen hatte, nachdem sein Kapitän über Bord verschwunden war. Ganz gewiss fühlte ich mich nicht unter dem Gesetz des Schicksals.

Und mit großer Wahrscheinlichkeit ist es auch so, dass ich nicht allein bin. Aber in dem Maß, in dem ich mich weiterhin in einer imaginativen Partnerschaft mit Rafe erlebe – und auf seiner Seite Konsequenz, Gehorsam, Klarheit und Aufrichtigkeit in Quantensprüngen zunehmen –, fühle ich mich zumindest verpflichtet, mit der Peitsche zu knallen. Weder wurde um Erlaubnis gebeten, das Schlepptau loszulassen und graziös in Richtung Ufer zu treiben, noch wurde sie erteilt. Das war etwas, das ich bis dahin von mir nicht kannte oder nicht hinlänglich ernst nahm. Heute tue ich es.

Tropus

Die Einzelteile zusammenfügen

Falls Sie versuchen möchten, mit einer Situation im Sinne der imaginativen Kausalität zu arbeiten, wo (und wie) sollten Sie anfangen? Da wir uns dem Ende dieses Teils des Buches nähern, will ich versuchen, das Gesamtbild mittels einiger weniger grundlegender Leitlinien zusammenzufassen. Im Laufe der Jahre haben sich diese als hilfreich herausgestellt, um meine eigene Arbeit auf Kurs zu halten.

1. Unterschätzen Sie niemals die »heilige Nüchternheit des gesunden Menschenverstandes«, wie Rafe es auszudrücken pflegte. Wenn Sie mit einer Situation leicht entsprechend den Gesetzen von Welt 48 klarkommen, dann fangen Sie unbedingt dort an. Gegen Kopfschmerzen brauchen Sie keine Gesundbeterei; nehmen Sie einfach eine Kopfschmerztablette.

2. Versuchen Sie prinzipiell, jegliches Welt-96-Denken zu vermeiden. Gurdjieff bezeichnete diese Stufe als »formatorisches Denken«. Es ist die Welt der wiedergekäuten Meinungen, der Schlagworte, der groben Verallgemeinerungen und der starren verhaltenspsychologischen Modelle. Schubladisierung, Typisieren, Gruppendenken, politische Korrektheit: Alle diese Methoden des vorverarbeiteten Diskurses leiten Ihren Verstand auf gewohnte, ausgefahrene Gleise, die nirgendwohin führen. Wenn Sie denken *wollen,* dann *denken* Sie. Nutzen Sie Ihren eigenen Verstand, Ihr wahres Herz und Ihre geerdete Präsenz, um zu sehen, was tatsächlich vor sich geht. Versuchen Sie, mit dem zu verstehen, was in Ihnen am aufmerksamsten ist, statt mit dem, was am tiefsten schläft.

3. Das Merkmal, woran wir erkennen können, ob es sich bei etwas tatsächlich um einen imaginativen Vorgang handelt (oder nicht), ist die Anwesenheit (oder die Abwesenheit) der in den letzten Kapiteln beschriebenen Kennzeichen: höchst konfigurierte symbolische oder bildhaft Muster, Synchronitäten, die auf ein größeres Muster hindeuten, und Zeit, die als aktives kompositorisches Element agiert statt bloß als passiver Hintergrund. Meiner Mei-

nung nach müssen mindestens zwei dieser Kennzeichen zugegen sein; das sollte reichen, nicht um den Grad des Imaginativen zu testen (denn genauso, wie es nicht möglich ist, ein bisschen schwanger zu sein, kann eine Situation auch nicht ein bisschen imaginativ sein), sondern um die eigenen nervösen Finger unter Kontrolle zu halten. Legen Sie keinen Fehlstart hin; warten Sie und beobachten Sie, was geschieht. Schließen Sie die anderen Optionen zunächst einmal aus (wie unter Punkt 1 angeführt) und bedenken Sie die Kraft Ihrer eigenen inneren Stärke. Denn wenn Sie erst einmal begonnen haben, diesen Weg zu beschreiten, müssen Sie auch entschlossen sein, ihn zu Ende zu gehen.

4. Wenn Sie also mit der imaginativen Kausalität zu arbeiten beginnen, ist die hilfreichste »Bedienungsanleitung«, die ich finden konnte – ob Sie es glauben oder nicht – jener eine herausfordernde Satz in der Mitte der großen Abhandlung über die Liebe des heiligen Paulus in 1 Korinther 7: »Sie [die Liebe] erträgt alles, glaubt alles, hofft alles, hält allem stand.« Es ist das Zweitgenannte – »sie glaubt alles« –, das die ganze Schlagkraft vermittelt. Das bedeutet nicht, Sie sollen sich weigern, der Wahrheit ins Gesicht zu sehen, sondern dass es in jeder Lebenssituation einen niedrigeren und einen höheren Weg der Wahrnehmung und des Handelns gibt. Der eine führt zu Zynismus und dem Ausschluss von Möglichkeiten, der andere führt zu höherem Glauben, größerer Liebe und erfolgreicheren Resultaten. Mit »sie glaubt alles«, ist gemeint, dass Sie sich am höchstmöglichen Resultat orientieren und nach dessen Verwirklichung streben sollten.

Das war die Grundsatzentscheidung, die ich vor fast fünfundzwanzig Jahren in Bezug auf Rafe zu treffen hatte: Verarbeite ich seinen Tod gemäß Welt 48 oder gemäß Welt 24? Alle psychologischen und herkömmlichen spirituellen Modelle um mich herum befürworteten einstimmig ein Abschließen, »Trauerarbeit«, »Loslassen«, »mit dem eigenen Leben fortfahren«. Doch etwas in mir sagte, ich solle weiter auf ihn zugehen, und genau das tat ich – direkt hinein ins Imaginative, wo die Früchte das eingegangene Risiko mehr als aufgewogen haben.

Selbstverständlich ist es ein labiles Gleichgewicht, und das richtige Fingerspitzengefühl im Umgang damit zu finden, ist ein Teil der Lernkurve. Einerseits braucht es Offenheit gegenüber dem, was Welt 48 uns berechtigterweise beschert, und im Herangehen an psychologische und entwicklungsbezogene Fragenstellungen, die zu diesem Reich gehören. Das Imaginative ist kein Ort für spirituelle Umleitungen. Andererseits dürfen wir nicht vergessen, dass wir nicht in zwei Welten gleichzeitig spielen können oder, falls wir es doch tun, dies letzten Endes gemäß den Gesetzen der höheren Welt geschehen muss. Es braucht eine gewisse Übung, um zu lernen, den Schatten freundlich und ehrlich anzunehmen und dennoch in Richtung des Lichts weiterzuschreiten.

5. Schließlich habe ich erkannt, dass die allergrößte entwicklungstechnische Herausforderung beim Studium der Wirkungsweise der imaginativen Kausalität darin liegt, dass wir dazu neigen, einzugreifen und auf Basis unserer eigenen Fantasie weiterzumachen. Wir empfangen etwas uns wirklich Vertrautes, doch dann fängt unser Verstand an, damit herumzuspielen und malt sich die Details aus, sodass die ursprünglich unverfälschte imaginative Schau rasch auf unsere eigenen Gleise gerät und sich als Fantasie und Erwartung in Welt 48 festfährt. Das Imaginative kommt immer mit einem Element von Überraschung daher. Wenn wir das Skript in unserem Kopf bereits geschrieben haben, ist es nicht länger imaginative Kausalität.

Natürlich gibt es hier eine Lernkurve; doch dieses »Schauen und es dann wieder aus den Augen verlieren« ist zum Teil direkt in den Weg eingebaut, ist ein inhärenter Bestandteil der Herausforderung, an der Grenze zwischen zwei Welten zu leben. Eine Weile bewegen wir uns im bekannten Trott, dann fallen wir heraus. Doch wenn diese beiden inneren Gefäße, die es Ihnen ermöglichen, die Spannung zuverlässig aufrechtzuerhalten – *Unparteilichkeit* (das heißt, nicht einem gewünschten Ergebnis verhaftet zu sein) und *Geduld* – sich langsam vergrößern und festigen, werden die Dinge Schritt für Schritt besser. Die Läuterungsübungen, denen wir uns in den letzten beiden Kapiteln gewidmet haben, werden Ihnen helfen, die Stabilität dieser beiden Behältnisse zu steigern. Doch irgendwann führen alle Wege zu einem geheimnisvollen Warten in der Leere, zum schmerzhaften, aber unumgänglichen letzte Schritt. Tief im Inneren wird das Herz immer darum wissen, was es braucht, und muss nicht daran erinnert werden. Bedienen Sie sich nicht Ihres Verstandes, um Szenarien für Ihr Herz zu entwerfen. Wenn die Zeit reif ist, wird das Herz mit einer eigenen deutlichen Stimme sprechen.

Sieben
Wozu sind wir hier?

ICH HABE IN DIESEM BUCH BEREITS MEHRFACH AUS WILLIAM Segals wichtigem Essay "The Force of Attention" zitiert, darunter auch die Aussage: »Ohne die Aufwärts-Energieübertragung durch die Vermittlung bewusster Aufmerksamkeit würde das Universum der Entropie nachgeben.« Doch bislang habe ich bewusst den Satz vermieden, der diesen Worten unmittelbar vorausgeht und für ihr Verständnis essenziell ist. Der ganze Absatz (der vorletzte des ganzen Essays) lautet wie folgt:

> Aufmerksamkeit übermittelt nicht nur; sie sendet auch. Geben und empfangen, Gott spricht zum Menschen. Empfangen und geben, der Mensch spricht zu Gott. *So, wie die Struktur des Menschen durch die Infusion feinstofflicher Schwingungen belebt werden muss, benötigen dieselben Schwingungen für ihren Erhalt die Vermischung grobstofflichen Materials.* Ohne die Aufwärts-Energieübertragung durch die Vermittlung bewusster Aufmerksamkeit würde das Universum der Entropie nachgeben. Die kleinste Beeinträchtigung einer ausgewogenen Aufmerksamkeit im Menschen beendet diese gegenseitige Kommunikation.[1]

Den entscheidenden Satz habe ich kursiv ausgezeichnet, weil es jetzt an der Zeit ist, über dessen Bedeutung zu sprechen. Was ist dieses »grobstoffliche Material«, das aus irgendeinem Grund für den Erhalt des kosmischen Gleichgewichts benötigt wird, und was ist unsere Rolle in dessen Zurverfügungstellung? Und beachten Sie, dass ich mit »unsere« nicht nur uns Menschen, sondern die niedrigen Reiche als solche meine. Welche Rolle spielt das »Grobstoffliche« beim Erhalt des Schöpfungsstrahls? Weshalb ist das Mi, unser geliebter *mixtus orbis,* nicht bloß eine kosmische Narretei

1. WILLIAM SEGAL: "The Force of Attention".

oder Illusion, sondern ein entscheidender Akteur in der gesamten Entfaltung?

Bevor wir fortfahren und uns dem Bewussten Kreis der Menschheit zuwenden können, muss diese Frage geklärt werden. Denn ohne ein Gefühl für den wahren Wert und Zweck dieses irdischen Reichs im kosmischen Plan ist es sehr schwierig, das Ausmaß der beschämend zärtlichen Fürsorge zu ergründen, die uns zuteilwird, oder jene tieferen Beweggründe des Herzens anzuzapfen, die uns dazu bringen, unsere Stellung nicht bloß aus Pflichtbewusstsein oder verständlichem Eigeninteresse einzunehmen, sondern aus dem authentischen Wunsch heraus, »den Kummer unseres Gemeinsamen Vaters zu erleichtern.«

Die *axiale Religion* – der Begriff, der heutzutage im Allgemeinen verwendet wird, um die großartige Blüte des spirituellen Durchbruchs und der Erkenntnisse zu bezeichnen, die weltweit in der bemerkenswert verdichteten Epoche zwischen ungefähr 800 und 200 vor Christus entsprang – sagt über diesen Punkt relativ wenig aus.[2] In sämtlichen großen heiligen Traditionen (vielleicht mit der erwähnenswerten Ausnahme des Schamanismus) begegnen wir in der einen oder anderen Form der Vorstellung, dass »wir hier nicht zuhause sind.« Egal ob sie »Exil«, »Sündenfall« oder »Illusion« genannt wird (die drei am weitesten verbreiteten diesbezüglichen Konzepte in der Metaphysik des Ostens und des Westens), existiert ein tiefes Unbehagen über diesen Zustand der Verkörperung sowie eine allgemeine Annahme, dass diese Qualität der Grobstofflichkeit ein Hindernis für die vollständige Erlangung des erleuchteten Zustands darstelle. Vielleicht muss ich es noch deutlicher formulieren: Diese Grobstofflichkeit wird nicht nur als *ein* Hindernis begriffen, sondern als *das* Hindernis schlechthin, als die hauptsächliche Blockade auf dem Weg. Auf den Landkarten des Bewusstseins, die wir studiert haben, ist »grob« (oder auch »dicht«) immer zuunterst angesiedelt, und angesichts der neoplatonischen Schief-

2. Der Begriff *axiale Religion* wurde vom deutschen Philosophen Karl Jaspers geprägt, der jenes Zeitalter »axial« nannte, weil es die spirituellen und moralischen Fundamente legte, auf denen unser religiöses Bewusstsein im Wesentlichen noch immer beruht (Karl Jaspers: *Vom Ursprung und Ziel der Geschichte,* München und Zürich: R. Piper & Co., 1949). Obwohl sein Paradigma äußerst einflussreich war, blieb es doch nicht ohne Kritik. Eine kurze, aber hilfreiche Zusammenfassung dieser noch immer anhaltenden Diskussion finden Sie bei Ilia Delio: *Christ in Evolution,* Maryknoll, New York: Orbis Books, 2008, Seite 185, Fn 31.

lage der axialen Metaphysik haben wir es mit einer fast unumgänglichen Tendenz zu tun, Dichtheit mit einem »gefallenen« Zustand gleichzusetzen. »Grob« im chemisch-physikalischen Sinn – also korpuskular – wird hier schnell zu einem »grob« im emotionalen Sinn – gemein und abstoßend. Meine eigene Lehre auf diesen Seiten stützt sich selbstverständlich auf viele der herkömmlichen Metaphern (wie die Himmelsleiter oder die Große Kette der Wesen), die diese Vorurteile widerspiegeln; es ist nahezu unmöglich, die metaphysische Diskussion zu führen, ohne diese zu berücksichtigen.

Doch ist es *wirklich* eine Illusion, dieses schöne, fragile Anbaugebiet, das wir bewohnen und mit unseren Tränen bewässern? In seinen empfindlicheren Momenten erkannte das Christentum intuitiv, dass an der Geschichte noch mehr dran sein muss, oder ausgedrückt in den ehrwürdigen Worten in Johannes 3.16: »Denn Gott hat die Welt so sehr geliebt, dass Er Seinen einzigen Sohn hingab.« In seinem Epizentrum trägt das Christentum eine nicht auszulöschende Gewissheit, dass hier irgendetwas von so unschätzbarem Wert vor sich geht, dass sogar das formlose Unendliche *gezwungen* wurde, Gestalt anzunehmen – in Teilhards Worten, »indem Er Sich zum ›Element‹ macht«[3] –, um diese Kostbarkeit zu ihren eigenen Bedingungen zu erhalten und zu heiligen. Doch diese vollkommen treffliche mystische Intuition konnte sich nie ihren Weg gegen die Flut weltverächtlicher und körperverleugnender Metaphysik erkämpfen, die gegen sie anstieg. Grundsätzlich bestand – und besteht bis heute – das Problem darin, dass es mittels der vorherrschenden metaphysischen Grundvorstellungen unmöglich war zu erklären, weshalb diese Liebe überhaupt auf diese Art zum Ausdruck gebracht worden war. Also wich man der Frage aus. »Seinen Sohn gegeben« wurde stattdessen zur mustergültigen Demonstration der herausragenden Göttlichen Agape, und unsere menschliche Rolle wurde darauf limitiert, zu verehren und zu gehorchen.

Gurdjieff wagte einen heldenhaften Anfang zu einem neuen metaphysischen Paradigma, in dem tatsächlich etwas *erkannt* werden kann. Obwohl nur wenige seiner Bewunderinnen und Bewunderer über genügend Mumm verfügen, sich in seine gewundenen Wasserstoffketten hineinzuknien, welche die angebliche Biochemie des

3. Pierre Teilhard de Chardin: *Der Mensch im Kosmos,* Seite 305.

Trogoautoegokraten schildern, verdient sein Modell zumindest Applaus für das, was es ist: ein brillanter Versuch, auf einer *empirischen und materiellen* Grundlage darzulegen, welchen Beitrag unser *mixtus orbis* zum größeren kosmischen Gleichgewicht leistet. Hinter all den ausgeklügelten Details seiner Darstellung enthüllt sich ein Gesamtbild der Biosphäre – des organischen Lebens auf der Erde – als ein entscheidend stabilisierender und mildernder Einfluss auf die gesamte planetarische Harmonie. Das »grobstoffliche Material« ist unsere eigene organische Existenz hier in dieser winzigen Ecke des Megalokosmos, und das, was es beitragen kann (ob durch bewusstes Hingeben oder durch unfreiwilliges Zurückholen), ist ein wichtiger Teil in der gesamten Homöostase, die es allem überhaupt erst erlaubt zu sein. Gurdjieffs mitreißende Vision eines einzigen, aufwändig verwobenen kosmischen »selbsterhaltenden Systems«, in dem alles seine einzigartige Funktion auszuüben hat, scheint mir noch immer ein weitaus wirksameres Mittel zur Anregung eines wahren menschlichen Gewissens zu sein als die tradierten theologischen Modelle, welche die totale Selbstgenügsamkeit Gottes und folglich die »Grundlosigkeit« unseres menschlichen Hierseins unterstreichen.

Meine eigene Antwort bedient sich der theologischen Sprache – doch hoffentlich nicht in einer Wiederauflage der gleichen alten Drehbücher. Ich möchte direkt mit der Frage starten: Welche Rolle spielt die »Grobstofflichkeit« in der Gesamtdynamik der Manifestation? Was steuert sie zu dem Mix bei, das ohne sie fehlen würde oder nicht auszudrücken wäre? Ich erlaube mir, den Zugang zu dieser Frage mittels einer Geschichte zu erleichtern. Eigentlich ist es nicht bloß eine Geschichte, sondern auch ein Bild, das sich mir während ganz außerordentlicher fünfzehn Minuten eines Konzerts, das ich vor vielen Jahren besuchte, eingebrannt hat.

An jenem Nachmittag hatte ich mit einer Freundin das Delaware Art Museum besucht, um das de Pasquale Streichquartett zu hören, das ein Beethoven-Programm darbot. Diese vier Brüder – William (erste Geige), Robert (zweite Geige), Joseph (Bratsche) und Francis (Cello) – gehörten zur ersten Besetzung des Philadelphia Orchestra oder mit anderen Worten zu den besten Streichern der Welt. Sie wollten ganz offensichtlich ein Zeugnis ihres Könnens abliefern, denn auf dem Programm stand auch das schwierige Opus 132. Dieses exquisite Streichquartett ist eines von Beethovens Spätwerken, dessen dritter Satz als nahezu unspielbar gilt. Etwa fünfzehn Minuten lang steigert er seine Wirkung wie der Vollmond über dem Meer, der immer heller leuchtet entlang einer Bahn von derartiger Feinheit, dass sie nahezu jede menschliche Meisterschaft übersteigt. Ein ehrgeiziges Quartett wird diesen Satz fast zwangsläufig entweder allzu »yang« spielen, also wie ein Sattelschlepper, der über einen Golfplatz donnert, oder allzu »yin«, womit es das feinere innere Momentum verpasst und das Ganze in einen Brei verwandelt.

Nach drei elektrisierenden Minuten in diesem Satz war es klargeworden, dass sie es schaffen würden. Sie trafen genau die richtige Stimmung und spielten auf Messers Schneide mit einer scheinbar mühelosen Intensität. Die sich kontinuierlich aufbauende Kraft verschmolz Publikum und Musiker zu einem einzigen Strom kristalliner Aufmerksamkeit. Der Raum knisterte vor Spannung; die Erregung wurde immer spürbarer.

Seltsamerweise schienen die Gebrüder de Pasquale mit dem Anwachsen der Energie immer ruhiger zu werden und sich in einer Art laserähnlichen Stille zu bündeln. In ihren Gesichtern zeigten sich keinerlei Gefühle, keine einzige äußerliche Geste – nur das sanfte Spiel ihrer Hände auf den Saiten und ein gelegentlicher Wimpernschlag. Sie waren buchstäblich vor der Musik »dahingeschmolzen« und zogen mit dem Mut ihrer bloßen Präsenz und ihrer jahrelang kumulierten Erfahrung die Blitze vom Himmel herunter. Damals wusste ich nicht, von was genau ich dort Zeugin wurde, doch ich spürte, wie dessen Kraft bereits anfing, in mir zu wirken. Ich hatte keine Ahnung davon, dass die musikalische Ikone, zu der sie in diesem zeitlosen kurzen Moment für mich geworden waren, sich zu einem der Ecksteine meines eigenen theologischen Verständnisses entwickeln sollte.

Im Grunde genommen glaube ich, dass es *genau das* ist, was wir beitragen, was die Gabe der Grobstofflichkeit beisteuert: nämlich das heilige Verneinen, die zweite Kraft, die Gravitas, also die »Schwere«. Der Mut der Form, die den Blitz vom Himmel herunterholt. Licht, sagt man, sei im Weltall dunkel, bis es auf ein Objekt trifft; vielleicht ist es das, was Endlichkeit und Begrenztheit beitragen. Der Reiz der Materialität liegt darin, dass sie es einem Etwas ermöglicht, sich zu *materialisieren,* das heißt, ins Sein zu kommen, sich zu entfalten, seine eigene einzigartige Wesensart beizutragen zu diesem großartigen einen Aussprechen von Gottes Namen.

»Ich war ein verborgener Schatz und sehnte Mich danach, erkannt zu werden; also erschuf Ich die sichtbaren und die unsichtbaren Welten, auf dass Ich erkannt werde«, lautet einer der großen mystischen Aussprüche des Islams in einem Hadith *qudsī*[4] und drückt das uranfängliche Göttliche Sehnen nach Vertrautheit und Selbstoffenbarung aus, wodurch der kosmogonische Ball überhaupt erst ins Rollen gebracht wurde. Jede Welt entlang der Großen Seinskette ist nicht nur der nächste Schritt in einer mathematischen Reihe; sie ist eine Zusammenstellung ganz konkreter Bedingungen, die es einem besonderen Aspekt des Göttlichen Herzens ermöglicht, sich auszudrücken. Und in der Tat bedeutet das Wort *cosmos* im ursprünglichen griechischen Sinn »Ornament«. Wenn wir diese Welten nicht als Perlen an einer Kette, sondern als Kugeln an einem Weihnachtsbaum betrachten, können wir besser verstehen, wie jeder dieser kostbaren Kosmen wunderschön und einzigartig gefertigt ist, damit er einen bestimmten Aspekt des Göttlichen Sehnens, erkannt zu werden, hervorbringt. Die einzelnen Glieder der Kette fallen weg, und wir stehen wie die Kinder am Heiligabend verzaubert von diesem ganzen Wunder.

Lassen Sie uns den Beitrag der besonderen Weihnachtskugel namens Mi oder *mixtus orbis* ein wenig genauer betrachten. Wir wissen, dass die achtundvierzig Gesetze, nach denen unsere Ebene des Daseins offenbar geregelt ist, für eine ziemlich dichte Reihe von Konstruktionsgegebenheiten sorgen, welche die Mehrheit von uns die meiste Zeit über als einigermaßen irritierend empfindet. Doch die möglicherweise noch schwerere Last, die wir zu tragen haben, ist das permanente quälende Gefühl, dass wir hier tatsächlich in zwei Welten gleichzeitig spielen, die zueinander in einem fast konstanten Spannungsverhältnis stehen. Wir empfangen hier Wohltaten; doch wir haben auch ein Kreuz zu tragen. Die große Weise Helen Luke sagt: »Ganzheit wird geboren aus der Akzeptanz des Konflikts zwischen dem Menschlichen und dem Göttlichen in der individuellen Psyche«,[5] und unterstreicht damit, dass dieser Konflikt, dem wir derart viel Lebenszeit des Verdrängens, Verschleierns und Davonlaufens widmen, tatsächlich existiert. Nicht nur die

4. Die Hadithe sind die überlieferten Aussprüche des Propheten Mohammed, die neben dem Koran eine der wichtigsten Quellen islamischer Religiosität und Spiritualität bilden. Als *ḥadīth qudsī* (»heiliger Hadith«) wird ein Spruch bezeichnet, in dem Gott selbst durch den Mund Mohammeds spricht [A.d.Ü.].

5. Helen Luke: *Old Age*, New York: Parabola Books, 1987, Seite 95.

Heiligen unter uns, auch die Sünder finden sich festgebunden an »dem Punkt, wo die Zeit das Zeitlose kreuzt« und unsere unendlichen Sehnsüchte gefangen sind in unseren endlichen Körpern. Es ist das Gefühl der Zweiheit, das wir nicht loswerden und das vielleicht wirklich jenen axialen Metaphern für »Exil« und »Sündenfall« zugrunde liegt. Unter der Bedingung dieser Beengtheit fällt die Arbeit nicht leicht.

Doch was wäre, wenn es sich hierbei gar nicht um einen Fehler handelt? Wenn es keinen Sündenfall gibt? Was, wenn dieses frustrierende Arrangement genau die richtigen Bedingungen für den Ausdruck von etwas bereitstellt, das auf keine andere Art und Weise ausgedrückt werden kann? Was, wenn es eine Quintessenz des Göttlichen Herzens gibt, die sich nur unter genau diesen Bedingungen enthüllen kann, nur unter dieser Anspannung, wie der einer Cello-Saite zwischen den Wirbeln von Himmel und Erde? Und falls dem so ist, was mag diese Quintessenz sein?

Was wäre, wenn es die Liebe ist? Nicht wahr, auf diese Weise darüber zu denken, wird uns normalerweise nicht beigebracht. »Gott ist Liebe«, ist praktisch das Erste, was wir in den Sonntagsschulen lernen, und soll uns als vollständige Erklärung für die geschaffene Ordnung ausreichen. Aus dem Glanz der Göttlichen Liebe kommt die sichtbare Welt hervor und spiegelt unvollkommen eine Eigenschaft wider, die in der Göttlichen Vollkommenheit bereits existiert. Doch wenn mir die sieben Jahrzehnte meines Lebens mit dem christlichen Mysterium irgendetwas gebracht haben, dann die wachsende Klarheit darüber, dass die Liebe nicht das Alpha ist; sie ist das Omega. Die Agape oder Göttliche Liebe, von der universell angenommen wird, sie sei der Ausgangspunkt für die Schöpfung, ist in Tat und Wahrheit nicht der Anfang. Sie ist die Frucht einer langen transformativen Reise, deren Nadelöhr sich genau hier befindet, direkt an diesem Schockpunkt des Mi–Fa-Übergangs.

Die Mystiker haben natürlich schon lange etwas Derartiges geahnt. Ich habe bereits über Jakob Böhmes brillante Eingebung gesprochen, dass der »Eindruck des Nichts ins Etwas« nicht zustande gebracht werden kann, ohne dass wir wie Odysseus unseren Kampf zwischen der Szylla der Beengtheit und der Charybdis des Begehrens aufnehmen. In jenen ersten uranfänglichen Bewegungen, durch die die »Unergründliche Einheit« sich selbst in »Empfindligkeit [Wahrnehmung] und Schiedlichkeit [Unterscheidbarkeit]«, wie Böhme es nennt, manifestiert, kommt die Agape nicht zu ihrem Glanz, es kommt nur zu Einschnürung, Kompression und Verlangen. Die Unergründliche Einheit beginnt ihre Reise in die Form mit einer fundamentalen Selbstanspannung und verdichtet das einzige »Rohmaterial«, das bis dahin zur Verfügung steht – den Göttlichen Willen –, zu »magnetischem Hunger«,[6] (der an diesem Punkt unersättlich ist, da noch nichts existiert, mit dem die Unergründliche Einheit ihre Begierde stillen könnte), sodass innerhalb der Göttlichen Einheit ein Strom zu fließen beginnt, der letzten Endes alle Dinge in den Strudel des Seins hineinzieht. Die so erzeugte Strömung, die sich nun als die fundamentale Schöpfungskraft in Welt 6 ergießt, ist nicht die Agape, sondern der Eros, das pure kreative Feuer von Anziehung und Begehren. Mystiker aus allen Zeitaltern haben gespürt, wie diese erotische Kraft durch den ganzen Kosmos strudelt und pulsiert, nicht nur als dessen Verlangen zu beleben, sondern als dessen grundlegendes Strukturprinzip.[7] Doch damit sind wir noch nicht bei der tiefsten und ausgereiftesten Verwirklichung der Liebe selbst, noch nicht bei der allerintimsten Offenlegung dessen, was im Göttlichen Herzen verborgen liegt.

Das »grobstoffliche Material«, das zu dieser Verklärung des Eros beigetragen wird, ist unsere eigene Endlichkeit und Begrenztheit. Erst wenn die Liebe in die Konstruktionsgegebenheiten dieser Welt eintritt und auf die Einschränkungen von Wahl, Endgültigkeit, Trennung, Tragödie, Verrat und Kummer trifft, beginnen ihre zartesten und erlesensten Facetten in Erscheinung zu treten – Eigenschaften wie Standhaftigkeit, Zartheit, Verbindlichkeit, Nachsicht, Treue und Vergebung. Diese reiferen und feineren Spielarten der Liebe machen in einer Welt, in der alles einfach nur fließt, noch keinen Sinn. Erst auf der Zahnstange der Zeit treten sie hervor – und nur im erwachten menschlichen Herzen, das gewillt ist, die Bedingungen als absichtsvolles Leiden bewusst zu ertragen. $A = e \times k$ lautet meine eigene alchimistische Formel für diesen Vorgang, wobei a = Agape, e = Eros und k = das kenotisch ergebene Herz ist (von »Kenosis«, dem griechischen Begriff, den der heilige Paulus in seiner bekannten Hymne in Philipper 2.5–11 verwendet – »Denn ihr sollt so gesinnt sein, wie es Christus Jesus

6. Jakob Böhme: *Clavis,* Seite 233.

7. Dazu, wie Teilhard mit Liebe als einem kosmogonischen Prinzip arbeitet, siehe Cynthia Bourgeault: *Love Is the Answer, What Is the Question. Selected Writings and Talks,* Darien, CT: Northeast Wisdom, 2018, Seiten 1–6.

auch war« –, um das radikale Nichtverhaftetsein zu vermitteln, das die Essenz der Gesinnung Christi einschließt.)[8] Wenn diese Tiefe der Ergebung der wogenden Kraft des Eros dargeboten wird, beginnt die unbeschreibliche Musik zu erklingen.

Ist es einfach nur ein weiterer dieser glücklichen imaginativen Einfälle, dass der Name de Pasquale »österlich« bedeutet? Denn sicherlich liegt dieselbe alchimistische Formel auch im Kern jenes einen großen Mysteriums: »Denn Gott hat die Welt so sehr geliebt, dass Er Seinen einzigen Sohn hingab« (Johannes 3.16). Natürlich hätten auch andere Möglichkeiten bestanden: »Oder meinst du, ich könnte meinen Vater nicht bitten, und Er würde mir sogleich mehr als zwölf Legionen Engel schicken?« (Matthäus 26.53), sagt Jesus, als die Soldaten beim Garten Gethsemane eintreffen, um ihn festzunehmen. Doch so wäre das Nadelöhr umgangen worden. Wenn hier, in der Dichte von Welt 48, genau der Ort ist, an dem die Quintessenz des Elixiers der Agape extrahiert werden muss, dürfen diese Bedingungen nicht ignoriert werden, sondern müssen *eingehalten* werden – sozusagen mit der Bereitwilligkeit des Fließens und der höheren Leuchtkraft, die typisch sind für Welt 24 –, damit der Schmelztiegel der Transformation hier ertragen werden kann und er nicht unseren Geist bricht. Für mich ist dies die imaginative Bedeutung des Ostergeheimnisses. Unser Gemeinsamer Vater liebt diese Welt wirklich, weil hier das rastlose Treiben und Schäumen dieses Meeres zur Ruhe kommt und wir in der Stille die ruhige, leise Stimme der Liebe hören.

Dies ist für mich auch die wahre Charta des Bewussten Kreises der Menschheit. Wir sind aufgerufen, über die Wasserscheide der Endlichkeit und Begrenztheit hinweg zu arbeiten – nicht, weil die Bedingungen hier auf der dichteren Ebene falsch wären, sondern weil sie *hart* sind. Hier wird Hilfe benötigt, und diese wird großzügig und dankbar gewährt. Weil das, was wir hier zurückgeben, wie winzig und wie ungeschickt – so nehme ich an – dieser Beitrag auch immer sein mag, tatsächlich jener »verborgene Schatz« ist, um dessentwillen die gesamte geschaffene Ordnung ins Sein kam.

8. Für eine ausführlichere Diskussion der Spiritualität der Kenosis siehe insbesondere CYNTHIA BOURGEAULT: *Centering Prayer and Inner Awakening,* Cambridge, MA: Cowley Publications, 2004, Seiten 83–88; sowie dieselbe: *Jesus: Meister der Weisheit,* Xanten: Chalice Verlag, 2020, Seiten 80–94; und dieselbe: *Das Gebet der Sammlung und die Achtsamkeit des Herzens,* Xanten: Chalice Verlag, 2021, Lektion 7, »Die Gesinnung Christi annehmen«, und Kapitel 3.

«Apprivoiser» – besänftigen

Wie sähe der Schöpfungsstrahl aus, wenn wir ihn in chiastischer Gestalt mit der Agape in seinem Epizentrum neu zeichnen würden? Lassen Sie mich kurz einige der vielleicht überraschendsten Symmetrien beleuchten, welche in dieser neuen visuellen Anordnung hervorgehoben sind. Zuerst fällt uns auf, wie der innere Kreis – von Mi (Welt 48) und Sol (Welt 12) – das imaginative Epizentrum des Fa (Welt 24) umschließt. Die drei bilden gemeinsam die *Sphäre des Persönlichen,* deren hauptsächliche Funktionen im großen Trogoautoegokraten das Erzeugen und der Erhalt der Agape sind, also der umgewandelten rohen, demiurgischen Kraft des

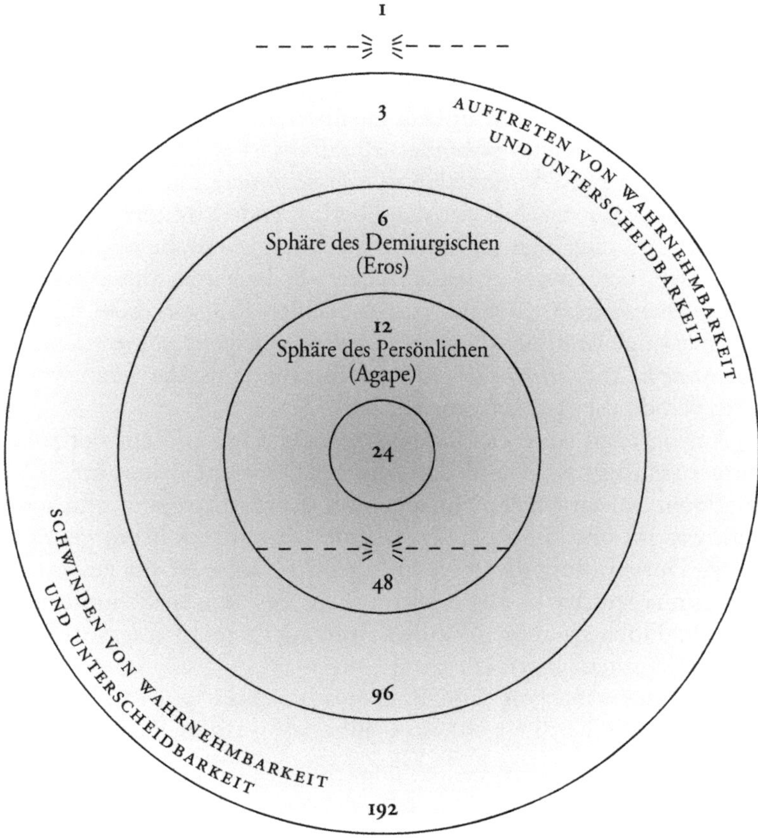

Eros. In vorangegangenen Kapiteln habe ich bereits auf diese Sphäre als den mystischen Leib Christi verwiesen.

Vielleicht haben die traditionellen hierarchisch strukturierten metaphysischen Karten den Wert der persönlichen Reiche nicht hinreichend gewürdigt; auf diesen erscheinen sie als eine Zwischenzone zwischen dem Gefühl- oder Empfindungslosen und den höheren Verwirklichungen, die in den vermutlich unpersönlichen Bandbreiten angesiedelt sind. Im Hinblick auf das größere kosmische Gleichgewicht und insbesondere auf die *Göttliche* Selbstverwirklichung, von der wir bereits sprachen (»Ich war ein verborgener Schatz und sehnte Mich danach, erkannt zu werden«), legt die Verschiebung der Persönlichkeitsreiche ins chiastische Zentrum jedoch das allergrößte Gewicht auf die wahre Teleologie, die hier am Werk ist. Was auch immer sich in der zentralen Sphäre manifestiert, ist das, was die gesamte Struktur ins Gleichgewicht bringt.

In Saint-Exupérys kostbarem *Kleinen Prinzen* findet sich ein wunderbares Gespräch zu einem Thema, dessen französischer Ausdruck *apprivoiser* nicht einfach zu übersetzen ist. Üblicherweise wird dafür »zähmen« verwendet; allerdings ist zu beachten, dass es nicht unbedingt »domestizieren« (*domestiquer*) meint. Vielmehr lässt *apprivoiser* verschiedene sich überlappende Konnotationen zu: besänftigen, umgänglicher machen, sich kümmern, besonders fühlen lassen, sich etwas vertraut machen. »Es bedeutet, eine Bindung einzugehen«, erklärt der Fuchs dem kleinen Prinzen; dann fügt er das mächtige Argument hinzu: *«Tu deviens responable pour toujour de ce que tu as apprivoisé»,* »Du wirst für immer für das verantwortlich, was du dir vertraut gemacht hast.«[9]

Analog dazu wäre der innere Kreis der Ort, an dem der rohe Eros besänftigt wird und das, was zum Vorschein kommt, jene sanfteren Spielarten der Fürsorge und der Zartheit sind und dessen, was im und durch diesen Akt des Kümmerns hervorgerufen wird. Der Einfluss dieser besänftigenden Zone ist im gesamten Chiasmus spürbar – das heißt entlang des ganzen Schöpfungsstrahls. Doch ist dieser Einfluss nun nicht mehr nur vorübergehend, sondern zentral.

Die Erkenntnis von Saint-Exupérys französischem Landsmann, Teilhard de Chardin, geht, so glaube ich, in dieselbe Richtung,

9. Es ist etwas Wunderbares, die dritte Seligpreisung Jesu in dieser Übersetzung »der Sanftmütigen« auf eine ganz neue Art zu hören: »Selig sind, die besänftigt [oder: sich vertraut gemacht] haben; denn sie werden das Erdreich besitzen.«

wenn er in *Der Mensch im Kosmos* in einer seiner eindrücklichsten Reflexionen schreibt:

> Wie oft hat nicht die Kunst, die Poesie und sogar die Philosophie die Natur als eine Frau mit verbundenen Augen geschildert, die zermalmte Existenzen mit ihren Füßen zu Staub tritt... Eine erste Spur dieser scheinbaren Härte drückt sich schon in der Verschwendung aus. Wie die Heuschrecken Tolstois schreitet das Leben über eine Brücke von angehäuften Leichen. [...] *Das* Leben ist wichtiger als *die* Leben, hat man sagen können. [...] In dem Maße, wie die allgemeine Bewegung des Lebens sich reguliert, sucht der Konflikt, trotz periodisch wiederkehrender Kämpfe, sich zu lösen. Doch bis ans Ende macht er sich grausam kenntlich. Erst auf dem Gebiet des Geistes, wo die Antinomie ihren Paroxysmus erreicht, der auch als solcher empfunden wird, hellt diese Antinomie sich auf; und die Gleichgültigkeit der Welt für ihre Elemente wandelt sich in der Sphäre der Person zu unbegrenzter Fürsorge.[10]

Wieder haben wir es hier mit derselben intuitiven Erkenntnis zu tun: dass die Sphäre des Persönlichen – insbesondere, wenn dieses im vollständig erwachten und ergebenen Herzen seine Reife erlangt – im Epizentrum eines grundlegenden kosmogonischen Prozesses liegt. Indem wir uns durch die konzentrischen Kreise unseres Diagramms nach außen bewegen, zeigt sich deutlich, wie dieser Prozess aussieht. Die Welten 6 und 96 halten sich die Waage und umfassen einen größeren (jedoch ursprünglicheren) Bereich, in welchem der nicht-transformierte Eros herrscht und die pure Generativität oder Zeugungskraft das Gebot der Stunde darstellt.[11] Im nächstäußeren Ring halten sich auch die Welten 3 und 192 die Waage, wobei Welt 3 das erste Auftreten von Wahrnehmbarkeit und Unterscheidbarkeit aus der uranfänglichen Qual ankündigt und Welt 192 die Rückkehr zu dieser uranfänglichen Qual markiert, wenn Wahrnehmbarkeit und Unterscheidbarkeit in der unendlich dichten Einheit schwinden.

10. Pierre Teilhard de Chardin: *Der Mensch im Kosmos,* Seiten 106–107.

11. Diese Aussage mag auf den ersten Blick befremdlich anmuten, da Welt 96, wie wir sie beschrieben haben, durch Gefühl- und Empfindungslosigkeit, Starrheit und zunehmender Mechanistik gekennzeichnet ist. Doch aus Gurdjieffscher

Letztendlich schwimmt der ganze Chiasmus in Welt 1: der endlosen, unerkennbaren, nicht geschaffenen Unergründlichkeit, die sowohl heutige Astrophysiker als auch Mystiker größtenteils als den Gleichgewichtszustand eines Kosmos begreifen, der aufgrund seiner Weite weder vom Verstand noch mit dem Herzen erfasst werden kann.

Eine winzige Oase in einem unergründlichen Meer, gewiss. Doch ich bin mir sicher: Dieser innere Kreis um das Fa herum, der in sich die Vorgaben des grundlegenden Gesetzes der Drei erfüllt (»Das Höhere verschmilzt mit dem Niederen, um gemeinsam ein Mittleres zu verwirklichen«), ist das Reich des Imaginativen, und dieses ist das wahre Epizentrum des christlichen Geheimnisses.

Persönliche Transformation in einer Welt, in der alles zu etwas gehört

Ich habe bereits die folgende scharfsinnige Beobachtung von Helen Luke erwähnt: »Ganzheit wird geboren aus der Akzeptanz des Konflikts zwischen dem Menschlichen und dem Göttlichen in der individuellen Psyche.« Stimmt meine Prämisse, dass das, was hier in diesem herausfordernden Tanz zwischen den Reichen geschieht, genau das ist, was es zur Erfüllung größerer kosmischer Zwecke braucht, ändert dies auch die Art und Weise, wie ich die Beziehung zwischen meinem Welt-24-Selbst und meinem Welt-48-Selbst verstehe. Wenn es ein Tanz ist, braucht es beide Partner.

In meiner Erörterung der spirituellen Praxis habe ich in diesem Buch bisher vor allem die non-dualen Wege empfohlen, die zum harten Kern der Transformationsweisheit gehören und gemäß denen die imaginative Transformation ein Transzendieren des narrativen oder phänomenalen Selbsts als dem Sitz der Selbstheit verlangt. Und ich stehe zu dieser Lehre. Das Überschreiten dieser Mi–Fa-Schwelle – und ganz gewiss die volle Mitwirkung im Bewussten Kreis – erfordert eine Stabilisierung des bezeugenden Selbsts. Das narrative Selbst ist *ausschließlich* ein Produkt der Kau-

Perspektive ist Welt 96 auch das Re oder der Mond, der sich in aktiver Entwicklung befindet – ja sogar die sich am aktivsten entwickelnde Region im Megalokosmos ist – und sein Leben aus der Biosphäre speist mittels genau jener Mechanistik und Empfindungslosigkeit, die im menschlichen Reich dem Tod gleichkommt.

salität von Welt 48 und verfügt weder über selbstständiges Bewegungsvermögen noch über eine permanente Identität jenseits der Grenzen seiner unmittelbaren Konstruktionszone. Das mag eine harte Wahrheit sein, doch besser man hört sie jetzt als erst später.

Im Licht des hier untersuchten Modells halte ich es jedoch für möglich, eine Aussage hinsichtlich der Beziehung zwischen diesen beiden Teilen unserer Selbstheit zu treffen, die in der traditionellen spirituellen Psychologie häufig keine Beachtung findet. In diesen herkömmlichen Modellen wird die Arbeit, die vor uns liegt, häufig beschrieben als eine »Demontage« der phänomenalen Persönlichkeit, die häufig auch als das »falsche Selbst« bezeichnet wird (es fällt leichter, etwas demontieren zu wollen, was man bereits als falsch beurteilt hat). Die uralte Antinomie zwischen dem wahren und dem falschen Selbst, zwischen dem alten und dem neuen Menschen (heiliger Paulus) und zwischen dem Ego und dem Selbst hat das Spielfeld der Transformation zu einem »spirituellen Schlachtfeld« überpolarisiert. Aber dies ist, wie bereits gesagt, eine Verwechslung der Ebenen. Diese zwei Selbstheiten leben konstruktionsbedingt in uns, denn sie bilden das Amphibienfahrzeug, das ausdrücklich benötigt wird, um die imaginative Gezeitenzone zu befahren. Stehen sie in der richtigen Beziehung zueinander, werden sie uns bei unserer wahren menschlichen Aufgabe helfen, die darin besteht, die Welten 24 und 48 zu einem einzigen fließenden »Himmelreich« zu verweben.

Gurdjieffs Sicht auf dieses Thema ist, wie immer, einzigartig. Auch er unterscheidet zunächst einmal zwischen diesen beiden Aspekten der Selbstheit (oder unseres »Wesens«), welche er »Essenz« (oder »Wesenskern«) und »Persönlichkeit« nennt. Essenz ist das, womit wir geboren werden, Persönlichkeit ist das, was wir uns durch Erziehung und kulturelle Konditionierung aneignen. Das Letztere ist in diesem Sinne also offenkundig »nicht wir«, und dass wir das kulturell geschaffene Scheinbild mit der echten Sache verwechseln, ist der vorrangige und vielleicht schwerwiegendste Fehler auf unserer menschlichen Reise. Solange wir nicht erwachen, diesen Fehler klar erkennen und wirksame Maßnahmen zu dessen Korrektur ergreifen, werden wir einfach in einem Traum »von uns« durch unsere Tage treiben.

Sein nächster Schritt ist allerdings überraschend. Statt einfach in den vertrauten Chor mit einzustimmen, dass unsere Persönlichkeit demontiert werden müsse, behauptet er, sie sei die notwendige

»Nahrung« für das *Wachstum* der Essenz oder des Wesenskerns.[12] Für Gurdjieff gibt es kein Zurück zu einem vermeintlichen uranfänglichen »wahren Selbst«, und der »Wesenskern« ist noch nicht das »wirkliche Ich«. *Und ohne diesen aktiven Beitrag vonseiten der Persönlichkeit wird der Wesenskern auch nicht wachsen.* Nur indem wir uns herauswagen, uns die Fertigkeiten aneignen, das nötige Rüstzeug entwickeln und das Risiko eingehen, treten wir in den transformativen Prozess ein, der irgendwann das »wirkliche Ich«

12. Die Beziehung zwischen Wesenskern und Persönlichkeit ist tatsächlich ein bisschen komplizierter, als ich es hier dargelegt habe; einiges dieser Kompliziertheit ist auf Gurdjieff selbst zurückzuführen. Roger Lipsey, der Autor der Biografie *Gurdjieff in neuem Licht* (Xanten: Chalice Verlag, 2020) erklärte mir in einem privaten Schreiben vom 24. Februar 2019 sehr hilfreich:

> In Gurdjieffs Lehren gibt es zwei Bedeutungen für das Wort »Essenz« [oder »Wesenskern«], die alles andere als identisch sind. Die erste Bedeutung finden wir in Ouspenskys Buch *Auf der Suche nach dem Wunderbaren* [Seite 364], wo Gurdjieff zwischen Wesenskern und Persönlichkeit unterscheidet und betont, dass der Wesenskern in einem Erwachsenen wie derjenige eines fünf- oder sechsjährigen Kindes sein kann: unentwickelt. Er ist unser bestes Potenzial; er ist das, was wir wirklich sind oder sein können – doch in vielen Menschen ist er unentwickelt. In Gurdjieffs Hauptwerk, *Beelzebubs Erzählungen für seinen Enkel* [Seite 598], ist die Bedeutung eine vollkommen andere: Das beste Beispiel ist die Figur des Aschiata Schiämasch, der »das Wesen liebt«, doch es gibt viele weitere. Hier bezieht sich »das Wesen« auf die vollständig entwickelte Fähigkeit zu Vertrauen, Liebe, Hoffnung und Gewissen, was impliziert, dass das Wesen um das größere Ganze weiß, sich des kosmischen Ganzen bewusst ist, dem es angehört: also eine Zugehörigkeit zumindest zu Welt 24, wenn nicht sogar zu Welt 12.

In meiner eigenen Erklärung beziehe ich mich, wie unschwer zu erkennen ist, stärker auf die erste Bedeutung, jedoch mit gebührendem Respekt für den oft zitierten Gurdjeffschen Aphorismus: »Hinter der Persönlichkeit steht der Wesenskern, hinter dem Wesenskern steht das ›wirkliche Ich‹ und hinter dem ›wirklichen Ich‹ steht Gott.« Die Gefahr in diesem Aphorismus liegt darin, dass die ganze Beziehung hier etwas allzu einfach erscheint, mit dem »wirklichen Ich« als lediglich der nächsten Stufe in einer linearen Progression, was es offensichtlich nicht ist.

Ich könnte versuchen, dieses Rätsel zu lösen, indem ich Wesenskern und »wirkliches Ich« mittels des Gesetzes der Drei zueinander in Beziehung bringe, in voller Anerkennung eines zugrunde liegenden trogoautoegokratischen Prozesses, in welchem Aufwärts- wie Abwärtsübertragung ihren eigenen Stellenwert haben. Falls der Wesenskern als die erste Kraft funktioniert, Endlichkeit oder Begrenztheit als die zweite (so, wie wir es in diesem Kapitel erörtert haben) und bewusste Arbeit als die dritte, dann kommt aus deren verwobenen Dynamik das »wirkliche als seine imaginative Frucht liefert. Ein Mensch, der einen reichen Wesenskern besitzt, aber kein starkes Vehikel entwickelt hat, um ihm in dieser Welt Ausdruck zu verleihen, ist in Gurdjieffs Worten ein »dummer Heiliger«. Der Mut, diese Wende nach außen zu vollziehen und echte Spielerinnen und Spieler in Welt 48 zu werden, ist absolut erforderlich, wenn wir uns, so wie es die de Pas quale Brüder in jenem Konzert getan haben, in den vollständigen Dienst der unbeschreiblich schöneren Musik stellen wollen, die auf unserem zerbrechlichen menschlichen Bogen erklingen möchte.

Das bedeutet, dass wir unserem phänomenalen Selbst nicht »entwachsen«. Solange wir in diesem körperlichen Leben sind, ist es unser Instrument, die Geige, die wir spielen, um die himmlische Musik erklingen zu lassen. Wir sprechen durch dieses Instrument, handeln aus ihm heraus, pflegen es und tun unser Bestes, damit es in spielbarem Zustand bleibt. Dagegen anzugehen, ist völlig sinnlos und ganz und gar unproduktiv. Integrative Arbeit auf der psychologischen Ebene ist eine wichtige und permanente Aufgabe einer guten »Selbstdisziplin«, um unser Niveau zumindest in Welt 48 zu halten. Das Einzige, was sich ändert, wenn wir die bezeugende Selbstheit erlangt haben, ist, dass wir nun hauptsächlich *darin* leben; das phänomenale Selbst hat seine Allüren verloren, es sei der Sitz unseres Wesens. Wenn es schließlich als das erkannt wird, was es ist, nämlich ein kostbares und dienliches Instrument – wie eine Geige in den Händen einer der de Pasquales –, ist es befreit, seine Sache so brillant, so leidenschaftlich und auf eine solch besondere Weise zu erfüllen, wie es nur ein begrenztes Selbst kann.

Und der verborgene Schatz wird endlich erkannt.

Ich« – immer als eine imaginative Stofflichkeit – als das Neuentstehende zum Vorschein. Es ist eine Progression, jedoch keine lineare, denn sie manifestiert sich unter einer nicht-linearen Kausalität. Aus der Perspektive des Trogoautoegokraten ist das »wirkliche Ich« das, was erscheint, wenn der Wesenskern – der »von den Sternen stammt«, wie Gurdjieff gerne sagte – im läuternden Feuer der Endlichkeit gehärtet und besänftigt und als »Nahrung« für die höheren Reiche nach oben gereicht wird.

Der Haken ist natürlich der, dass im gewöhnlichen Verlauf der menschlichen Angelegenheiten der Wesenskern von den Agenden und Dramen der Persönlichkeit bestimmt wird. Je mehr Persönlichkeit zu »Nahrung« für den Wesenskern wird, desto stärker wird der Wesenskern zum wahren Vorstand des inneren Haushalts werden. Er betritt das Spielfeld als echter Spieler, und die Arbeit der inneren Transformation beginnt wirklich.

Acht

Der Bewusste Kreis der Menschheit

EIN ALTER CHASSIDISCHER VOLKSGLAUBE BESAGT, DASS unsere Welt zu jedem Zeitpunkt von sechsunddreißig bewussten Menschen in ihrer planetaren Umlaufbahn gehalten wird. Weder kennen sich diese Menschen untereinander, noch wissen sie, ob sie selbst tatsächlich zu dieser Gruppe gehören. Doch die Qualität ihrer Arbeit, die wie Weihrauch in die Erdatmosphäre aufsteigt, erzeugt ein robustes Band des Schutzes, des Segens und der Führung oder Unterweisung rund um unseren fragilen Planeten.

Das ist der Kern der Idee vom Bewussten Kreis der Menschheit, wie Rafe sie aus seinem Studium von Gurdjieffs Schriften herausgelesen hatte und an mich weitergab. Er war von dieser Idee absolut elektrisiert. In unseren Gesprächen kam er wieder und wieder darauf zurück; sie war das Ziel seines Strebens wie auch die Erklärung für die wilde Entschlossenheit seiner Suche. Sie war auch die Brille, durch die er unsere Beziehung sah und mit der er zu begreifen versuchte, worauf wir beide eigentlich aus waren. Er sehnte sich nach einer Vollmitgliedschaft in diesem Kreis, und ich glaube tatsächlich, dass er es geschafft hat. Ansonsten wäre nichts von dem, worüber ich auf diesen Seiten schreibe, je geschehen.

Wie so vieles, was Rafe wusste, hat seine Version vom Bewussten Kreis der Menschheit etwas von einem Amalgam: Die Lehre Gurdjieffs sickerte durch den Filter seiner eigenen Intuition. Das mag Gurdjieff-Puristen entsetzen, doch es ist der Pfad, wie Rafe ihn verstand; er führte mich auf ihm und setzte ihn auch nach seinem physischen Tod unerschütterlich fort. Es ist der Weg, den wir während unserer gemeinsamen menschlichen Zeit zusammen beschritten und den wir in der heutigen Phase unserer Arbeit weiterhin miteinander erkunden und uns gegenseitig darlegen[1] – das Geben und Nehmen zwischen uns beiden ist so stark und fließend,

1. Ich kann mir vorstellen, dass einige von Ihnen an diesem Punkt besorgt sind, ich könnte Rafe lediglich »channeln«, es also seiner Präsenz (oder meiner rekonstruierten Erinnerung an seine Präsenz) erlauben, meinen eigenen Willen

wie es immer war. Da es nun im Wesentlichen an mir ist, seine Vision weiterzutragen (so wie meine Vision auch die seine ist), und weil wir ganz ohne Zweifel den Rest unserer Leben, in welchen Welten diese sich auch immer abspielen mögen, damit verbringen werden, den Wahrheiten in den Ansichten des jeweils anderen auf den Grund zu gehen, lassen Sie mich hier einfach versuchen, weiter in der Richtung voranzuschreiten, die wir uns gegenseitig gewiesen haben.

Der Bewusste Kreis der Menschheit ist im Wesentlichen eine intensive Zone des imaginativen Austausches, in der sich fortgeschrittene Wesen von beiden Seiten der Wasserscheide zwischen dem Formhaften und dem Formlosen über die Reiche hinweg die Hand reichen – das heißt, die einen befinden sich noch in ihren physischen Körpern, die anderen nicht mehr – zu einem gegenseitigen Austausch von Weisheit, Besänftigung, Segnung, Schutz und gelegentlichen Kurskorrekturen. Dieser Kreis lässt sich als eine Art »Bodhisattva-Bandbreite« betrachten, in der den besten Aspekten unseres menschlichen Altruismus von der anderen Seite her mit aufrichtigem Mitgefühl für unsere menschliche Notlage und mit kundigen Hilfsmitteln begegnet wird. Dies ist der Kreis von »ihr Wächter und ihr Heiligen« (*"ye watchers and ye holy ones"*, wie es in der alten christlichen Hymne heißt), die im Wechselgesang ihre gemeinsame Verpflichtung verkünden, alles, was hier in Bewegung gesetzt wurde, zu beschützen, aufrechtzuerhalten und zur Vollendung zu bringen.

Die ganze Idee ist grundlegend evolutionär, inkarnativ und kollektiv. Bei der Mitgliedschaft im Bewussten Kreis der Menschheit geht es nicht darum, aus unseren irdischen Verantwortlichkeiten zu entkommen, um in stärker vergeistigten Reichen persönliche Erleuchtung zu suchen. Vielmehr passt sie genau in die Gurdjieffsche Vorstellung des *gegenseitigen Ernährens;* und tatsächlich kann der Zweck des gegenseitigen Ernährens nur in diesem Rahmen verstanden werden. Wir haben gesehen, wie jedes Reich entlang des

und meine Stimme zu übersteuern. Doch dies ist absolut nicht der Fall; über diesen Aspekt schreibe ich ausführlich in meinem ersten Buch *Stärker als der Tod ist die Liebe,* insbesondere in den Kapiteln 12 und 13 (»Rafe nach seinem Tod« und »Entwickeln sich die Toten?«). Dort beleuchte ich meine absolut überraschende Entdeckung, dass dasselbe fließende Geben und Nehmen, das unsere Gespräche während unserer gemeinsamen menschlichen Zeit kennzeichnete, sich auf diese neue Konfiguration übertragen hat. Bewusste Liebe bleibt bewusste Liebe, ganz unabhängig davon, in welcher Welt sie gelebt wird.

Schöpfungsstrahls einen bestimmten und einzigartigen Satz von Konventionen liefert, der sowohl für dieses Reich allein Gültigkeit hat als auch für das dynamische Gleichwicht des Ganzen. Unsere irdische Ebene ist wirklich, stofflich und gut, und sie muss eine zentrale Rolle in der kosmischen Übermittlungskette spielen. Doch sie ist auch schutzbedürftig, weil sie anfällig dafür ist, ins Gravitationsfeld der niedrigeren Reiche (der Welten 96 und 192) zurückzufallen und so ihre Klarheit als die individuelle Note Mi zu verlieren, durch die der entscheidende Mi–Fa-Schock hindurch muss, damit die Aufwärts- und Abwärtstransformation entlang des Schöpfungsstrahls ungestört weitergeht. Unser *mixtus orbis* benötigt aktive Unterstützung, um fähig zu sein, die erforderliche Note halten zu können, deren Klang unbedingt gebraucht wird; auf sich allein gestellt, trifft es den Ton nie ganz genau.

So ist also der Bewusste Kreis der Menschheit im Wesentlichen ein Bereich des Dienens, wie es der Bandbreite eines Bodhisattva angemessen ist. Auch wenn wir vorwärtsschreiten, um sein größtes Geschenk zu empfangen, das ich mir ironisch als die »temporär permanente Individualität« vorstelle (mehr dazu im nächsten Kapitel), geschieht dies im vollen Wissen darum, dass dieses *Geschenk* keine Belohnung darstellt, sondern ganz einfach das notwendige Vehikel ist, durch das die Arbeit hier erledigt werden kann. Es wird unparteiisch gewährt und aus dem Grund, aus dem Geschenke auf dieser Ebene kosmischer Verantwortlichkeit immer gegeben werden: für den Dienst am Allgemeinen, nie für persönliche Leistung. Aufnahme in diesen Kreis zu erstreben oder zu erlangen, ist nie eine Errungenschaft – oder höchstens für die geistig Naivsten. Es ist eine tiefere und verbindlichere Form des Dienens.

Bedenken Sie, dass ich hier nicht vom Reich der Engel spreche, auch wenn man anfangs aufgrund unserer üblichen sentimentalen Vorstellung von solchen Dingen vielleicht diesen Eindruck gewinnen könnte. In unserer kitschigen Grußkartenversion des größeren kosmischen Lebens werden Engel häufig als persönliche Diener dargestellt, die herabgeflogen kommen, um uns zu helfen, die verlorenen Autoschlüssel wiederzufinden, oder uns vor persönlichem Schaden zu bewahren. Dies ist schon mal ein grundlegendes Missverständnis des Reichs der Engel, das tatsächlich das *kausale* Reich ist – Welt 6, drei Welten oberhalb der unsrigen –, dessen hauptsächliche Aufgabe darin besteht, die grundlegende logoische Architektur der Schöpfung als solcher zu beaufsichtigen. Und damit ist es ganz gewiss nicht die Abteilung für persönliche spirituelle Concierge-Dienste und auf keinen Fall die Ebene, mit der sich die Lehre, um die es hier geht, beschäftigt. Persönlich, beziehungsreich und höchstgradig auf *diese* Welt orientiert, weist der Bewusste Kreis der Menschheit die klassischen Merkmale eines Phänomens der Welt des Imaginativen auf und ist tatsächlich fest in der imaginativen Bandbreite verortet.[2]

Weisheitsschulen

Der Bewusste Kreis mag nicht die Domäne der Engel sein, ein Bereich der Weisheit ist er jedoch im höchsten Maße. Genau hier in der Bodhisattva-Bandbreite fließt die große Linie der Weisheitsschulen wie ein unterirdischer Fluss durch die Geschichte der Zivilisation, meistens unsichtbar, doch an die Oberfläche tretend, wann immer Kurskorrekturen und Führung nötig werden. Gurdjieffs Buch *Beelzebubs Erzählungen für seinen Enkel* präsentiert eine faszinierende Mikrogeschichte dieser Schulen, die dem Fluss der Weisheit folgt von seinem ursprünglichen Erscheinen auf dem verlorenen Kontinent von Atlantis, über jene »weisen Wesen« Ägyptens und Babylons, bis zur tragischen Geschichte des geheimnisvollen Aschiata Schiämasch, dessen brillantes aber kurzlebiges Programm zum Neustart des menschlichen Gewissens das chiastische Epizentrum von Gurdjieffs weitschweifendem Meisterwerk bildet. Wir finden hier Anspielungen auf Schulen im Tibet und in Zentralasien, und es ist offensichtlich, dass Gurdjieffs eigenes Sendungsbewusstsein sich in diesen größeren Fluss der Weisheitslinie einfügt.

Während Gurdjieff viele Details mit Absicht besonders bizarr darstellt, sind die von ihm erwähnten Schulen im Großen und Ganzen bekannt – von einigen wissen wir aus Legenden, von andere aus historischen Aufzeichnungen. Die Schulen Ägyptens, Babylons, der Chaldäer, von Pythagoras und Parmenides, der Zoroastrier und des Tibets sind historisch relativ gut dokumentiert und

2. Eine annähernde Entsprechung innerhalb eines christlichen Bezugsrahmens wäre die Gemeinschaft der Heiligen, wenn der Begriff in der herkömmlichen Art und Weise verstanden und nicht bloß auf jeden getauften Christen bezogen wird, sondern vielmehr nur auf jene besonders hoch Entwickelten, die namentlich angerufen und um Unterstützung und Ermutigung gebeten werden.

Hinweise auf sie finden sich in einigen der heiligsten Texte der spirituellen Welttraditionen, einschließlich des Alten Testaments. Wenn man sich erst einmal angewöhnt hat, nach ihnen Ausschau zu halten, fällt die wichtige gegenseitige Befruchtung zwischen diesen Schulen und dem entstehenden israelitischen Volk deutlich ins Auge. Irgendwann um 1700 vor Christus kommt der junge semitische Stammesangehörige Josef in Ägypten an, wo er bald vollständig eintaucht in die mächtigste Weisheitsschule der aufgezeichneten Menschheitsgeschichte – und tatsächlich entsteht buchstäblich »aus Ägypten heraus« zwei Jahrhunderte später das Volk Israel. Weitere sechs Jahrhunderte danach gelangt dieses durch die babylonische Gefangenschaft und die anschließenden vierzig Jahre des Exils erneut in den Einflussbereich der damals höchstentwickelten Weisheitsschule, aus dem es zurückkehrt mit den »neumodischen« Vorstellungen von Himmel und Erde, einer Welt der Engel und individueller Erlösung sowie einem ersten am Horizont des Bewusstseins aufgehenden Schimmer des Archetyps des »Menschensohns« (oder des Bodhisattva).

Wenn wir den Rahmen unserer Betrachtung noch weiter ausdehnen, erkennen wir den kollektive Sprung Israels auf eine neue Bewusstseinsstufe während des Aufenthalts unter dem Einfluss babylonischer Weisheit als lediglich einen Aspekt einer noch größeren Explosion, die damals weltweit im Gange war und das einleitete, was wir heute das »erste axiale Zeitalter« nennen. In dieser bemerkenswert verdichteten Zeitspanne (zwischen 800 und 200 vor Christus) sehen wir rund um den Erdball einzelne Feuerwerkskörper aufsteigen – Laotse, Buddha, Zarathustra, die Weisheitsliteratur des Alten Testaments, Pythagoras –, die eine neue Ära kollektiven Erwachens ankündigen, in welcher sich die Menschheit aus einem Stammesbewusstsein zu einem wachsenden Gefühl für individuelle Bestimmung und persönliche Verantwortlichkeit erhebt.

Das Auftreten dieser globalen »ersten axialen« Verlagerung ist ein Musterbeispiel für eine Intervention in die Angelegenheiten unserer irdischen Ebene durch einen bewussten Kreis. In Übereinstimmung mit den auf Seite 143 gemachten Definitionen ist sie *evolutionär* (ausgerichtet auf einen Quantensprung im planetarischen Bewusstsein), *inkarnativ* (arbeitet mit echten Menschen durch die geschichtlichen Ereignisse der Zeit) und *kollektiv* (bezieht die Synergie der Gruppe mit ein). Im Verlauf der Zeit scheinen Weisheitsschulen als die bevorzugten Aushängeschilder für das Wirken des Bewussten Kreises aufgetaucht zu sein; und obwohl der Fluss der Weisheit immer am Fließen ist, neigen die einzelnen Schulen dazu, entweder in Zeiten eines planetarischen Notstands oder an der Schwelle eines erneuten evolutionären Bewusstseinssprungs an die Oberfläche zu kommen, also immer, wenn die planetarische Homöostase vorübergehend destabilisiert und daher besonders verwundbar ist. In der Sprache unserer heutigen Chaostheorie ist ihr Auftauchen in diesen Zonen »lokaler Instabilität« vorhersagbar, nicht nur weil dort Veränderung möglich ist, sondern auch weil genau dort lokale Veränderungen die größten globalen Auswirkungen nach sich ziehen.[3]

Nach diesen beiden Kriterien qualifiziert sich auch unsere heutige Zeit ganz eindeutig als ein solcher Übergang. Wir stehen am Beginn von etwas, was von vielen als das »zweite axiale Erwachen« bezeichnet wird und einen kollektiven Quantensprung zur nächsten Ebene der bewussten Evolution ankündigt. Gleichzeitig sind wir Zeugen einer radikalen Destabilisierung des Ökosystems unseres Planeten, die aufgrund der globalen Erwärmung bereits weit fortgeschritten ist, und des Zusammenbrechens kultureller Institutionen, die uns im Westen mehr als zwei Jahrausende lang getragen haben. Aus Sicht des großen Trogoautoegokraten mag die hoch technisierte Zivilisation vielleicht entbehrlich sein, die Biosphäre ist es ganz sicher nicht. Entweder wir werden den Sprung auf die nächste Stufe der bewussten Evolution schaffen – auf die sogenannte »integrale« Stufe, auf der wir fähig sind, vom Ganzen her zu denken –, oder wir werden den Großteil eines planetarischen Erbes auslöschen, das in Jahrmillionen entstanden ist, und dadurch den gesamten Schöpfungsstrahl aufs Spiel setzen. Und an einem derart kritischen Punkt ist das energische Einschreiten des Bewussten Kreises der Menschheit nicht bloß eine Möglichkeit, sondern eine faktische Gewissheit. Um mit den Worten General Löwenhjelms zu sprechen, müssen wir bloß »vertrauensvoll ihrer harren und sie in Dankbarkeit annehmen.«

3. Siehe Ilia Delio: *Making All Things New,* Maryknoll, NY: Orbis Books, 2015, Seite 135.

Die Arbeit des Bewussten Kreises

Hier in Welt 48 assoziieren wir Initiativen zum Anstoß von Bewusstseinsveränderungen etwa mit Thinktanks, Synoden, Webseiten, politischen Aktionen und Projektgruppen. Doch dies ist nicht die Arbeitsweise des Bewussten Kreises. Er ist ein durch und durch imaginatives Phänomen, womit gemeint ist, dass er entsprechend den Gesetzen von Welt 24 agiert. Aus unserer irdischen Perspektive betrachtet, heißt das: Sein Einfluss ist subtiler und *indirekter.* Zwar wirkt er nicht wirklich über Umwege oder mittels Andeutungen, aber er wirkt unmittelbar auf der psychischen oder radialenergetischen Ebene: verändert Energiefelder, beseitigt psychische Toxine, mildert die planetarische Atmosphäre und reinigt den inneren Körper der äußeren Welt. Wie in Kapitel fünf erwähnt, lassen sich seine Modalitäten besser in der Sprache der modernen Physik und der ganzheitlichen Wissenschaft beschreiben als in derjenigen der klassischen Theologie. *Nichtlokale Fernwirkung, Quantenverschränkung, offene Systeme, Chaostheorie, morphogenetische Felder:* Jeder dieser Begriffe verweist auf ein diffuses, holografisches und synchrones »Liefersystem«, das heißt auf etwas, das nicht Gegenstand linearer Kausalität ist. Und obwohl uns Teilhard daran erinnert, dass das auf dieser Ebene berührte Universum nicht seine äußerlichen Züge ändert – es wird lediglich »geschmeidiger, beseelter«[4] –, können und werden seine äußeren Teile manchmal durchaus neu geordnet, und zwar nicht so sehr durch ein direktes Übersteuern der Kausalität von Welt 48 als vielmehr durch ein gewandtes Timing und den Einsatz psychischer Kraft zur grundlegenden Veränderung der Konfiguration des Spielfeldes.

Egal von welcher Seite der Wasserscheide aus jemand Teil des Bewussten Kreises ist und unabhängig davon, ob die Arbeit allein oder von einer Gruppe getan wird, weist die Stellenbeschreibung für jene, die »ein achtsames Auge auf den Kosmos behalten« (wie es im Logion 21 des Thomasevangeliums heißt), im Allgemeinen drei hauptsächliche Arbeitsbereiche aus: die kosmische »Dialyse«, die Führung und die gelegentliche direkte Lieferung der dritten Kraft. Lassen Sie uns jeden der einzelnen Bereiche betrachten.

4. Pierre Teilhard de Chardin: *Der Göttliche Bereich,* Olten und Freiburg: Walter Verlag, 1962, Seite 163.

Kosmische Dialyse

Unter »Dialyse« versteht man die Reinigung eines Systems, das selbst nicht dazu in der Lage ist. In unserer vertrauten Welt kennen wir solch einen Sachverhalt vor allem bei Nierenfunktionsstörungen. Dies liefert uns eine gute Analogie für die vorrangige und andauernde Arbeit des Bewussten Kreises: das regelmäßige Überwachen und Reinigen unserer planetarischen psycho-energetischen Atmosphäre, sodass sie für fühlende Wesen weiter bewohnbar bleibt und ihre Rolle im größeren kosmischen Austausch übernehmen kann.

Ein großer Teil dieser Reinigung hat mit der Entfernung der Toxine zu tun, die durch Angst, Gier, Gewalt, Rache und Gemeinheit hervorgerufen werden: dem Gestank von Welt 192. Wie wir bereits gesehen haben, werden Handlungen in der Außenwelt stets von einer inneren energetischen Signatur begleitet. Wenn wir Weideland zubetonieren, um darauf Einkaufszentren zu errichten, entziehen wir der Biosphäre nicht nur essenzielle Nährstoffe, wir reichern auch die Noosphäre (Teilhards Begriff für das uns umgebende psycho-energetische Feld) mit dem psychischen Gift der Gier an. Anspruchsdenken, Gleichgültigkeit, Gruppeninteressen, Massenhysterien, Sucht, Gewalt, ja sogar die Abschottung und das Misstrauen, die wie ein schweres Leichentuch über unseren Gated Communities hängen, – all dies produziert eine schwerwiegende Vergiftung und Verschmutzung des Imaginativen, die in Form von weit verbreiteten Krebs- und Autoimmunkrankheiten zurück auf unseren Planeten regnen. Die permanente Hauptaufgabe des Bewussten Kreises ist die Reduzierung dieses psychischen Smogs und, wo möglich, die Wiederherstellung des Gleichgewichts durch eine direkte Infusion jener anderen Elemente, die wir als die »Früchte des Geistes« bezeichnet haben: Liebe, Freude, Frieden, Geduld, Güte, Treue, Freundlichkeit und Selbstbeherrschung. Auch dies sind mächtige psycho-energetische Nährstoffe für die Noo- und die Biosphäre: Ohne diese Stoffe wird unser menschliches Zuhause nämlich schnell unbewohnbar.

Üblicherweise war vieles davon die schwere, einsame Arbeit dieser symbolischen »anonymen Sechsunddreißig«: der Einsiedler und kleinen Gemeinschaften religiöser Meister, die leise und ergeben die Welt in ihrer Fürbitte gefördert haben. In einer wunderschönen Reflexion in ihrem Buch *Old Age* erklärt Helen Luke, dass das lateinische *intercedere* tatsächlich »dazwischen einbringen« bedeutet; und in seinen Fürbitten bringt sich der Eremit wörtlich »zwischen Himmel und Erde ein« – was genau der Stellung des Bewussten Kreises der Menschheit entspricht.[5] Von dort fließt diese einsame Arbeit hinaus und verbindet sich mit all der anderen Arbeit auf demselben Schwingungsniveau entsprechend dem Prinzip, das Physiker als »Quantenverschränkung« bezeichnen und das Rafe mit den Worten beschrieb: »Nichts an bewusster Arbeit ist je verschwendet.«

In der spirituellen Praxis des *tonglen,* die im tibetanischen Buddhismus zu einer wahren Kunst entwickelt wurde, aber in der einen oder anderen Form auch allen anderen heiligen Traditionen bekannt ist (im Christentum wird sie »stellvertretende Liebe« genannt), findet dieses grundlegende Modell der Fürbitte eine ganz direkte Anwendung: Die Toxizität einer leidvollen Situation oder Krankheit wird beim Einatmen bewusst und freiwillig aufgenommen, im unvoreingenommenen und mitfühlenden Herzen umgewandelt und dann beim Ausatmen in Form von Heilung und Segnung wieder freigelassen. Dies ist kosmische Dialyse in ihrer wortgetreusten und wirksamsten Form und stellt die elementare Arbeit des Bewussten Kreises der Menschheit dar.

Doch manchmal gestaltet sich dieser Auftrag auch proaktiver und es wird dazu eingeladen, ein fehlendes Element zu erzeugen. Dies ist genau die Alchimie, die wir im Film *Babettes Fest* sich so wuchtig entfalten sahen. Als Babettes eigenes Herz tief in die Herzen der zänkischen und mutlosen Bäuerinnen und Bauern blickte, konnte sie sehen, dass sie wirklich nach der Erfahrung von bedingungsloser Fülle hungerten; solange dieser Hunger in ihnen nicht gestillt wurde – »Gebt, dann wird auch euch gegeben werden! Ein gutes, volles, gehäuftes, überfließendes Maß wird man euch in den Schoß legen; denn nach dem Maß, mit dem ihr messt, wird auch euch zugemessen werden« (Lukas 6.38) –, waren sie unfähig, einen echten Zugang zu der spirituellen Lehre zu finden, an die sie angeblich glaubten. Das war der fehlende imaginative Nährstoff, den Babette mit ihrem verschwenderischen, exorbitanten Festessen erzeugen wollte. Keine Predigten, keine Beschuldigungen, kein »Wie

5. HELEN LUKE: *Old Age,* Seiten 79 und 83.

konntet ihr nur euren Lehrer vergessen?« – nur ein einfaches, mitfühlendes Erkennen der fehlenden Zutat, wie es jede gute Köchin, jeder gute Koch tut, und dann ein imaginatives neues Untermischen der plötzlich wie durch ein Wunder zur Verfügung stehenden Zutaten (die eigentlich immer vorhanden sind), um den Mangel zu beheben. Die Arbeit ist erfreulich und, wenn wir beginnen, ihre Resultate zu erkennen, überaus befriedigend und weitaus effizienter als ständiges Schimpfen und moralisches Ermahnen, die einen Großteil der Langweiligkeit von Welt 48 ausmachen.

Häufig wird die Arbeit auf Umwegen geleistet; das *echte* fehlende Element taucht dann fast als ein Nebenprodukt auf, wenn die bewusste Absicht eigentlich auf etwas anderes fokussiert ist. Die ökumenische Klostergemeinschaft in Taizé, die unmittelbar nach dem Zweiten Weltkrieg gegründet wurde, entstand als ein Zentrum für spirituelle Versöhnung und Eintracht und leistete hier eine hervorragende Arbeit. Doch wofür Taizé noch stehen wird, lange nachdem die politischen Initiativen vergessen sein werden, ist das Liedmaterial, das praktisch von selbst zum Vorschein kam, als die Gemeinschaft die Jugend der Welt zu sich einlud. Die Lieder sind von solch einer harmonischen Reinheit und heilenden Schönheit, dass sie die Elemente, die sie erflehen, tatsächlich in die Atmosphäre hereinzuholen vermögen: Vertrauen, Hoffnung und Licht. Persönlich glaube ich, dass der Taizé-Gesang ein Ausdruck dessen ist, was Gurdjieff als »objektive Kunst« bezeichnete – eine Kunst, die von einer höheren Bewusstseinsebene herabkommt für besondere Zwecke kosmischer Ausbalancierung –, und sein »Download« in dieser bemerkenswerten spirituellen Gemeinschaft ein erlesenes Beispiel für die ununterbrochene Arbeit eines Teams des Bewussten Kreises.

Manchmal ist die Alchimie vorsätzlich und entschieden zweckbestimmt. Das letzte Beispiel, das ich hier anführe, weist diesen Charakter auf. Im Verlauf der letzten zehn Jahre war es mein Privileg, jährliche Weisheitsschulen auf Holy Isle anzubieten, einem winzigen Eiland vor der Küste der Isle of Arran auf den Inneren Hebriden. Das Fleckchen Erde hat eine lange spirituelle Tradition, die bis zu den keltischen Seefahrermönchen zurückreicht, doch ihre jüngste Geschichte wurde vor allem von den tibetanischen Buddhisten unter der visionären Führung von Lama Yeshe Losal Rinpoche geschrieben, der die Insel im Jahr 1992 durch seinen Rokpa Trust kaufen ließ und sie nicht nur in einen

Mikrokosmos, sondern auch in eine *Sendestation* für universellen Frieden, ökologisches Gleichgewicht und Klarheit verwandelte. Zu diesem Zweck musste eine besonders hoch schwingende Reinheit geschaffen werden, welche von der Gemeinschaft in bemerkenswerter Weise erzeugt wurde und aufrechterhalten wird. Was die menschliche Energie betrifft, spielt sich dies auf einem überaus hohen Moralkodex ab, zu dem sich die Exerzitanten und Tagesausflügler verpflichten, wenn sie die Insel besuchen: keinerlei Rauschmittel, keine Gewalt, kein Diebstahl, kein Lügen und keine lüsterne oder übergriffige Sexualität. Was die Natur angeht, wurde die Insel nach und nach von invasiven Arten befreit und in einen natürlichen Lebensraum für einheimische, sich unter den Menschen frei bewegende Ponys und Schafe zurückverwandelt, die sich alle freundlich begegnen. Die hier erzeugte Reinheit ist von hoher Frequenz, im Wesentlichen zölibatär und wie ein perfekter Ton von 440 Herz, auf den ein Konzertmeister sein gesamtes Orchester einstimmt. Es ist spürbar, wie die konzentrischen Kreise dieser kristallinen Schwingung hinaus in die Welt strahlen und die Dinge in die Harmonie zurückrufen rund um die meisterliche Stimmgabel, die in all der Kakophonie verloren gegangen war. Wir haben es hier mit einer wunderbaren, direkten Vibrationsarbeit des Bewussten Kreises zu tun, und ich gehe davon aus, dass wir in der nächsten Zeit noch viele weitere Beispiele dieser Art von Arbeit erleben werden. Ich brauche nicht zu betonen, wie mühelos das Lehren hier vonstattengeht; in der Klarheit dieser Atmosphäre fällt das Denken leicht, Probleme werden gelöst und kaum zu begreifende Konzepte sind kinderleicht zu verstehen.

Führung

Eine der wichtigsten Funktionen des Bewussten Kreises ist es, »die Zeichen der Zeit« zu deuten. Wir haben bereits gesehen, wie diese Fähigkeit tatsächlich zur imaginativen Stufe der Wahrnehmung gehört; unter den Gesetzen von Welt 48 lässt sie sich auch bei aller intellektuellen Brillanz nicht erlangen, weil sie nicht linear, sondern *räumlich* ist: ein direktes Erkennen von diesem »von der Natur bevorzugtem Ort« aus. Die Mindestanforderung für die individuelle Teilhabe an diesem imaginativen Sehen ist das Vermögen, eine Bewusstseinsstufe zu halten oder wiederherzustellen, auf der solch eine erhabene und geräumige Sicht möglich wird. In der Praxis aller heiliger Überlieferungen impliziert die Vorbereitung für den Empfang irgendeiner prophetischen Offenbarung klassischerweise eine Periode strenger innerer Läuterung, um Körper und Geist in einen Zustand vollkommen wachsamer Bereitschaft zu bringen. In *Beelzebubs Erzählungen für seinen Enkel* spiegelt Gurdjieffs mythologischer Aschiata Schiämasch mit seinem sorgfältigen Vorbereitungsritual von jeweils vierzig Tagen des Fastens, des Betens und der Selbstkasteiung[6] die Bestrebungen unzähliger Wüsteneinsiedler und Visionäre wider. Auch wenn dies oft übersehen wird, folgt Jesu berühmte Versuchung in der Wüste einem ähnlichen Muster; sein ungewöhnlich hoher Zustand der Klarheit nach dem vierzigtägigen Fasten und Beten erlaubt es ihm, die vom Versucher für ihn ausgelegten Fallen schnell zu erkennen und zu umgehen: die subtilen Verlockungen von Sicherheit (»So befiehl, dass aus diesen Steinen Brot wird«), Prahlerei (»Stürze dich hinab; die Engeln werden dich auf ihren Händen tragen«) und Macht (»Das alles will ich dir geben«).[7] Sogar der Menschensohn braucht für die Fähigkeit, die Zeichen der Zeit deuten zu können, eine gewissenhafte individuelle Pflege seiner Wahrnehmungslinse.

Umstritten ist jedoch die Frage, ob ein solches Sehvermögen *von Natur aus* eine Möglichkeit des Einzelnen darstellt. Während der klassische monastische Archetyp den Ehrenplatz den großen Solitären gewährt (auch Rafe favorisierte dieses Modell), waren Gurdjieff und Teilhard, aus unterschiedlichen Gründen, davon überzeugt, dass die Kerzenstärke des Bewusstseins vornehmlich durch die Synergie einer Gruppe erhöht wird. »Ohne eine Gruppe ist nichts möglich«, lautet Gurdjieffs berühmtes Diktum, und seine Mikrogeschichte der Weisheitsschulen in *Beelzebubs Erzählungen* bietet eine ausgiebige Dokumentation dieses Prinzips. Auch wenn eine Offenbarung zunächst einmal in der Zurückgezogenheit empfangen wird – wie im Fall von Aschiata Schiämasch –, wird sie im Rahmen einer Schule rasch verstärkt und orchestriert.

Doch ebenso häufig ist es das Bestehen einer Schule, die es überhaupt erst dazu kommen lässt, dass eine Offenbarung empfangen werden kann. Dies sei, so erzählt Gurdjieff, in der uranfänglichen Weisheitsschule in Atlantis der Fall gewesen, wo es nur aufgrund

6. G.I. Gurdjieff: *Beelzebubs Erzählungen für seinen Enkel*, Seite 377.

7. Diese Geschichte findet sich bei Matthäus 4.1–11, Markus 1.12–13 und Lukas 4.1–12.

der umfassenden inneren und äußeren Vorbereitung ihrer sieben Gründungsmitglieder möglich war, das Sichtfeld derart zu skalieren, dass sie das Ausmaß der drohenden planetarischen Katastrophe zu begreifen vermochten. Die Offenbarung ist zu groß, als dass ein einzelnes Bewusstseinspixel sie erfassen könnte, egal wie fein es auch eingestimmt sein mag. Wenn wir auf einer galaktischen Skala arbeiten, ist das Herz, das eine solche erfassen kann, nicht mehr das individuelle Herz, sondern das *noetische Herz des imaginativen Körpers der Menschheit,* an dem jede vollständig vorbereitete Weisheitsgruppe holografisch teilhat.

Obwohl sich die Wege von Gurdjieff und Teilhard im physischen Leben höchstwahrscheinlich niemals gekreuzt haben, glaube ich, dass Teilhards bemerkenswerte Theorie von »Komplexität und Bewusstsein« die richtige Erklärung für Gurdjieffs intuitiv korrektes Verständnis der Gruppe als dem wahren Instrument eines höheren spirituellen Erkennens ist. Als erfahrener Paläontologe hatte Teilhard beobachtet, dass in der gesamten viereinhalb Milliarden Jahre langen Geschichte der Evolution auf diesem Planeten jeder neue Bewusstseinssprung mit einem entsprechenden Sprung in der Komplexität der unterstützenden physikalischen Strukturen (ihrer »Anordnung«, wie er es ausdrückt) einherging – und in Tat und Wahrheit davon abhing. Zunehmend komplexer werdende Gehirne und Nervensysteme kennzeichnen die Reise von den einfachen Regenwürmern und Seesternen zur überwältigenden Tiefe des Denkens und der Kreativität des Menschen. Und es sind die Bedingungen von Beengtheit und Konvergenz, welche das gesamte System dazu zwingen, sich in sich selbst zusammenzufalten und innerlich zu verzweigen, damit diese evolutionäre Komplexifizierung (*complexification*) mit der größtmöglichen Effizienz voranschreiten kann.

Falls diese Theorie Teilhards zutrifft, ist die Annahme berechtigt, dass die nächsten Entwicklungsstufen des Bewusstseins – die heute im Allgemeinen als »integrales« und »non-duales« Bewusstsein bezeichnet werden – *nicht einfach durch den Dominoeffekt einer Aggregation individuell erleuchteter Psychen eintreten.* Dazu wird eine begleitende neue »physische Anordnung« Gestalt annehmen müssen oder ein *Körper,* der über ein noch größeres Maß an differenzierter Funktionalität innerhalb einer allesumspannenden Einheit verfügt. Teilhard erkannte diesen neuen evolutionären Körper als die Noosphäre und begriff, dass deren Materialität nicht aus korpuskularen Elementen besteht, die durch tangentiale Energie geordnet sind, sondern aus »Gedanken«, die unter den Menschen mittels radialer Energie ausgetauscht werden oder – in der Sprache der westlichen inneren Traditionen ausgedrückt – dass *sie entsprechend der Stofflichkeit und Kausalität von Welt 24 wirkt.* Ich glaube, in dem Maße, in dem der Bewusste Kreis für diesen größeren imaginativen Körper Zeugnis ablegt und tatsächlich als ein besonderer Ausdruck von ihm erscheint, fungieren Weisheitsschulen und -gruppierungen als wichtigster Wirkungsort des Bewussten Kreises, wenn wir uns dieser zweiten axialen Schwelle nähern.

Wenn wir das Gruppenmodell dem altehrwürdigen Einsiedlertum vorziehen, ist große Vorsicht geboten, damit wir nicht wieder in die überholten Modalitäten von Welt 48 zurückfallen. Ich muss noch immer über den unbezahlbaren Witz meines Freundes Ajahn Sona schmunzeln, des Abtes des buddhistischen Klosters Birken Forest in Kanada: »Was ist der Plural von egoistisch? *Wir-sind-isch.*« Eine wirsindische Gemeinschaft mit ihrer ganzen heiklen und mühseligen Etikette ist nicht die Art und Weise, wie dieser imaginative Körper sich selbst ordnet; und Gurdjieff drückte sehr deutlich seine Enttäuschung darüber aus, dass die babylonische Schule in solch ein besserwisserisches Neunmal»klügeln« zurückfiel. Intellektuell konstruierte Plattformen und aufrührerische Rhetorik vergrößern nur den Schmerzenskörper dieser Welt. Die erste Priorität einer Weisheitsschule, die eine Partnerschaft mit dem Bewussten Kreis anstrebt, muss darin liegen, ein durchwegs hohes Niveau an imaginativer Klarheit zu pflegen, auf dem etwas Neues auch wirklich erfahren werden kann. Die Synergie *ist* die neue Schwingung, das Erkennen *ist* das Handeln, und alles, was es tatsächlich braucht, ist, diese Schwingung so lange und so rein wie möglich zu halten; dann wird sie wie bergab fließendes Wasser ihren Weg in den Boden finden. »Die Wahrheit braucht sich nur einmal, in einem einzigen Geist zu zeigen«, schieb Teilhard, kurz bevor er starb, »dann ist es unmöglich, sie jemals daran zu hindern, sich auszubreiten und alles zu entflammen.«[8] »*Wie* wir dahin kommen«, ist der wahre Maßstab für die Amplitude des Bewussten Kreises, wenn er seine Arbeit richtig macht.

8. Pierre Teilhard de Chardin: *Das Herz der Materie,* Ostfildern: Patmos Verlag, 2018.

Die dritte Kraft

Gemäß dem Gesetz der Drei wird alles Neuentstehende, in welchem Bereich und auf welchem Maßstab auch immer es erscheint, durch das Verflechten dreier (nicht nur zweier) unabhängiger Kräfte verursacht, die Gurdjieff »bejahend«, »verneinend« und »versöhnend« nennt. Dort, wo wir es nur mit zwei Kräften zu tun haben, führt dies in eine Sackgasse und zu Blockaden. Doch weil das Leben in der geschaffenen Ordnung nun einmal dergestalt aus Welt 3 herausfließt, dass es sich andauernd bewegt und seine Gestalt verändert, kommt die dritte Kraft hinzu. Blockierungen werden aufgebrochen und es tauchen neue Konfigurationen auf, zum Guten oder zum Schlechten. Dies geschieht entweder unter dem Gesetz des Zufalls oder absichtlich, unter dem Gesetz des Schicksals. Im letzteren Fall handelt es sich um ein *imaginativ erzeugtes* Neuentstehendes, worin der Bewusste Kreis häufig eine unverwechselbare Rolle spielt.

Die dritte Kraft gleicht ein wenig dem Quecksilber; je nachdem, in welchem Licht sie betrachtet wird, mag es erscheinen, als sei sie erzeugt, herbeigerufen, zur Welt gebracht oder in einer Situation entdeckt worden – oder sie kann ganz überraschend zum Vorschein kommen aufgrund eines willkürlichen Ereignisses oder eines »Zufalls«. Der Bewusste Kreis kann auf jedem dieser Wege zum Einsatz kommen. Während seine Rolle im Allgemeinen darin zu bestehen scheint, jenes tiefe Reservoir an geräumiger, nichtidentifizierter Aufmerksamkeit aufrechtzuerhalten, aus welchem die dritte Kraft am spontansten hervortritt, kann er ebenso oft direkt selbst als dritte Kraft tätig werden und das erforderliche Überbrückungselement zur Verfügung stellen, das die Blockierung auflöst und die neue Konfiguration einleitet.

Die Geschichte der Zivilisation ist geprägt von einigen wenigen großen Wendepunkten, an denen Dinge, die sich in eine bestimmte Richtung zu bewegen schienen, plötzlich ihren Kurs änderten, und zwar häufig in Begleitung mysteriöser Umstände. Ich möchte hier keinem magischen Neuerzählen der Geschichte verfallen, bei dem jede wundersame Wendung eines Verlaufs zu einem Beweis einer Intervention des Imaginativen umgedeutet wird. Doch weil ich hier darstellen möchte, welche Rolle die dritte Kraft an einigen dieser bedeutungsvollen Gabelungen der Menschheitsgeschichte spielte, will ich mit Ihnen drei Geschichten teilen, die alle im Grunde genommen anekdotisch sind und für mich den besonderen Anschein einer Beteiligung des Bewussten Kreises aufweisen.

Die erste Geschichte erzählte mir vor vielen Jahren mein lieber Freund und spiritueller Lehrer Murat Yagan, der umfassend in den Traditionen der abchasischen Schamanen und der Bektaschi-Derwische geschult war, bevor er im Jahr 1960 nach Kanada emigrierte, um dort seine Arbeit als Lehrer der tieferen Wurzeln der westlichen inneren Traditionen aufzunehmen. Murat bestand darauf, dass die Ursprünge des Sufismus früheren Datums als der Islam seien und tatsächlich auf den »Orden des Melchisedek« oder, anders ausgedrückt, direkt auf das Reich des Imaginativen zurückgingen. Die Verbindung dieser beiden spirituellen Wege sei erst im neunten Jahrhundert durch die bewusste Intervention eines Weisheitskonzils in Zentralasien erwirkt worden, welches deutlich vorhergesehen habe, dass das äußere Behältnis des Islams das einzige genügend robuste Gefäß sei, um der bevorstehenden Verwüstung durch die mongolische Invasion zu widerstehen. Um einen zarten, in Zentralasien gerade erst knospenden Trieb des menschlichen Bewusstseins zu schützen, handelte das Konzil umgehend und bewirkte eine derart robuste Verbindung, dass die offizielle Version der islamischen Geschichte bis heute lautet, der Sufismus sei nichts anderes als »der mystische Arm des Islams« und stamme zur Gänze aus einer islamischen Matrix.[9]

Aus der Perspektive des Bewussten Kreises betrachtet, beginnen anfänglich als Katastrophen erscheinende Ereignisse manchmal einen völlig neuen Sinn zu ergeben. Die chinesische Invasion in Tibet im Jahr 1959 ist ein weiteres derart gelagertes Beispiel und liefert mir die zweite Geschichte. Einerseits zerschlug dieser gewaltsame Akt der Aggression eine Weisheitsenklave von fast übernatürlicher Reinheit und Stärke. Andererseits verdrängte er diese Weisheit in den Westen, wo sie so dringend benötigt wurde und gut positioniert war, um die ganze Welt weiter wachsen zu lassen. Als der Dalai Lama, Lama Yeshe und weitere Vertreter dieser bemerkenswerten Linie sich auf den Weg nach Dharamsala und dann in den Westen machten, begann die gegenseitige Befruch-

9. Siehe dazu das Interview im Artikel MURAT YAGAN: "Sufism and the Source" im *Magazin Gnosis,* Ausgabe 50, Winter 1994, Seiten 40–51 [A.d.Ü.].

tung erst richtig, und die Neuinfusion von Energie in die westlichen kontemplativen Traditionen legte eine robuste Grundlage für das zweite axiale Erwachen. Auch in diesem Fall sehen wir das tiefere imaginative Muster am Werk: So wie die beiden großen Bewusstseinssprünge Israels (von der magischen zur »mythischen« Zugehörigkeit und dann von der mythischen zur rationalen) durch die unmittelbaren Begegnungen mit der ägyptischen und dann der babylonischen Weisheitsschule unter Umständen ausgelöst worden waren, die sich zunächst als verheerend darstellten, scheint auch unser gemeinsamer dritter planetarischer Sprung den Beweis für eine ähnlich gelagerte gegenseitige Weisheitsbefruchtung zu liefern. Können wir dies erkennen, beginnen wir ruhiger zu werden, wieder durchzuatmen und dem Muster zu vertrauen. Wenn der lange Bogen der Geschichte sich zum Bewusstsein hin beugt, spannt der Bewusste Kreis seinen Langbogen.

»Brennt Paris?«

Meine dritte Geschichte mag meiner Fantasie entspringen, allerdings nur, was deren letzte Wendung betrifft; alles andere bis dahin ist historisch verifizierbar. Während der dunklen Tage des Zweiten Weltkriegs, als die meisten spirituellen Lehrerinnen und Lehrer an Orte geflohen waren, die vom Kriegsgeschehen weniger stark heimgesucht wurden, entschied sich Gurdjieff, in Paris auszuharren – in seiner winzigen Wohnung in der Rue des Colones Renards, keine fünfhundert Meter Luftlinie vom zentralen Kommandoposten der deutschen Besatzungstruppen entfernt. Und in dieser bitteren Zeit der Entbehrung und Hoffnungslosigkeit machte er sich daran, die Energie der Fülle zu erzeugen, also dasjenige Element, an dem es in jener schrecklich traumatisierten Welt besonders mangelte. Indem er Fähigkeiten einsetzte, die er sich wer weiß wie angeeignet hatte, schaffte er es, riesige Vorräte an Lebensmitteln anzulegen – nicht etwa nur Grundnahrungsmittel, die in seiner stets unverschlossenen Speisekammer immer zu finden waren, sondern geschmackvolle Luxusartikel, Armagnac und Pralinen, die er seinen Gästen an verschwenderischen Festessen in einer mit der grenzenlosen Möglichkeit des menschlichen Geistes durchfluteten Atmosphäre servierte. Jene, die sich noch an diese Einladungen erinnern, wissen sehr wohl, dass die wahre Nahrung, die damals aufgetragen wurde, die Liebe war. Ein »Babettes Fest«, das keine literarische Schöpfung war, sondern ein Echtzeiterlebnis in Fleisch und Blut.[10]

Im Sommer 1944 zog sich die Schlinge um die deutsche Besatzungsmacht immer enger zusammen. Die amerikanischen Streitkräfte waren bereits in der Normandie gelandet und unterwegs nach Paris. Die Verantwortlichen für die Evakuierung der deutschen Truppen hatten einen ausgeklügelten Plan ersonnen, um eine katastrophale Verwüstung zu hinterlassen und viele der großen Monumente der menschlichen Kultur dem Erdboden gleichzumachen. Dietrich von Choltitz, der deutsche Kommandierende General von Paris, der weithin für seine Skrupellosigkeit bekannt war, leitete die Operation, in deren Rahmen auch unter die Kathedrale Notre-Dame und den Louvre große Mengen Sprengstoff deponiert wurden. Detailliert beschrieben ist dies alles unter anderem in dem Roman *Brennt Paris?* [11]

Doch aus irgendeinem Grund, der bis heute nicht wirklich klar ist, sollte es nicht dazu kommen. Den einen Moment, in dem entschieden wurde, Paris *nicht* in die Luft zu sprengen, gab es nicht. Bis zum letzten Moment wurden Telefonate geführt und Befehle erteilt, doch zum Moment der Entscheidung kam es nicht. So wie die Flut zur Ebbe wird, ging der Augenblick einfach vorüber.

Natürlich könnte ich niemals den Zusammenhang dieser beiden Ereignisse beweisen. Doch weil ich um die Wirkungseise der imaginativen Kausalität weiß und ebenso um Gurdjieffs Fähigkeiten in diesem Bereich, ist es mir kaum möglich, *nicht* daran zu glauben. In meinem Herzen halte ich es noch immer für eines seiner größten Geschenke an unseren Westen und bin dafür in meinen Gebeten dankbar. Für mich wird Gurdjieff immer einer der Sechsunddreißig sein.

10. Schilderungen dieser Essenseinladungen und gleichzeitigen Lehrveranstaltungen für seine Schülerinnen und Schüler sowie zur Unterstützung mittelloser Anwohner aus der Nachbarschaft und aus Exilkreisen finden sich u.a. in der Biografie von ROGER LIPSEY: *Gurdjieff in neuem Licht: Sein Werk, sein Leben, sein Vermächtnis,* Xanten: Chalice Verlag, 2019, Kapitel 6, Seiten 229–276 [A.d.Ü.].

11. LARRY COLLINS und DOMINIQUE LAPIERRE: *Brennt Paris?,* Berlin: Ullstein, 2002.

Neun

Der zweite Körper oder die vermögendere Seele

Im vorangegangenen Kapitel habe ich den Bewussten Kreis als einen Ort des intensiven Austauschs zwischen fortgeschrittenen Wesen geschildert, von denen einige noch auf dieser irdischen Ebene leben und andere bereits darüber hinausgegangen sind. Das bedeutet selbstverständlich, dass dieser Austausch innerhalb der Domäne der imaginativen Kausalität und ganz besonders durch das Vehikel des zweiten oder Kesdschan-Körpers stattfindet, welcher das gemeinsame Element zwischen ihnen ist. Die Stabilisierung dieses inneren Körpers versetzt uns in die Lage, am imaginativen Austausch aktiv teilzuhaben.

In der christlichen inneren Tradition wird dieser innere Körper häufig als »das Hochzeitsgewand« bezeichnet. Dies ist eine Anspielung auf das apokalyptische Gleichnis in Matthäus 22, in welchem der Meister, nachdem sämtliche zum Hochzeitsbankett geladenen Gäste die Einladung abgelehnt haben, die Türen zu den Fernstraßen und den Nebenstraßen aufreißt. Die ironische Wendung besteht allerdings darin, dass danach nur denjenigen Gästen Einlass gewährt wird, die in weiser Voraussicht ihre Hochzeitsgewänder mitgebracht haben; einer dieser Gäste, der ohne kommt, wird kurzerhand rausgeschmissen. Diese Wendung widersetzt sich der konventionellen Exegese der Schrift, welche diese Behandlung verärgert als »ungerecht« interpretiert. Doch genauso wie in dem doppelt apokalyptischen Gleichnis von den zehn Brautjungfern (Matthäus 25) ist auch hier die imaginative Botschaft klar: Solange wir dieses Gewand noch nicht aus der alchimistisch transformierten Substanz unseres eigenen Lebens gewoben haben, kann sich die Tür nicht öffnen. Denn nur, wenn wir dieses »Hochzeitsgewand« mitbringen, kann die Kommunikation zwischen den Reichen stattfinden (das heißt, wenn die am Austausch teilnehmenden Körper über dieselbe spiritualisierte Stofflichkeit verfügen).

Für diejenigen unter uns, die noch physikalisch auf dieser irdischen Ebene anwesend sind, ist dieser innere Körper »das Leben innerhalb unseres Lebens«, unser werdendes »wirkliches Ich«. Es ist das von der Form verhüllte Geheimnis: das Gebäude, das im Inneren des Baugerüsts langsam Gestalt annimmt. Aus der imaginativen Perspektive betrachtet ist dies unser *eigentlicher Körper*, der wahre Sitz unserer nicht-zeitlichen Selbstheit. Wenn wir sterben, fällt dieses Gerüst von uns ab und nur das, was darin geschaffen wurde, bleibt bestehen. Wenn unsere irdische Existenz im aufrichtigen inneren Bemühen verbracht worden ist, wird sich diese Kesdschan-Selbstheit im Schoß unseres irdischen Lebens bereits gekräftigt haben und der Tod stellt keine Unterbrechung dieser Identität dar.[1]

Zwar ist dieser innere Körper von einer weitaus flüssigeren Stofflichkeit als jener, die unsere Selbstheit gemäß irdischer Vorstellung besitzt, doch zeigt er noch immer eine klare individuelle Form und Identität – eine »Tinktur«, wie Jakob Böhme sie nannte –, die von anderen Tinkturen deutlich unterscheidbar ist. Im Reich des Imaginativen stellt sich niemals die Frage nach dem Tropfen, der sich im Ozean auflöst; dieses Reich gehört größtenteils noch immer zum *Persönlichen*. Doch ist es bereits ein leichteres und weitaus verflochteneres Persönliches, das weniger von den Tropfen selbst getragen wird als von der Strömung, die zwischen ihnen fließt. Wie Beatrice Bruteau einst treffend kommentierte:

> Es könnte sein, dass alle echten Personen Kreise sind, deren Zentren nirgendwo und deren Umfänge überall sind. Und somit könnten sie sich alle gegenseitig überlappen und durchdringen mit einer Intimität, die wir uns kaum vorzustellen vermögen, da wir Intimität und Erhalt von individueller Personifizierung als zueinander umgekehrt proportional begreifen.[2]

Die ist eine wundervolle Beschreibung des paradoxen Tanzes zwischen Partikularität und Fluidität, der typisch ist für die imaginative Personifizierung und ganz gewiss auch für den fließenden Aus-

1. Dies ist eine weitere faszinierende Bedeutungsnuance der ohnehin ehrwürdigen spirituellen Lehre des: »Stirb, bevor du stirbst!«

2. Cynthia Bourgeault: "Beatrice Bruteau's 'Prayer and Identity'" in Thomas Keating [et al.]: *Spirituality, Contemplation, and Transformation*, Seite 111.

tausch innerhalb des Bewussten Kreises der Menschheit. Sicherlich fällt auf dieser Ebene die individuelle Personifizierung noch nicht weg. Vielmehr lebt und vibriert sie, von ihrem egoischen Bleigürtel befreit, mit einer noch intensiveren persönlichen Lebendigkeit.

Auch wenn dieser Gedanke unser Vorstellungsvermögen strapaziert, ist er in Tat und Wahrheit einer der inneren Lehren, die in den äußeren religiösen Traditionen am leichtesten zu verifizieren sind. Die Volksfrömmigkeit hat einen Namen für diese höchst verwirklichten Wesen: Wir nennen sie »Heilige«. Wir beten zu ihnen und wir verwechseln sie niemals miteinander: Maria Magdalena und Mutter Maria werden nie durcheinandergebracht; die Heiligen Franziskus, Petrus oder Josef begegnen uns mit einem jeweils ganz eigenen echten Charakter, der vollkommen kontinuierlich der inneren Energie entspricht, von der sie während ihres körperlichen Lebens erfüllt waren. Sie unterscheiden sich wie die Blumen in einem Garten. Und genauso verhält es sich mit der imaginativen Selbstheit: Die persönliche Identität wird in einer weitaus feineren und transparenteren Form gehalten, und doch ist sie eindeutig als persönliche Identität erkennbar. Wenn Rafe jetzt auf meinem inneren Bildschirm erscheint, erkenne ich ihn auf dieselbe Art wie zu jener Zeit, als er in seinem alten Geländewagen mit quietschenden Bremsen in meiner Einfahrt aufkreuzte – mit exakt derselben Rafe-Präsenz.

Den zweiten Körper aufbauen

Die Belebung dieses Kesdschan-Körpers schließt sowohl die Schaffung der Voraussetzungen als auch des eigentlichen Vehikels für die Teilhabe an dem Bewussten Kreis auf beiden Seiten der Wasserscheide mit ein. In meinem Fall entsprang die Starthilfe für diesen Prozess aus der Arbeit, die sich Rafe während unserer gemeinsamen menschlichen Zeit in aller Ernsthaftigkeit vorgenommen hatte – ohne sich irgendwelche Illusion zu machen, wir würden länger als nur ein paar Schritte unterwegs sein, wenn sein eigener physischer Tod herangerollt käme. Er betrachtete Gurdjieffs gesamtes Werk als eine heldenhafte Bestrebung, jene Voraussetzungen wiederherzustellen, unter denen unser irdisches Leben tatsächlich der Geburtsort dieses feineren und kosmisch haltbareren »Anderen« werden kann, das nicht für den persönlichen Ruhm gebraucht wird, sondern für das kosmische Dienen.

Den besonderen Übungen, mittels derer der zweite Körper aufgebaut wird, haben wir uns bereits in den vorangegangenen Kapiteln gewidmet, sodass ich an dieser Stelle nur noch kurz auf sie eingehen muss. Die beiden Säulen von Gurdjieffs Transformationsprogramm sind bewusste Arbeit und absichtliches Leiden, und eine aufrichtige Anstrengung in diesen beiden Tretmühlen während unserer Lebenszeit bewirkt in den meisten Fällen ein stetiges Anwachsen der Strahlkraft und der Stabilität der Präsenz des zweiten Körpers. Der Unterbau dieser beiden Säulen besteht indes aus unserer Entschlossenheit, uns aus der Tretmühle des Angezogen-und-Abgestoßenwerdens *zu befreien*, welche die Selbstheit an den physischen Körper und an das flüchtige Selbst dieser Welt kettet. Der zweite Körper erscheint vor allem als Ergebnis dieser Befreiung. Wie Maurice Nicoll es in einem von Rafe überaus geschätzten Abschnitt ausdrückt: »Der Mensch, der ein Stadium erreicht hat, in dem er etwas besitzt, das unabhängig ist von Scheitern oder Erfolg, Kälte oder Hitze, Hunger oder Überfluss – solch ein Mensch besitzt den zweiten Körper.«[3] Valentin Tomberg führt dieselbe Erkenntnis noch detaillierter aus und beschreibt den zweiten Körper als den »von den Lebenskräften unabhängigen ätherischen Leib, welcher seine Energien direkt aus der Welt des geistigen Lebens zu beziehen vermag.«[4]

Sie mögen sich erinnern, dass ich in Kapitel drei am Rande darüber sprach, dass der zweite Körper als alchimistisches Nebenprodukt der »Aufwärts-Energieübertragung durch die Vermittlung bewusster Aufmerksamkeit« entsteht. Damit spielte ich auf das an, was ich dann in der Folge die »kosmische Dialyse« genannt habe; weil diese einen derart großen Teil der andauernden Arbeit des Bewussten Kreises darstellt, könnte es sich durchaus lohnen, jenen Teil (Seiten 149–152) nochmal in Gänze zu lesen, bevor Sie mit dem Buch fortfahren.

3. Maurice Nicoll: *Psychological Commentaries on the Teachings of Ouspensky and Gurdjieff*, Band 3, Seite 927.

4. Valentin Tomberg: *Anthroposophical Studies in the New Testament*, Spring Valley, NY; Candeur Manuscripts, 1985, Seite 135.

Kraft

Ich möchte nachdrücklich betonen, dass der bewusste Austausch zwischen den Reichen keine Metapher ist. Er hat nichts damit zu tun, einfach bloß die Hände in die dünne Luft zu strecken und einen märchenhaften Segen zu erhalten. Wir haben es hier mit einem echten energetischen Austausch zwischen den Reichen zu tun, und die Tauschwährung ist eine äußerst feine und hochfrequente Qualität der Aufmerksamkeit, die uns in diesem Reich als eine Form übersinnlicher (oder radialer) Energie erscheint, im Reich des Imaginativen jedoch eine wirkliche *Substanz* ist, kinetisch und hochwirksam. Wir können sie uns als eine Art »Blut« vorstellen, das durch den Kesdschan-Körper fließt (Gurdjieff nannte es »Ganbledzoin«). Um den Kanal freizuräumen, in dem diese hochenergetische Substanz durch unsere noch immer menschliche Einfassung fließen kann, ohne dabei inneren oder äußeren Schaden anzurichten, benötigen wir eine strikte innerliche Vorbereitung und eine ununterbrochene äußere Wachsamkeit.

William Segal schreibt in dem bereits mehrfach erwähnten Essay "The Force of Attention": »Bewusste Aufmerksamkeit ist ein Instrument, das wie ein Kristall auf einer eigenen Frequenz schwingt. Von allen inneren Geräuschen gereinigt, [...] vermag sie die Signale zu empfangen, die in jedem Moment von einem kreativen Universum im Austausch mit allen Geschöpfen gesendet werden.« Das ist der Kern des energetischen Austauschs innerhalb des Bewussten Kreises, und es ist wichtig, sich daran zu erinnern, wer die Spieler und Spielerinnen auf der anderen Seite sind: Sie sind die *Angekommenen*, jene, die es zu Lebzeiten geschafft haben, etwas in sich zu kristallisieren, das ihnen eine kraftvolle persönliche Beständigkeit jenseits des physischen Todes ermöglicht. Diese Wesen gehören zu einer höheren Ordnung der Stofflichkeit, und die Kraft, die durch diesen Austausch fließt, darf nicht unterschätzt werden. »Ein Mensch ohne Körper ist unendlich viel lebendiger als ein Mensch mit einem Körper«, beharrte mein Sufi-Lehrer Murat Yagan – zumindest was jene angeht, die diese entscheidende Kesdschan-Schwelle überschritten haben. Im Jahr 2015, als ich die Grabstätten einiger der Sufi-Heiligen des Naqschbandīya-Ordens besuchte, welche zu den spirituellen Vorfahren Murat Yagans gehören, verstand ich exakt, was er meinte. Der Druck der spirituellen Energie, die von diesen Gräbern ausgeht, haute mich buchstäblich um. Diese bewussten Wesen auf der anderen Seite strahlen zweifellos Kraft aus; das ist ihre Art der Übertragung. Üblicherweise wird sie nicht so sehr als eine Vision oder Botschaft empfunden (beides wäre dafür zu langsam), sondern als ein *unmittelbares Erkennen,* übertragen mit der für das betreffende Wesen charakteristischen Signatur. Kraft wird übertragen und Kraft wird empfangen.

In der klassischen Hagiographie wird diese Kraft häufig als ein Nimbus dargestellt, ein Lichtschein, der das Haupt der heiligen Person umgibt. Wir täten gut daran, unser Augenmerk sehr genau auf die Energie zu richten, die in diesem traditionellen Symbol abgebildet wird. »Es ist Licht im Inneren eines Lichtmenschen, und er erleuchtet die ganze Welt«, heißt es im Logion 24 des Thomasevangeliums. Wenn der zweite Körper in einem lebenden Menschen wächst, nehmen Kerzenstärke und Bündelungskraft dieses Lichts substanziell zu, manchmal auch geometrisch. Der B-Einfluss-Lehrer verwandelt sich in einen C-Einfluss-Lehrer, der fähig wird, *baraka* (»Segen«) zu übertragen, eine energetische Übermittlung, die den Zustand ihres Empfängers vorübergehend erhebt. Dann fließt ein »Strom« durch den physischen Körper, der von einem selbst wie auch von anderen direkt wahrgenommen werden kann. Es ist ein Zeichen dafür, dass die Energie, welche unmittelbar aus »der Welt des geistigen Lebens« gezogen wurde, wirklich zur eigenen nachhaltigen Nahrung geworden ist und der Übergang zu einem Kesdschan-Körper begonnen hat.

Dieses wachsende Geschenk geht mit einer zunehmenden Verantwortung einher; auch darüber haben wir bereits gesprochen. Dies als ein Zeichen persönlicher spiritueller Errungenschaft zur Schau zu stellen, ist ein grober und gefährlicher Trugschluss. Zwar muss das Geschenk nicht grundsätzlich verheimlicht werden, doch es sollte manchmal durchaus verhüllt bleiben, um denjenigen keinen Schaden zuzufügen, die noch nicht bereit sind, es zu empfangen. Und es darf nie vergessen werden, dass auch das Ausüben dieser verhältnismäßig kleinen Menge an echter spiritueller Kraft einiges an gewichtiger Rechenschaftspflicht mit sich bringt. Wie der zeitgenössische spirituelle Meister Hameed Ali meinem Freund Russ Hudson wohlweislich riet: »Für das, was in dir ausgebildet wurde, musst du Verantwortung übernehmen.« Wenn wir erkennen, dass dem Samen, der in uns zu wachsen beginnt, nun ein

Pfandrecht an unserem Leben zukommt, macht es diese Verantwortung manchmal erforderlich, die Türen zu dem zu schließen, was uns einst als offene Möglichkeiten in unserem Leben erschien.

Temporär permanente Individualität

Die inneren Traditionen bestehen einmütig darauf, dass mit der Arbeit an der Belebung des zweiten Körpers bereits in *diesem* Reich begonnen werden muss, also während wir uns noch unter den Bedingungen des irdischen Lebens befinden. Die Stärke, die Intensität und der Mut des »reinen Werdens« der Seele in *dieser* Welt bestimmen deren Wirkung in der nächsten. Nach dem Ende der irdischen Zeitlichkeit ist, laut Jakob Böhme: »kein Bessermachen, sondern jedes bleibt als es hineinkommt.«[5] Weiteres Wachstum ist nicht mehr möglich.

Ich persönlich habe mich mit dem zweiten Teil dieser Anweisung schon immer ein bisschen schwergetan. Sie vermittelt mir allzu sehr den Anschein, als würde hier die Kausalität der niedrigeren Ordnung (wo Wachstum als eine Funktion der Zeit verstanden wird) derjenigen einer höheren Ordnung übergestülpt und als würde die Freiheit höherer Reiche, so zu handeln, wie es ihnen beliebt, eher willkürlich herabgesetzt. Gurdjieff, als eine der hiervon abweichenden Stimmen, behauptet in *Beelzebubs Erzählungen für seinen Enkel* nachdrücklich, dass, wenn hier »unten« erst einmal eine bestimmte Schwelle der Kristallisation erreicht sei, die Reise der Seelenbildung zu ihrem äußersten Endpunkt ununterbrochen (ohne Reibung der Zeit, die diesen Prozess verlangsamen würde) weitergehe bis zur vollen Erlangung einer »permanenten Individualität«, die in allen Kosmen der geschaffenen Ordnung lebensfähig sei. Entlang des gesamten Schöpfungsstrahls, egal an welchem Punkt wir uns darauf auch befinden mögen, strömen uns aus einem größeren kosmischen Wohlwollen, das fest auf unserer Seite ist, ungehindert Hilfe und Segen zu (und ja, auch gelegentliche Wunder).

Doch es wäre zweifellos klug, als praktischen Ausgangspunkt den Konsens zu beherzigen, der besagt, dass es sinnvoll und sehr

5. Jakob Böhme: *Vierzig Fragen von der Seelen* [1620], Amsterdam: Hans Fabeln, 1648, Seite 156.

empfehlenswert ist, bereits hier und jetzt, während man noch die Tarnfarben seiner irdischen Form trägt, mit der Arbeit des Aufbaus des zweiten Körpers zu beginnen. Die Voraussetzungen für diese innere Entwicklung sind hier nämlich außerordentlich günstig (in Tat und Wahrheit ist dies auch die einzige Möglichkeit, den ansonsten so absurd schwierigen äußeren Bedingungen des irdischen Lebens einen Sinn abzugewinnen), und dank der Vermittlung des Bewussten Kreises geschieht unsere Arbeit in zwei Welten simultan und unser Kosmos ist gleich doppelt gesegnet.

Der Kesdschan-Körper repräsentiert die unterste Sprosse auf einer Leiter von zunehmend feineren Abstufungen des »wahren Ichs« oder der permanenten Individualität. Er ist es, der uns sozusagen »durch das Tor bringt« und uns zur Hochzeitsgesellschaft Zutritt verschafft. Doch sind wir mit ihm noch immer weit davon entfernt, jene dauerhafte Individualität zu besitzen, die wir Menschen so leichtfertig als »unsere Seele« in Anspruch nehmen; unsere Seele ist in diesem Leben noch nicht einmal am Keimen und schon gar nicht transformiert. Die Kesdschan-Selbstheit verfügt über etwas, das man sich als »temporär permanente Individualität« vorstellen könnte: unsterblich in der Sphäre des Persönlichen (in den Welten 12, 24 und 48) und das Instrument par excellence für unsere Beteiligung am Wirken des imaginativen Reichs. Doch sie ist in jederlei Hinsicht ein *Übergangskörper,* dessen Laufzeit endet, wenn wir uns der entfernteren Grenze von Welt 12 nähern. Jenseits davon, also wenn wir uns über die Sphäre des Persönlichen hinaus und in die Sphäre des Kausalen bewegen, wird ein anderer Körper benötigt, der eine noch kristallinere Stofflichkeit aufweisen muss, damit er uns weitertragen kann.

Die »Dauer« unseres Verbleibens in der noch immer unbeständigen Selbstheit der feinstofflichen Reiche ist in einem gewissen Sinn auch eine Wiederholung des soeben geschilderten Szenarios, nur auf der nächsthöheren Ebene: So wie unser irdisches Reich die »Tarnfarbe« für die Entwicklung des zweiten Körpers gewährt, liefern die imaginativen und christischen Reiche die benötigte Tarnfarbe für das Wachstum des dritten und des vierten Körpers, des astralen und des kausalen. Die »Dauer« unseres Aufenthalts in den persönlichen Reichen wird bis zu einem gewissen Maß von der Länge des Reifungsprozesses dieser feinstofflicheren Körper bestimmt, und auch während dieses Reifens wird uns Hilfe zuteil – nicht ausschließlich aus den höheren Reichen, sondern bemerkenswerterweise auch aus den niedrigeren. Ich werde in Kürze auf diesen Punkt zurückkommen.

Jedenfalls muss noch einmal betont werden, dass der Kesdschan-Körper noch nicht über eine vollständige permanente Individualität verfügt. Es wird noch zu einem zweiten Tod kommen, einem »zweiten Raskuarno«, wie Gurdjieff uns einschärft, der die Auflösung unserer persönlichen Selbstheit kennzeichnet und die »Geburt« in eine Kausalität hinein, die uns entweder wie eine totale Zerstörung vorkommen wird oder wie ein Leben von solch intensiver Schwingungsfeinheit, dass der normale Bildschirm des menschlichen Bewusstseins sie noch nicht einmal registrieren kann.

Diese Erkenntnis bringt einen unwiderruflichen und bis jetzt noch nicht angesprochenen Aspekt der Arbeit mit sich, die vom menschlichen Teil des Bewussten Kreises der Menschheit geleistet wird: nämlich die Unterstützung der fortgesetzten spirituellen Entwicklung jener, die sich bereits auf der anderen Seite befinden. Diese fortgeschrittenen Wesen befinden sich nämlich selbst in einem Zustand des Wachstums und des Übergangs und auf der nächsten Etappe ihrer Reise zu permanenter Individualität. Wenn wir uns ihnen im Bewussten Kreis anschließen, liefert ihnen unsere Teilnahme die Möglichkeit, sich selbst in dem weiterzuentwickeln, was Jakob Böhme »Majestät« und »Beweglichkeit« nennt – im *Erglühen* ihrer Präsenz und im *Rahmen* ihres Wirkens. Zu diesem Zweck können wir ihnen unsere Unterstützung zukommen lassen: manchmal ganz einfach dadurch, dass wir ihnen Gelegenheit für ihr weiteres Wachstum und die Prüfung ihrer spirituellen Spannweite bieten, manchmal in der Form weiterer Läuterung und Heilung jener Schattenelemente, die in ihnen noch nicht beigelegt sind (und nein, diese verschwinden nicht einfach mit dem provisorischen Selbst; tiefere Wunden bedürfen der tieferen Heilung in den imaginativen und christischen Bandbreiten, bevor die endgültige Befreiung von diesen persönlichen Reichen möglich ist.)

Gurdjieff erkannte schon früh die außerordentlich hoffnungsvolle Botschaft, die in der herkömmlichen, für unser modernes Empfinden so abstoßend wirkenden Vorstellung vom Fegefeuer enthalten ist: nämlich dass Gebete und Segnungen vonseiten der Lebenden jene geliebten Menschen, die sich nicht mehr im physischen Leben befinden, tatsächlich zu erreichen vermögen und deren Arbeit des Heilens und Transformierens fortsetzen können.

Dem heiligsten Planeten in seiner mythischen Galaxie gab er sogar den Namen »Heiliger Planet Fegefeuer«, wohin gemäß Gurdjieff fortgeschrittene Seelen schließlich gelangen müssen, um auf ihre letzte Verklärung zu warten. Diese Einsicht beinhaltet die wuchtige Mahnung, dass die gegenseitige Ernährung wirklich gegenseitig ist. So wie ein winziger, in einen Ofen geworfener Zweig ein glimmendes Holzscheit wieder entflammen kann, ist es für die kleinsten Zweiglein unserer menschlichen Treue und Liebe möglich, sogar das Herz eines trauernden Großen neu zu entfachen.

Die vermögendere Seele

In den meisten Fällen ist es der individuelle Kesdschan-Körper, der das Vehikel zur Beteiligung am Bewussten Kreis darstellt. Genau darum ging es in den früheren Parabeln, die wir uns betrachtet haben (jener vom Hochzeitsgewand und jener von den Öllampen der zehn Brautjungfern). Der Kesdschan-Körper wird belebt durch die Qualität und Quantität unseres individuellen Strebens. Dieses ist normalerweise nicht übertragbar. Doch es gibt Ausnahmen von dieser Regel.

Die vermögendere Seele stellt innerhalb des größeren Musters der Partnerschaft des Bewussten Kreises einen besonderen Fall dar, in welchem die Brücke zwischen den Reichen auf eine besondere Art in einem einzigen Kesdschan-Körper lokalisiert ist, den sich zwei Liebende miteinander teilen, die vorübergehend auf den beiden unterschiedlichen Seiten des Tals des Todes gestrandet sind. Noch in der Zeit dieses Lebens haben diese Liebenden (die offensichtlich keine Neulinge auf dem spirituellen Weg sind) sich gelobt, in einem gemeinsamen Kesdschan-Körper zu verschmelzen, der als Vehikel sowohl für eine besonders intime und wirksame Übertragungsart zwischen den Reichen dienen wird als auch für die andauernde Entwicklung beider hin zu echter permanenter Individualität.

Während authentische Bindungen zwischen den Reichen von Liebenden jedweder Beziehung gebildet werden können – Elternteil und Kind, Bruder und Schwester, Lehrerin und Student –, ist die Verbindung der vermögenderen Seele insofern einzigartig, als dass sie sich direkt des Feuers des verklärten Eros (also der sexuellen Energie) bedient, um die Verschmelzungsarbeit zu leisten.

Diese Energie von Welt 6 wird von vielen spirituellen Lehrern (wie zum Beispiel von John G. Bennett[6]) als die feinstofflichste Substanz betrachtet, mit der Menschen arbeiten können, solange sie sich noch in ihrem physischen Fleisch aufhalten; und in jedem Fall ist es diese Energie, die der besonderen Konfiguration der vermögenderen Seele ihre außergewöhnlich generative Potenz verleiht.

Boris Mouravieff, ein Außenseiter unter den Gurdjieff-Anhängern mit starken Neigungen zum orthodoxen Christentum, sprach in seiner dreibändigen Studie *Gnosis* als einer der Ersten über diese Möglichkeit.[7] Mouravieff bezeichnet diesen Pfad der Transformation als »Fünften Weg«, eine bewusste Anspielung auf Gurdjieffs berühmten Vierten Weg.[8] Während der Vierte Weg für den Pfad des bewussten Menschen steht, in dem sich durch gewissenhafte innere Arbeit allmählich der zweite Körper kristallisiert, ist der Fünfte Weg derselbe Pfad der bewussten Arbeit und des absichtlichen Leidens, der jedoch willentlich in intimer Partnerschaft mit einem geliebten anderen Menschen gemeinsam beschritten wird. Es ist der Weg der bewussten Liebe. Auf ihm wird die psychologische Schlacke blitzschnell verbrannt – sowohl aufgrund seines Spiegelungsvermögens als auch wegen der tiefgründigen Verklärung der Herzen in ihrer totalen Opferung auf dem Altar des geliebten Menschen. »Echte Liebe erfordert Opfer«, schrieb ein weiterer, anonymer Befürworter dieses Weges, »weil echte Liebe eine transformierende Kraft ist und an sich die Geburtswehen der Vereinigung auf einer höheren Ebene darstellt.«[9] Darin drückt sich die Essenz dieses feurigen, alles verzehrenden Weges aus.

6. Siehe dazu unter anderem John G. Bennett: *Sex und spirituelle Transformation,* Xanten: Chalice Verlag, 2012.

7. Boris Mouravieff: *Gnosis,* Newbury, MA: Praxis Institute Press, 1989.

8. Gurdjieff bezeichnete seine Lehren als den »Vierten Weg« in Unterscheidung zu den traditionellen Wegen des Fakirs (»Erster Weg« des Kampfes mit dem physischen Körper), des Mönchs (»Zweiter Weg« des Glaubens und des religiösen Gefühls) und des Yogis (»Dritter Weg« des Wissens und des Denkens). Der Vierte Weg ist der Weg des *Verstehens* und propagiert die gleichzeitige harmonische Entwicklung aller Aspekte des menschlichen Wesens. Er verläuft nicht in Zurückgezogenheit, sondern mitten im normalen Alltagsleben und verlangt von einem Menschen, der ihn geht, dass er – außer unter Anleitung eines erfahrenen Lehrers – nichts tun darf, was er nicht wirklich versteht [A.d.Ü.].

9. *A Recapitulation of the Lord's Prayer,* privat verbreitete Veröffentlichung, Seiten 88–89. Der anonyme Autor dieser Schrift, ein englischer Gentleman und Schüler von P.D. Ouspensky, war zusammen mit einer kleinen Gruppe von dessen engagiertesten Schülerinnen und Schülern anwesend, als dieser starb. Er war

Aus der Perspektive der Welten legt dieser Pfad des Fünften Weges auf eine äußerst konzentrierte Art und Weise auch dar, wie die Liebe direkt am Nadelöhr aussieht, wo die Verklärung des $a = e \times k$ ihre volle Kraft entfaltet. Von hier aus wird eine sehr starke Infusion reiner Agape freigesetzt und eine direkte Verbindung zu Welt 12 geöffnet, wo der Göttliche Eros, auf seiner Reise durch die begrenzten Reiche gänzlich besänftigt (oder *apprivoisé*), zurückgegeben wird ins Unendliche im innersten Heiligtum jenes »verborgenen Schatzes, Der Sich danach sehnt, erkannt zu werden.«

Als Rafe starb, erbte ich unvermittelt eine vermögendere Seele. Wir hatten zwar auf dieses Ziel hingearbeitet, aber in der Nacht seiner Totenwache wurde sie mit einer Geschwindigkeit und Kraft geboren, die uns beide verblüffte. Meinerseits dauerte es eine Weile, bis ich mich an diesen neuen Zustand gewöhnt hatte. Ich erinnere mich gut an jenen Nachmittag, ich war bereits seit einigen Monaten am Trauern und erging mich in der Gefühlsduselei einer Maria Magdalena im Garten von Gethsemane – »Gärtner, bitte, lass mich seinen *Körper* sehen!« –, als Rafe das ganze pathetische Drama, plötzlich wie ein Karateschlag, mit einem einzigen Ausruf durchbrach: »Dein *Leben* ist mein Körper.« Da begriff ich. In diesem tollpatschigen Rennen auf drei Beinen, in dem wir uns nun befanden, würde jede von mir getroffene Entscheidung, jeder meiner Eindrücke, jede Straße, die ich nahm oder nicht nahm, die äußere Form unserer inneren Einheit sein. In guten wie in schlechten Tagen würden wir diesen Körper gemeinsam zum Wachsen bringen.

Im Verlauf der seither vergangenen zwei Jahrzehnte haben wir beide uns gemeinsam wachsen sehen und waren darüber sicherlich nicht unzufrieden. Unsere Beziehung hatte schon immer den Aspekt einer echten Schams-und-Rūmī-Konstellation, in der das implizite Einverständnis herrschte, dass ich Rafes brillante intuitive Erkenntnisse übernahm und sie in eine Lehre übersetze. Während meine Wertschätzung seiner spirituellen Begabung im Laufe dieser Belichtungszeit ständig anwuchs, bemerkte ich erfreut auch das gleichzeitige Zunehmen seiner eigenen Majestät und Beweglichkeit auf seinem Weg durch die imaginativen und christischen Reiche in Richtung des Ortes, von dem ich vermute, dass dort schon

von dessen Sterbeprozess dermaßen bewegt, dass er sich danach für mehr als ein Jahrzehnt nach Indien in die Einsamkeit zurückzog. Dieser kleine, privat verbreitete Band repräsentiert die Synthese seiner lebenslangen Gelehrsamkeit und spirituellen Weisheit.

die ganze Zeit über sein spirituelles Schicksal lag: des Kausalen. Wie bereits bemerkt, war es kein Zufall, dass ihm ein intuitiver Abt den Ordensnamen »Raffael« gegeben hatte; das Zepter des Erzengels war an ihm bereits auf geheimnisvolle Weise sichtbar unter seinen abgetragenen Arbeitsjeans und Cowboystiefeln.

Für mich war es eine wilde Fahrt. Meine eigene Spiritualität ist mühelos weitergewachsen dank der Unterstützung, die ich erfahre, wann immer ich aus unserer gemeinschaftlichen spirituellen Erkenntnis heraus arbeite und unterrichte, die dank unserer gemeinsamen Kesdschan-Basis für mich so offen zugänglich ist. Der zermürbende Aspekt an der ganzen Sache liegt darin, dass ich mehr weiß, als ich weiß, und daher häufig von einer Ebene aus lehre, die oberhalb dessen liegt, was ich selbst spirituell »erlangt«, also individuell integriert und in mir geerdet habe. Es hat nichts zu tun mit einem Channeln von Rafe, und es ist auch keine Lippensynchronisation dessen, was er mir beibringt; wir beide gehen definitiv gemeinsam einen neuen Weg. Aber ich bin mir stets schmerzhaft bewusst, dass es eine Kluft gibt zwischen dem, was ich in Verbindung mit ihm weiß und aufrechterhalten kann, und dem, was ich auf mich allein gestellt weiß und untermauern kann. Genau diese Kluft war es, die Johnny, spirituell intuitiv, wie er nun mal ist, so aufbrachte; er musste sie als Scheinheiligkeit verstehen. Ob es eine solche ist oder einfach nur die Unsicherheit des Petrus beim Gang über das Wasser, ist mir selbst noch immer nicht klar; doch ich weiß, dass ich sein diesbezügliches Unbehagen teile und dass dieses im Streit auf unserer winterlichen Odyssee wahrscheinlich ein weitaus größerer Faktor war, als ich vermutet hatte.

Was also wird aus dieser vermögenderen Seele, wenn auch ich auf der anderen Seite sein werde? Schon heute bin ich älter, als Rafe es war, als er diesen Planeten verließ, und es ist klar, dass er in seiner kontinuierlichen Ausdehnung seiner kosmischen Spannweite mittlerweile diesem Kesdschan-Vehikel so gut wie entwachsen ist. Was wird also aus unserer »temporär permanenten Individualität«? Wird sie sich in Richtung einer permanenten Individualität oder einer permanenten Auflösung entwickeln? Werde ich in seinem Windschatten den zweiten Raskuarno erleben oder werde ich wie Aschenputtel um Mitternacht Zeugin davon, wie sich mein Hochzeitsgewand in Lumpen zurückverwandelt?

»Still!«, sagt Rafe. »Du wirst es sehen. Nichts wird uns genommen.«

Mit starker Strömung an die Oberfläche

Es ist immer ein Fehler, die Zeitachse allzu eng an die eigene Epoche anzulegen. Aus unserer beschränkten historischen Perspektive fühlt sich jede Zeit wie das Nadelöhr des Imaginativen an. Das gegenwärtige, vor allem aus New-Age-Kreisen zu hörende Gerede darüber, unser Zeitalter markiere den unmittelbar bevorstehenden zweiten axialen Durchbruch, muss mit mehr als nur einer Prise Teilhardscher Vorsicht genossen werden. Wir sollten uns daran erinnern, dass gemäß Teilhard de Chardin die steigende Flut des Bewusstseins in geologischen Äonen gemessen wird, nicht in menschlichen Jahrzehnten.

Und dennoch lassen es einige Zeichen unserer heutigen Zeit geboten erscheinen, auf eine besondere Weise achtsam zu sein. Ich habe bereits dargelegt, dass Weisheitsschulen entweder an den Scheitelpunkten großer Vorwärtssprünge des Bewusstseins oder in Zeiten planetarischer Destabilisierung aus dem Untergrund an die Oberfläche treten; und dass sich unsere Gegenwart in beiderlei Hinsicht dafür qualifiziert, können wir alle bezeugen. Zu den beiden genannten Kennzeichen möchte ich noch ein drittes hinzufügen, das mich mit Blick auf eine mögliche Intervention vonseiten des Imaginativen wirklich aufmerksam hat werden lassen: Im engeren Rahmen meiner eigenen christlichen Traditionslinie war im letzten Jahrzehnt ein markanter und beschleunigter Exodus spiritueller Meisterinnen und Meister hin zur anderen Seite zu verzeichnen. Rafe (der im Jahr 1995 verstarb) haben sich mittlerweile Raimon Panikkar (2010), Murat Yagan (2013), Beatrice Bruteau (2014), Bruno Barnhart (2015), Bernadette Roberts (2017) sowie Thomas Keating und Joseph Boyle (beide im Oktober 2018) angeschlossen. Die hoch konfigurierte »Doppelhelix« des Übergangs der beiden zuletzt Genannten wird Gegenstand meiner Reflexionen im folgenden Tropus sein. Fast alle Menschen, die einst meine persönlichen Lehrer und Lehrerinnen waren und deren Weisheit aus diesen Seiten hervorleuchtet, befinden sich mittlerweile auf der anderen Seite.

Obschon dies in gewisser Weise der unvermeidliche Lauf der Dinge ist, wenn man sich selbst in seinen Siebzigern befindet, erscheinen die rasche Folge und die besondere Konstellation doch etwas allzu auffällig, als dass ich sie ignorieren könnte. In der imaginativen Kausalität ist der Grund dafür unschwer auszumachen: Ihre Kraft wird dort drüben deutlich verstärkt. Solange es auf dieser Seite genügend willige Hände gibt, wird sich die Arbeit in dieser Konfiguration weitaus kraftvoller fortsetzen. Und dies insbesondere dort, wo sie ins »Herz der Erde« vorstößt, sowohl ökologisch gemeint als der Ort, von dem aus Jesus die Gegebenheiten dieses Reichs in seine Arme schloss und heiligte, als auch metaphorisch als die der christlichen theologischen Vorstellungskraft zugrunde liegende Struktur, die auf einer non-dualen Basis systematisch neu ausgerichtet werden muss, falls das Christentum eine ernstzunehmende Rolle im nächsten Abschnitt unserer kollektiven bewussten Evolution spielen will. Und so erscheint mir diese Verlagerung in Richtung des imaginativeren Teils des Bewussten Kreises grundsätzlich als ein großes Zeichen der Hoffnung. Tatsächlich werden unserem *mixtus orbis* bedeutungsvolle und mächtige Verschiebungen widerfahren, und sie haben bereits begonnen. Hier, an unserem Ende des Ruders in Fleisch und Blut, ist die Zeit der Tagträumerei und des Zögerns vorbei. An Deck braucht es jetzt alle Hände.

Tropus
Thomas und Joseph

Thomas Keating ist weltweit bekannt. Als Hauptbegründer des Gebets der Sammlung und als einer der Patriarchen des christlichen kontemplativen Wiedererwachens wirkte er in dieser Welt sehr kraftvoll. Ich hatte das Glück, ihn mehr als dreißig Jahre lang als meinen Lehrer und geistigen Vater gekannt zu haben und insbesondere während seiner letzten fünf Jahre sein eigenes stetiges Wachsen beobachten zu dürfen – hin zu einem wahrhaft globalen und non-dualen Bewusstsein. Er lebte ein langes Leben bis ins hohe Alter von fünfundneunzig, und in jenen letzten fünf Jahren begannen unsere jährlichen Zusammenkünfte immer mit seiner feierlichen Ankündigung: »Dies ist das letzte Mal, dass ihr mir im menschlichen Leben begegnen werdet.« Doch es sollte anders kommen. Es war mir vergönnt, während dieser Zeit, in der er auf die Zielgerade einbog, noch vier Mal in seiner Gegenwart zu sein und danach, während seiner überwältigend intensiven Totenmesse in der Trappistenabtei in Spencer, Massachusetts, direkt neben seinem Körper zu sitzen – wahrlich eine kosmische Initiation. Es war ein Wunder und ein Privileg zu sehen, wie ein brillantes Leben der Suche und des Dienens an sein Ende kam.

Joseph Boyle ist ein Schatz, der nur einem relativ kleinen Kreis bekannt ist. Er verfasste keine Bücher, war kaum an öffentlichen Veranstaltungen anzutreffen (auch zu diesen wenigen musste er gedrängt werden) und bevorzugte das eher verborgene Leben des traditionellen klösterlichen Weges. Von seinen siebenundsiebzig Jahren hatte er sechzig als Mönch gelebt, die letzten dreißig davon als hochgeschätzter Abt des Benediktinerklosters in Snowmass, Colorado. Er war der Gemeinschaft im Alter von achtzehn Jahren beigetreten, und sein damaliger Abt war Thomas Keating gewesen. Später kehrten sich die Ämter um, und er wurde der Abt von Thomas Keating; sechzig Jahre lang spielten die beiden diesbezüglich miteinander Bockspringen. Joseph war es, der Thomas die Erlaubnis erteilte, über die Leitlinien des institutionellen Trappistenlebens hinauszuschweifen, und er stellte tatsächlich das ganze Kloster in den Dienst von Thomas' kühner Vision einer »kontemplativen Öffnung«. Übrigens war er auch der Abt, der Rafe und mir den Segen für unsere Beziehung gab, die die Grenzen zugegebenermaßen ziemlich austestete. »Ich konnte sehen, dass es ihm half«, sagte Joseph. Für ihn war die Rolle des geistigen Vaters die wichtigste Priorität der Abtfunktion; mit jeder Faser seines Wesens half er allen Menschen, sich genau so zu entwickeln, dass sie ihre Erfüllung als einzigartiger individueller Selbstausdruck der christischen Liebe zu finden vermochten. Egal, was dazu notwendig sein sollte.

Joseph verstand sich nicht als Intellektueller. Er ging mit sich selbst hart ins Gericht darob, dass er so wenig Zeit mit Lesen verbrachte. Doch tatsächlich waren selbst die vorgeschriebenen Lesezeiten für ihn eine Geduldsprobe, weil sie ihn von dem abhielten, was er als seine wahre Herzenslektüre empfand: die pulsierende Welt um ihn herum. Lieber wanderte er in den Bergen, blickte in den Nachthimmel und begrüßte persönlich den nicht abreißenden Strom von Besuchern und Besucherinnen, die, angezogen von seiner ausstrahlenden natürlichen Gastfreundschaft, immer wieder zu Andachten und Exerzitien zurückkehrten. Über die Jahre schufen so Joseph und all diese Menschen gemeinsam »das magische

Kloster« (wie es Theophane, einer der Betbrüder, zu nennen pflegte): ein winziges klösterliches Camelot des menschlichen Erblühens und der Freude.

In den letzten zehn Jahre ihres Lebens konnte ich die allmähliche Verklärung dieser beiden Männer mitverfolgen, obwohl sie unverwechselbare Persönlichkeiten blieben. Thomas entwickelte sich mehr und mehr zu einer Verkörperung dessen, was Gurdjieff das »höhere *geistige* Zentrum« genannt hatte. Seine Klarheit, die Stärke seiner Präsenz und die Größe seiner universellen Vision wuchsen sprunghaft. Und Joseph wurde mehr und mehr zu einer Verkörperung des reinen Herzens, des höheren *emotionalen* Zentrums. Irgendwann erschienen sie mir mit einem Mal wie ein gemischtes Team aus Welt 12 und Welt 6. Joseph löste sich rasant auf zu einem reinen Strahlen der Liebe, gleich einem glühenden Stück Kohle, das nichts als Wärme abgibt. Thomas wurde zu einem unvergänglichen Diamanten. Extrem klar und von einer Liebe erfüllt, die eher von gehärteter, transpersonaler Qualität war und weniger mit den Gefühlen dieser Welt im Dialog stand als mit »dem Kummer unseres Gemeinsamen Vaters«, was ganz gewiss angebracht ist, wenn das Geschenk der transformierten Agape in einer Fontäne kosmischen Erbarmens zurückgegeben wird in die kausalen Reiche.

Und so, wie sie zusammen gelebt hatten, schien es ihnen bestimmt zu sein, gemeinsam zu sterben – derart geheimnisvoll waren ihre menschlichen Leben auf diesem imaginativen Webstuhl ineinander verwoben. Anfangs Januar 2018, als ich auf der *Zoi* in der Karibik unterwegs war, erreichte mich der Anruf, dass Thomas wegen einer weiteren schweren bronchialen Infektion ins Krankenhaus eingeliefert worden sei und man bei Joseph Gallenblasenkrebs diagnostiziert habe. Der Winter verging. Thomas erholte sich zwar, doch seine untere Körperhälfte wurde immer schwächer; im Frühling konnte er sich kaum noch bewegen. Joseph musste sich einer Reihe scheußlicher Operationen unterziehen, gefolgt von Chemo- und Bestrahlungstherapie, und kehrte ins Benediktinerkloster zurück, um sich dort zu erholen. Im April wurde entschieden, Thomas zurück ins Mutterhaus in Spencer zu verlegen, wo eine Krankenpflege rund um die Uhr gewährleistet war. Josephs Krebs ließ kurzzeitig nach, bevor er zum Ende des Sommers umso aggressiver zurückkehrte. Im Frühherbst lagen beide Männer im Sterben.

Und so begann das außerordentliche letzte Kapitel.

Joseph starb am 21. Oktober 2018, vier Tage früher als Thomas. Joseph ging auf dieselbe Weise, wie er gelebt hatte: in anmutiger Ergebenheit, lachend und mit tröstenden Worten für seine Freunde, seinen Blick sanft auf Christus gerichtet. Alles so geräuschlos, wie Schnee, der im Frühling schmilzt.

Der Tod von Thomas – ich denke, das darf ohne Übertreibung so gesagt werden – verlief unerwartet schwierig. Zur Bedrückung aller, inklusive seiner eigenen, lebte er fast einen Monat länger, als es ihm vonseiten des Pflegepersonals als Äußerstes in Aussicht gestellt worden war. Er nahm nur noch drei Eier und ein paar Schluck Wasser am Tag zu sich. Zwei Wochen bevor er starb, saß er kerzengerade im Bett und sprach sieben Minuten lang, von einem Ort im Jenseits her, in gewaltigen Orakeln zur ganzen Welt und gab den ausdrücklichen Befehl, die Waffen zu strecken und den Weg des universalen Vertrauens und Mitgefühls zu wählen. Ich habe mir diese Botschaft, die mit dem Handy eines Mönchs hastig aufgezeichnet worden war, angehört: Sie fesselt die Seele. Er sprach von einem Ort totaler kosmischer Nacktheit her – »kein Ort hinzugehen, kein Beweis für irgendetwas, kein elementares Gegenüber«,[11] wie er ihn beschrieb. Es ging ihm nicht mehr um Konstruktionen, auch mit den von ihm am meisten geschätzten war er fertig. Ich konnte spüren, wie er in einer Art handgesteuertem freien Fall »zum Tor hinaus« flog. Und doch begegnete er bis

11. Anmerkung der Übersetzer: Diese fesselnden Worte (im Original: *"no place to go, no proof of anything, no fundamental face"*) fielen ohne Kontext, sodass man nicht der Versuchung unterliegen sollte, sie mit einer möglicherweise falschen Interpretation literarisch zu übersetzen. Die Autorin schrieb uns dazu: »Wie sehr ich mir auch wünschte, diese Worte genauer einzuordnen, so wenig kann ich es. Was Thomas damit sagen wollte wird letztlich ein Geheimnis bleiben. Schließlich war es keine schriftliche Aussage, sondern das undeutlich gesprochene und mit einem Mobiltelefon aufgezeichnete letzte Wort eines Sterbenden. Möglicherweise sagte Thomas auch *faith* (Glaube, Vertrauen) statt *face* (Gesicht, Antlitz, Äußeres, Gestalt). Das würde die Interpretation natürlich einfacher machen; aber ich und andere, die sich die Aufzeichnung angehört haben, glauben, dass das beabsichtige Wort *face* lautete. Das würde auch zu einem Thema passen, das Thomas in seinen letzten Lehrgesprächen besonders zu beschäftigen schien: die Auflösung aller Form und Manifestation in die »geheime Umarmung« grenzenloser Transzendenz. In dem Licht würde die Aussage vollkommen Sinn ergeben. Ich glaube, *"no fundamental face"* bedeutet: Er kommt nicht länger von einem Ort getrennter, begrenzter Identität her, und die Aufmerksamkeit hat keinen ›subjektiven‹ Pol mehr, von dem aus sie ihren Blick über die ›Objekte‹ schweifen lässt.«

ganz zum Schluss auch Schattenhaftem, seelischen und ebenso körperlichen Qualen. Es war eine tiefgreifende Pein, ein Ausbaggern des Schachts bis zu einer Tiefe, von der niemand angenommen hatte, dass ein solch frommer Mensch sie verdient oder auszuhalten hätte. »Manchmal scheint es, dass Menschen den falschen Tod sterben«, wie es die junge Novizin Constance in Francis Poulencs Oper *Gespräche der Karmelitinnen* formuliert.

Doch es war nicht der falsche Tod, denn unmittelbar nach seinem schmerzvollen letzten Atemzug begann die eigentliche Verklärung. Wie die beiden Mönche berichteten, die in seiner letzten Nacht bei ihm waren, erfüllte sogleich ein Duft den ganzen Raum und sein Gesicht entspannte sich zu tiefer Lieblichkeit. Obwohl er fast einen Monat lang auf dem Rücken gelegen hatte, zeigte sein Körper keinerlei wunde Stellen. Als ich eine Woche später bei seiner Beerdigung neben ihm stand, hatte ich den überwältigenden Eindruck, dass sein Körper keine Spur runzeliger oder welk geworden war; der Körper war einfach nur *entschwunden.* Er war eine maßstabsgetreue Version seiner selbst, doch absolut unversehrt, kraftvoll und auf eine majestätische Weise felsig, wie er den Raum seiner Totenmesse beherrschte mit der Macht eines auf seiner Bergspitze thronenden Moses. Sein Tod war der eines »Regenbogenkörpers«, wie man ihn in der Tradition des tibetanischen Buddhismus gut kennt, der in christlichen Kreisen allerdings normalerweise nicht wahrgenommen wird, in denen zu einer spirituellen Entwicklung über die christischen Reiche hinaus nicht wirklich ermutigt wird. Thomas durchschritt unmittelbar zwei Reiche und starb in jenen qualvollen Wochen in Spencer nicht nur den ersten Tod, sondern gleich auch den zweiten Raskuarno. Es war ein kataklystischer Übergang, und ich habe keinerlei Zweifel, dass er seinen Dienst im Bewussten Kreis jetzt von der kausalen Ebene aus erfüllt.

Doch ohne Joseph hätte er es nicht geschafft. Dessen bin ich mir sicher. Die spirituelle »Richtigkeit« ihrer miteinander verflochtenen Leben und Tode wurde praktisch von allen wahrgenommen, und ich selbst sprach darüber metaphorisch in einer Fürbitte, die ich in Snowmass am Morgen nach Thomas' Tod hielt: »Möge die Doppelhelix ihrer Leben die DNA und die RNA eines genetischen Codes der Liebe sein.« Ohne ein allgemeines Verständnis der zugrundeliegenden esoterischen Zusammenhänge war es mir damals nicht möglich, präziser zu werden, was dies betrifft. Aber nachdem wir nun ein ganzes Buch damit verbracht haben, diese Grundlagen darzulegen, möchte ich mein Bestes versuchen zu erklären, worum es hier tatsächlich geht, insbesondere weil es sich auch auf die Arbeit des Bewussten Kreises der Menschheit bezieht.

Laut dem Gesetz der Drei, Sie erinnern sich, »verschmilzt das Höhere mit dem Niederen, um gemeinsam ein Mittleres zu verwirklichen.« Zwischen Welt 6 und Welt 24 liegt Welt 12, die christische; und wenn Thomas nun kausale Wirkung ausübt, wird Welt 12 das neue Mittlere zwischen seiner Einflusssphäre und unserer Fähigkeit, diesen Einfluss als imaginative Nahrung zu empfangen. In seiner schönen Instanziierung[12] dieser christischen Präsenz bietet Joseph sich selbst hierzu als Brücke an. Seine gütige, freudige Personifizierung, nun zur Gänze »verkörpert« in den mystischen Leib Christi, erlaubt es Thomas' kausaler Kraft, in imaginative Modalitäten gefiltert und würdevoll empfangen zu werden. Gleichzeitig befreit es Thomas auf der höheren Ebene, der die Schechina, das so wuchtig aus seinem Wesen strahlende Leuchten der Einwohnung Gottes, nicht länger zu verschleiern braucht und dem es nun freisteht, es direkt als eine transformierende und kausal regenerative Kraft einzusetzen.

Im Grunde genommen präsentieren sich die beiden nun als eine lebendige Ikone dessen, was die mystische Theologie »die zwei Naturen Christi« nennt: logoisch und menschlich, verschmolzen in einem einzigen Strom der Liebe. Und sie liefern auch ein ausdrucksstarkes Bild für das nächsthöhere Niveau des Austauschs im Bewussten Kreis – nämlich zwischen den Welten 6, 12 und 24 anstatt jenem zwischen den Welten 12, 24 und 48, den wir bisher betrachtet haben. Das ist eine frohe Botschaft für unseren Planeten und auch eine gute Neuigkeit für das Christentum, die ein starkes Wiedererwachen seines wahren mystischen und kosmologischen Epizentrums verheißt. Und so fasse ich trotz der Unterbrechung Mut; ein leuchtendes neues Sternbild ist am Morgenhimmel aufgegangen.

12. Die Autorin verwendet diesen Begriff, »um die hier überraschend treffsichere Computersprache der modernen objektorientierten Programmierung zu verwenden: Brot und Wein [beispielsweise] wurden mit einer Instanziierung zu ›besonderen Instanzen‹ (oder Objekten) seines [Jesu] eigenen Auferstehungskörpers« (siehe CYNTHIA BOURGEAULT: *Jesus: Meister der Weisheit,* Seite 219) [A.d.Ü.].

Zehn
Der zweite Raskuarno

So möchte ich sterben:
In die Liebe hinein, die ich für dich hege,
So wie Wolken sich auflösen im Sonnenlicht.

Rūmī

DEN GRÖSSTEN TEIL DER VERGANGENEN ZWEI JAHRZEHNTE habe ich fest daran geglaubt, dass es am Ende dieses Rennens auf drei Beinen durch zwei Reiche hindurch zu einer Wiedervereinigung kommt: Rafe und ich würden uns in einem Augenblick purer Ekstase von Angesicht zu Angesicht gegenüberstehen, worauf dieses Kesdschan-Gefährt, das uns so lange zusammengehalten hat, endlich schmelzen und die permanente Form unserer Herzenzvereinigung offenbaren würde. Der zweite Raskuarno, feierlich vollzogen in unserer vermögenderen Seele.

Und das kann noch immer geschehen. Sollte es sich bewahrheiten, werde ich ihn ganz gewiss mit Freude empfangen.

Doch um ehrlich zu sein, muss ich gestehen, dass ich immer weniger Wert darauf lege. Nicht, dass ich glauben würde, meine Überlegungen hätten sich als falsch erwiesen – ganz im Gegenteil. Ich halte es noch immer für das Wahrscheinlichste, und diese Auffassung basiert auf den Karten, nach denen ich all diese Jahre navigiert und die ich auf diesen Seiten mit Ihnen geteilt habe. Das Ganze mag ein Konstrukt sein, doch wenn dem so ist, hat es sich über die Jahre hinweg als besonders robust und fruchtbar erwiesen, mir Einsichten und Segen gebracht und mir gute Dienste geleistet.

Meine Meinung *hat* sich jedoch geändert, und zwar insofern, als dass es nicht mehr ganz derselbe Verstand ist, der über dieser Auslegeordnung brütet und versucht, sich aus all den komplexen Zusammenhängen einen Reim zu machen. Es gibt zwei Möglichkeiten, auf denen Kartenmaterial ans Ende seiner Nutzungsdauer gelangt. Die erste besteht darin, dass uns eine der Karten den ganzen Weg zum Ziel geführt hat und wir sie folglich nicht länger benötigen, weil wir angekommen sind. Die zweite ist die, dass sich etwas in uns innerlich derart verändert, dass jede Notwendigkeit oder jeglicher Wunsch nach einer Karte einfach verschwindet. Und diese Veränderung habe ich während der letzten Monate, in denen ich mit dem Schreiben dieses Buches beschäftigt war, in mir bemerkt. Nicht, dass mich diese »letzten Dinge« nicht länger beschäftigen würden, aber ich denke einfach nicht mehr so viel darüber nach oder nicht mehr auf dieselbe Art wie bisher. Es interessiert mich in letzter Zeit immer weniger, was am Ende des Regenbogens liegt. Dafür steigt mein Verlangen herauszufinden, was es am Ende dieses Spiegelsaals zu entdecken gibt, den ich »mein Verstand« nenne.

Diese Interessenverschiebung schreibe ich vor allem jenem übermütigen Geist zu, der vor zwei Wintern in mein Herz segelte und es direkt ins Nadelöhr hineinschubste.

Do

»Obwohl einige Illusionen Konstrukte sind, sind nicht alle Konstrukte Illusionen.« In ihrem Buch *Old Age* bedient sich Helen Luke dieses Koans ausgiebig für eine glühende Exegese von Shakespeares Theaterstück *Der Sturm,* die Herz und Seele ihres anschaulichen Alterswerks bildet. Aus gutem Grund richtet sie ihren Blick auf den packenden und geheimnisvollen Moment, in dem der große Zauberer Prospero alle Aufgaben, die das Leben ihm scheinbar gestellt hat, bewältigt und sich in einer plötzlichen Wandlung des Herzens entschieden hat, Ariel zu entlassen, jenen magischen Luftgeist, der ihm in all den Jahren zu Diensten war und ihm zur Höhe seiner Zaubermacht verhalf. Als geschulte Jungianerin erkennt Luke in ihm die Kraft des Numinosen. Sie fragt: »Was bedeutet es für einen Menschen, der sich dem Tod nähert, den Ariel in sich freizulassen – den Stab zu brechen und das Buch zu versenken?«,[1] um dann auf ihre eigene Frage sogleich mit einer einzigen fesselnden Auslegung zu entgegnen: »Um eine Antwort zu finden, muss ein Individuum im Unbewussten nach seinem eigenen Bild eines Ariels – jenes ›über-

1. Helen Luke: *Old Age,* Seite 36.

mütigen Geistes‹ – suchen und ihn in der Vorstellung so lange neu erschaffen, bis seine Realität in der Psyche erkannt wird.«

Der Augenblick der Entlassung ist ein Wetterumschwung, der den Zeitenwechsel in Prosperos Leben markiert. Auf der einen Seite trug er den Mantel des Zauberers und unterwarf Menschen und Elemente magisch seinem Willen; auf der anderen Seite steht er entblößt und nackt vor dem Publikum und gesteht seine eigene Verletzlichkeit und Bedürftigkeit nach Gebeten ein:

Zum Zaubern fehlt mir jetzt die Kunst:
Kein Geist, der mein Gebot erkennt;
Verzweiflung ist mein Lebensend,
Wenn nicht Gebet mir Hilfe bringt,
Welches so zum Himmel dringt,
Dass es Gewalt der Gnade tut
Und macht jedweden Fehltritt gut.[2]

Was bedeutet es, alles loszulassen, was einen im Leben getragen hat? Was liegt auf der anderen Seite einer derart riesigen und vorbehaltlosen Spende des Selbsts? Für mich klingt es ein bisschen nach dem zweiten Raskuarno.

Mir ist bewusst, dass der zweite Raskuarno, technisch betrachtet, den Zusammenbruch des Kesdschan-Körpers bedeutet, wodurch der Weg zur nächsten Ebene feinstofflicher Manifestation eingeleitet wird. Doch metaphorisch gesehen, steht er für ein tiefergehendes Sterben, einen Abschied von allem, was man weiß, und von allem, was einen dorthin gebracht hat, wo man sich jetzt befindet. Und in diesem Sinne ist der zweite Raskuarno kein Unbekannter; wir proben ihn in jeder Phase unseres Lebens, die wir mutig umarmen und dann bereitwillig loslassen. In der linearen Zeit mag er »der zweite« sein, doch in der imaginativen Zeit kommt er zuerst; er liefert das zugrunde liegende Muster.

2. William Shakespeare: *Der Sturm* (Epilog) in *William Shakespeare – Werke in zwei Bänden,* herausgegeben von L. L. Schücking, München: Th. Knaur Nachf. Verlag, 1955, Seite 1206.

Re

Das Symbol Prosperos gärte bereits im letzten Frühling in meinem Hinterkopf, als ich die erste Fassung des Kapitels »Prospero, Jona und ›der Grieche‹« schrieb. So wie imaginative Synchronizität nun einmal funktioniert, war es keine wirkliche Überraschung, dass mir zwischen dem Beginn und dem Abschluss meiner Arbeit an diesem Buch eine Live-Vorstellung von *Der Sturm* schicksalhaft in den Schoß fiel, aufgeführt von unserem örtlichen Sommertheater, einer Truppe kreativer jüngerer Künstlerinnen und Künstler, die mehrheitlich aus New York City stammten. Sie entschieden sich nicht nur, das Stück unter Freiluft an einem abgelegenen Ort auf einer Landspitze von Deer Isle zu spielen, sondern besetzten obendrein die Rolle des Prosperos mit einer Frau. Ich hatte es nicht für möglich gehalten, doch die Schauspielerin gab ihn kraftvoll und mit einem Stil und einem körperlichen Auftreten, die mir auf eine unheimliche Art ähnelten. Gebannt schaute ich zwei Stunden lang zu, wie mein Leben vor meinen Augen ablief. Ich hatte sogar den Griechen dazu überredet, sich das Stück mit mir anzuschauen, und das hätte auch geklappt, wenn Jona & Co. nicht noch eine Runde gemeiner Tricks aus ihren Ärmeln hervorgezaubert hätten. Ich werde Ihnen die Geschichte später noch erzählen.

Dass sich *Der Sturm* für eine metaphysische Untersuchung aufdrängt, liegt zum Teil daran, dass Prosperos magische Konstrukte nicht einfach als Illusionen abgetan werden können. Im Verlauf der Jahre haben sie viel Gutes bewirkt. Dank seinen ausgeklügelten Beschwörungen und Zaubereien – und auch dank seinem wilden Optimismus und seiner demiurgischen Kraft, die er sich durch Ariel verschaffte – hat er sich, nachdem er unaussprechlichen menschlichen Verrat beging, wieder gefangen, seine Tochter sicher durch die Stürme gebracht und sie schließlich durch seinen letzten großen Trick, mit dem er ihren zukünftigen Ehemann auf ihrer verzauberten Insel gefangen hielt, zu Ganzheit und zurück in die menschliche Gemeinschaft geführt. Am Ende des Stücks sind alle wieder bei Verstand, erleichtert und können sie selbst sein. Den Schurken wird vergeben, die Gefangenen werden freigelassen, die gesellschaftliche Ordnung ist wiederhergestellt. Das Konstrukt hat seine Funktion erfüll und kann fallengelassen werden – nicht, weil es versagt hätte, sondern weil es erfolgreich war.

Mittlerweile wissen Sie natürlich, dass sich das Reich des Imaginativen für mich ganz ähnlich anfühlt. Es mag ein Konstrukt sein, doch es ist definitiv ein Konstrukt, aus dem viel Gutes entspringt und in dem die demiurgische Kraft der Schöpfung als solche – nennen wir sie »die Liebe, durch die Sonne und Sterne in Bewegung gehalten werden« – in den Dienst an diesem allzu endlichen *mixtus orbis* gestellt wird. Auf diesen Seiten habe ich der ausführlichen Beschreibung seiner Metaphysik, seiner Kosmologie, seiner Kausalität und seiner Etikette so viel Platz eingeräumt (und konnte hoffentlich auch ein Gefühl für seine Schönheit hervorrufen), weil ich aufrichtig daran glaube, dass es die allerbeste verfügbare Karte ist für eine Wiederbelebung unserer visionären Vorstellungskraft und unserer intrinsischen menschlichen Großzügigkeit. Es ist eine Karte von genügend großem Maßstab, um unsere kollektiven Herzen aufzunehmen und unserer Spezies den Weg zu weisen zu einem umfassenderen Sinn für Verantwortung, für Würde und, weiß Gott, für die *Weite* und das wahre Ausmaß der ganzen Sache. Wenn wir schon auf diesem Planeten sein müssen, dann können wir hier genauso gut weise und freundlich, froh und kreativ sein und aus »dieser zerbrechlichen Erde, unserer Heimatinsel« (in den Worten des *Book of Common Prayer of the Episcopal Church*) einen Ort der Heilung und des Wunders machen statt der Langeweile und der schäbigen Kleinkrämerei. Insoweit dieses Konstrukt des Imaginativen all das Obengenannte liefert, hat es sich seinen Platz verdient.

Und offen gesagt, ich liebe die Magie, die hier vor sich geht. Ein besseres kosmisches Zuhause als dieses, in dem ich all diese Jahre verbracht habe und mit dem sich die künstlerische wie auch die suchende Seite in mir unablässig beschäftigt haben, kann ich mir nicht vorstellen. Es ist ein Zuhause, in dem wir im Überfluss aus den demiurgischen Quellen trinken dürfen, welche die Seele mit Hoffnung fluten. Und wenn ich tatsächlich noch einmal Zauberstab und -buch beschworen habe, um dieses imaginative Schloss vor Ihren Augen zu weben, so deshalb, weil ich weiß, dass, was auch immer von jenem Ort aus in unsere Welt hinein gesagt sein will, wichtig ist und gerade jetzt dringend gebraucht wird. Als ich von meiner winterlichen Odyssee zurückkam, war eine Sache ganz sicher: Ich musste *schreiben,* und das habe ich hiermit getan.

Doch das Leben auf diesem stürmischen Grat ist auch ein Leben von geborgter Zeit, worum Prospero auf mysteriöse Weise bereits weiß; denn die Macht, die hier ausgeübt wird, ist nicht wirklich seine eigene, sondern die Ariels. Helen Luke kommentiert mit den passenden Versen von William Blake: »Wer eine Freude an sich bindet, des' beschwingtes Leben schwindet.« Der Tatsache jedoch, dass es sich hier eigentlich um eine Doppelbindung handelt, misst sie erstaunlicherweise wenig Bedeutung bei. Dieselbe Willenskraft, die Ariel gefangen hält, schließt nämlich auch Prospero in den verzauberten Kreis seiner eigenen Vorstellungskraft ein. Wo die demiurgische Kraft dem persönlichen Willen dient, findet sich noch immer keine echte innere Wahrheit, sondern nur Verzauberung. Und so wird – und *muss* – der vorbedingte Moment kommen, in dem Ariel wieder auf seine Freiheit drängt. Und auf wundersame Weise bricht das Herz dieses Mal weit auf und das, worum gebeten wurde, wird gewährt. Dann, und nur dann, beginnt die wirkliche Heilung.

Mi

Widerwillig stimmte der Grieche zu, sich das Stück mit mir gemeinsam anzuschauen. Wir kamen überein, mit seinem Schlauchboot den Weg über das Meer zu nehmen. Die dortigen Gewässer sind frei befahrbar und zudem seine absolute Komfortzone, sodass wir es für machbar hielten. An dem Samstagmorgen, an dem die Vorstellung stattfinden sollte, legten wir von der Anlegestelle des Inselstädtchens ab, schipperten hinüber zur kleinen Bucht hinter der Hauptbühne und fanden einen schönen Platz am Wasser mit prächtiger Aussicht. So weit so gut. Johnny, wie immer unbeschwert und gesellig, manövrierte uns an den Strand, wo er versuchte, ein Gespräch mit dem Darsteller des Caliban anzuknüpfen, der nahe am Ufer gerade sein Versteck bezogen hatte, von dem aus er in Kürze seinen großen Auftritt haben sollte. Caliban war wenig erfreut. Er verschwand kurz und hatte offenbar eine Unterredung mit der Produktionstruppe, denn einen Augenblick später erschien der Theaterdirektor und forderte uns mit irgendeinem Genuschel über »die Sicherheit der Schauspieler« auf, woanders anzulegen. Diese Abfuhr bewog den Griechen, den Seilzug seines Anlassers mit einem besonders ostentativen Ruck zu ziehen und in der energischen Absicht, einen eindrücklichen Anfahrstrudel zu hinterlassen, der wohl »den Stab brechen und das Buch versenken« sollte. Genau in dem Moment beschloss jedoch das schlechte elektromagnetische Karma unseres Jona, noch einmal etwas beizusteuern, sodass der kleine Außenbordmotor, der noch nie versagt hatte, sich auch nach zwanzig heftigen Zügen hartnäckig weigerte anzuspringen. Da saßen wir also und gaben eine urkomische, unangekündigte Vorband ab, Johnny am Fluchen und Zerren, begleitet von mir mit meinem kleinen Ersatzruder heftig am Paddeln, und blamierten uns somit vor aller Augen. So viel zu unserem großen Shakespeare-Abenteuer. Vielleicht in der nächsten Inkarnation.

Nun gut, trotz all der Jämmerlichkeit war der schwarze Humor einfach zu köstlich. Man konnte fast hören, wie der alte Witz aufheulte: »Es waren einmal drei Leute in einem Boot: Prospero, Jona und der Grieche...« Wer war eigentlich dieser imaginative Gauner, der uns andauernd in die Quere kam? Irgendwann sprang der Motor doch noch an und wir verdrückten uns auf ein kleines Eiland auf der gegenüberliegenden Seite des Hafens, um unsere Wunden zu lecken, uns auf einem Felsen auszustrecken und uns schwindelig zu lachen. Es war ein kurzer heiterer Moment in diesem kurzen heiteren Sommer, bevor unser Stundenglas der Gnade schließlich abgelaufen war.

Fa

Für Prospero läuft das Stundenglas überraschend ab. Die Gewissheit, dass es so weit kommen wird, steht nie in Zweifel, doch der Zeitpunkt erwischt alle Beteiligten ein wenig unvorbereitet. Es hätte auch morgen oder übermorgen sein können oder viele Tausende Morgen später. Doch es ist jetzt.

Es beginnt harmlos genug, fast unvermittelt, im Nachglühen von Prosperos größtem Coup. Ariel besteht erneut sanft auf seine Freilassung. Prospero aber, der noch immer die Süße seines Triumphs genießt, will erst einen vollständigen Bericht: Wie teuflisch brillant war sein Ton-und-Lichtspektakel? Wie sehr hat er sie alle leiden lassen? Und Ariel kann nur berichten, alle seien traurig gewesen und dem alten Gonzalo seien die Tränen am Bart hinabgeronnen. Dann fügt er dem allen seine Spitze hinzu, die Helen Luke natürlich veranlasst nachzubohren:

ARIEL: [...] Dass, wenn Ihr jetzt sie sähet, Eu'r Gemüt
Erweichte sich.
PROSPERO: Glaubst du das wirklich, Geist?
ARIEL: Meins würd' es, wär' ich Mensch.
PROSPERO: Auch meines soll's.
Hast du, der Luft nur ist, Gefühl und Regung
Von ihrer Not? Und sollte nicht ich selbst,
Ein Wesen ihrer Art, gleich scharf empfindend,
Leidend wie sie, mich milder rühren lassen?[3]

Was Prospero sich niemals erlauben konnte zu erkennen, solange er noch von seinen magischen Kräften berauscht war, wird augenblicklich in einem Moment echter Gewissensbisse erreicht. Wie kann dieser fast körperlose Geist etwas spüren, wozu er selbst in seiner ganzen Menschlichkeit nicht imstande ist? Tief gerührt schaut er zurück auf seine früheren Widersacher und spürt zum ersten Mal ihre Not. Er blickt diese vor ihm stehende seltsame Kreatur an und hegt auch für sie Mitgefühl. Dieses schwer fassbare Geistwesen hat sein Bestes gegeben, ein guter Diener zu sein, doch dies entspricht nicht seiner Natur; sein Wesen ist es, frei zu sein. Wie ein Geysir sprudelt es in Prospero hoch: »Ich will den Zauber brechen, ihre Sinne herstellen, und sie sollen nun sie selbst sein. [...] Doch dieses grause Zaubern schwör' ich hier ab.«

Endlich hat er es getan; er hat die Welt jenseits des »magnetischen Hungers«[4] seines eigenen Willens erkannt, und dieses Erkennen ist erschütternd. In unserer Stoningtoner Inszenierung wurde das intrinsische Pathos dramatisch unterstrichen: Ariel verfiel augenblicklich in eine seltsame, überirdische Vokalisierung und sprang, ohne nochmal einen Blick zurückzuwerfen, den Hügel hinunter und verschwand in Richtung Meer. Mir kam so-

3. Ebenda: Fünfter Akt, Erste Szene, Seite 1198.

4. Mit den Worten »magnetischer Hunger« verweise ich bewusst auf Jakob Böhme, der diesen Ausdruck verwendet, um die erste schmerzvolle Selbstanspannung des Göttlichen Willens in ein unstillbares Verlangen zu beschreiben (unstillbar deshalb, weil es noch nichts gibt, durch das es gestillt werden kann), wodurch der anfängliche Strom in der zuvor unergründlichen Stille des Göttlichen Willens zu fließen beginnt. Durch diesen Strom (das Quellgebiet des uranfänglichen Eros) kommen alle Dinge ins Sein. Vergleiche dazu meine früheren Ausführungen zu Jakob Böhme in Kapitel sieben (Seite 132) in Bezug auf den Ursprung von Welt 3.

fort das betörende letzte Bild aus E. E. Cummings' bitterem Liebessonett in den Sinn:

> Wenn dies so sein soll, ich sage, wenn dies sein soll –
> Dann sende mir du, mein Herz, ein kleines Wort;
> Auf dass ich zu ihm gehe, seine Hände halte
> Und sage: Nimm von mir entgegen alles Glück.
> Dann will ich mich wenden und einem Vogel lauschen,
> Der von weit her singt in den verschwund'nen Ländern.[5]

Prospero wartet am Ufer, vollkommen still, bis Ariels verrücktes Lied nicht mehr zu hören ist. Der alte Zauberer ist nun zweifach entblößt – nicht nur von der Magie seines Zaubers, sondern auch vom magischen Zauber der Vertrautheit. Verschwunden aus seinem Leben sind nun seine Tochter, die all die Jahre über seine einzige menschliche Erdung war, und dieser wilde, ursprüngliche Gefährte, von dem er seine Lebenskraft und seinen Vorstellungsmut bezog. Auch seine Verstecke sind verschwunden; weder sein Buch kann er mehr nutzen, die enorme schöpferische Kraft seines Intellekts, noch seinen Stab, die magische Kraft seines Willens, um sich selbst zu retten vor der nun unvermeidlichen Begegnung mit dem, was jenseits des Spiegelsaals seines Verstandes liegt. Er ist dabei, den zweiten Raskuarno zu sterben.

Sol

Ein paar Wochen später, an dem Tag, als schließlich alles mit dem Griechen endete, paddelte ich hinaus zu demselben kleinen Eiland. Mit einem letzten mörderischen Blick, den er in meine Richtung warf, bahnte er sich seinen Weg aus dem Hafen von Stonington, sein Gesicht wie versteinert hinaus aufs offene Meer gerichtet. Ich fand meinen Weg zurück zu dem Felsen, auf dem wir so intensiv miteinander gelacht hatten, und richtete dann, mit zusammengepresstem Kiefer meine tränenerfüllte Frage an den Kosmos: »Warum wurde mir das genommen?«

5. E.E. Cummings: "It may not always be so..." in *Poems 1923–1954*, New York: Harcourt, Brace & World, 1954, Seite 61.

»Falsche Frage«, lautet die Antwort, die freundlich und klar in der unverkennbaren Stimme Rafes zurückkommt. »Die richtige Frage heißt: ›Warum wurde es dir *gegeben?*‹«

Wahrscheinlich werde ich den Rest meines Lebens brauchen, um sämtliche Nuancen zu verstehen, aber das Wesentliche erkannte ich sofort. Es lag alles offen zutage in jener herzzerreißenden Szene mit Prospero und Ariel in ihrem schmerzvollen Augenblick der Freilassung, die mir noch immer so frisch im Gedächtnis steht. Ich wusste bereits, als ich sie auf der Bühne ablaufen sah, dass dies das chiastische Zentrum einer wie auch immer gearteten schmerzhaften Gnade war, die mir in diesem bockigen Wildpferd von einer Indian-Summer-Romanze gewährt werden sollte. An welcher Stelle wir ansonsten im Drehbuch auch immer waren – an welchem Abschnitt wir ansonst in unseren *Leben* auch immer standen –, in dieser imaginativen Passage, die wir zusammen machen mussten, spielten wir jene großartige Szene in einer sakramentalen Neuinszenierung nach.

»Um eine Antwort zu finden«, hatte Helen Luke doch bereits angekündigt, »muss ein Individuum im Unbewussten nach seinem eigenen Bild eines Ariels suchen.« Johnny war mein Ariel. Dieser wilde, drahtige, übermütige Geist trat in mein Leben und versprühte seine freudige Lebendigkeit wie ein gewaltiger Urquell. Er rüttelte mich wach für die demiurgische Kraft, die in mir, die sie bis dahin in Teelöffeln geschöpft hatte, trüb geworden war. Er rief mir die ganze Spannweite der Freude und Leidenschaft in Erinnerung, die auch ich in mir trug: meinen eigenen leidenschaftlichen Wunsch nach der Wildheit des Lebens, der gewaltigen Weite der Liebe und nach unerforschten Meeren. Er rief den Mut in mir wach, aufrecht in meinem eigenen Körper zu stehen und den Mumm aufzubringen, mit beiden Beinen auf der Erde meine eigene Wahrheit auszusprechen, meiner eigenen Autorität zu vertrauen und zu tun, was auch immer notwendig ist in dieser Welt, die in eine neue und schwierige Zeit eintritt. Diesem schwer fassbaren Luftwesen, das mir einen Sommer lang gestattete, es »mein Vogel«, »mein Küken« zu nennen, werde ich für immer dankbar sein. In jenem Sommer war ich glücklicher als je zuvor und schöner, als ich es jemals wieder sein werde.

Der Fehler, den ich beging, lag darin, das Geschenk gleichzeitig in zwei Welten haben zu wollen. Verzaubert von der Magie, erlaubte ich mir zu vergessen, dass nur in Welt 24, nur in der Kausalität von Welt 24, irgendwas davon eine Zusammenhang ergab. In demselben imaginativen Licht, in dem ich ihn als Ariel erkannte, verstand ich auch, dass er irgendwann seine Freiheit zurückfordern würde. Und auch dass, falls ich zu lange zauderte, sie ihm zurückzugeben, und es vorzöge, in diesem Garten der irdischen Freuden zu lange zu verweilen, der Demiurg in ihm sich zu verdunkeln beginnen würde. Er würde nochmals darum bitten, dieses Mal eindringlicher, und falls ich mich noch immer damit schwertäte, würde er nicht länger auf die feine Orchestrierung des Barden warten. Er würde das Skript hinschmeißen, mir den Stab und das Buch aus den Händen zerren und, falls es notwendig werden sollte, gleich die ganz Bühne abreißen, um sich seinen Weg in die Freiheit zu bahnen.

La

Barmherzigkeit ist real. Doch sie erscheint leise, in den Lücken, eingehüllt in die Roben von Welt 12 und für unseren Blick zunächst unsichtbar.

»Du musst die Langeweile aushalten, bis darin etwas auftaucht«, drückte es Rafe einmal für mich aus. Wenn wir wirklich herausfinden wollen, was hinter dem Verstand liegt, besteht der erste Schritt ganz einfach darin, geistesabwesend gegenwärtig zu bleiben und ihn nicht mit etwas Vertrauterem anzufüllen wie Freude oder Verzweiflung. Und ja, zuerst fühlt es sich wie der Tod an; alles ist so tödlich eintönig ohne das dauernde Tosen und Schäumen, das wir fälschlicherweise für Lebendigkeit halten. Doch wenn wir durchhalten und ganz genau hinschauen, beginnt tatsächlich etwas aufzutauchen, das den zarten Ausdruck dieser anderen Intensität trägt.

Irgendwann, vor ungefähr zehn Jahren, erlebte ich draußen auf Eagle Island einen Moment von schlichter Alltäglichkeit: Ich ging die Straße hinunter, vorbei an der alten Quinn-Scheune, als ich plötzlich in einem Augenblick völligen Erstaunens erkannte: *Alles wird gut, alles ist in Ordnung* – ich werde mich ganz einfach auflösen können wie ein virtuelles Teilchen, und im Kosmos wird alles friedlich und ungestört bleiben. Das Bewusstsein wird bestens klarkommen, auch ohne, dass »ich« »mich« darum kümmere. Diese winzige Nanosekunde einer selbstständigen Aussichtsplattform mit all ihren Dramen, ihrem Beharren und ihrem Ernst kann einfach ins Ganze hinein verschwinden, und das Ganze wird weiterhin vollkommen *ganz* sein.

»So ist das also! Welch eine Freude!«, sagte ich zu mir, unbewusst Iwan Iljitschs unsterbliche Worte bei seinem Durchbruch auf dem Sterbebett wiederholend.[6] Kein Ich, keine Konstrukte, keine Illusionen, kein Topf voller Gold am Ende des Regenbogens, noch nicht einmal ein Regenbogen; nur eine unermessliche Vertrautheit, der strahlend blaue Himmel und eine alte Scheune, die wie ein verwitterter Außenposten im Wind Wache hält. Nichts mehr. Nichts weniger. Nichts anderes.

Huston Smith steht in seinem bemerkenswerten Buch *Why Religion Matters,* das er kurz vor dem Ende seines langen, weisen Lebens schrieb, an genau demselben Abgrund. Er stellt sich seine eigene Reise durch die aufeinanderfolgenden Schichten der Auflösung vor, die ihn jenseits seines physischen Todes erwarten, und schreibt:

> Nachdem ich meinen Körper abgelegt habe, werde ich mir weiterhin des Lebens bewusst sein, das ich gelebt habe, und der Menschen, die auf der Erde zurückbleiben. Doch früher oder später wird die Zeit kommen, wenn keiner der Lebenden von Huston Smith gehört, geschweige denn, ihn gekannt hat, worauf es auch keinerlei Grund mehr geben wird, weshalb ich mich hier weiter herumtreiben sollte. Dann will ich die Worte wiederholen, die von John Chrysostoms Abschied berichtet wurden: »Danke, danke für alles; gepriesen, gepriesen sei alles.« Ich werde dem Planeten Erde den Rücken zudrehen und an etwas Interessanterem teilnehmen: an der beseligenden Schau Gottes. Solange ich mich noch mit meiner Individualität beschäftige, werde ich das Bewusstsein bewahren, dass ich es bin, Huston Smith, der diese Schau genießt; und solange ich in diesem Bewusstsein weitermachen will, werde ich das auch tun können. Allerdings denke ich – der ich von Natur aus mystisch veranlagt bin, hier unten diesbezüglich allerdings nicht viel erreicht habe –, dass ich, nach einigem Hin und Her zwischen der Freude am Sonnenunter-

6. Leo Tolstoi: *Der Tod des Iwan Iljitsch,* übersetzt von J. v. Guenther, Stuttgart: Reclam, 1965, Seite 90.

> gang und der Freude an Huston Smith, der sich am Sonnenuntergang erfreut, mich eher mit einem eindeutigen Sonnenuntergang beschäftigen möchte. Der Faden wird durchgeschnitten sein und der Vogel frei.[7]

Prospero und Ariel tanzen ein letztes Mal ihren archetypischen Tanz...

Und an diesem letzten Tor bleibt nur noch die Geste als solche; selbst aus Freude gibt es niemanden mehr zu binden. Doch vielleicht ging es die ganze Zeit über nur um diese Geste, erlernt in vielen Lebenszeiten, in allen Welten, in allen Dichten. Hustons Sicht darauf ist so lieblich, so weise, so ganz und gar ruhig. Jede Stufe ist erkannt. Jede Welt ist geschätzt. Nichts wird erzwungen, zu nichts wird genötigt, nichts wird uns aus den Händen gerissen. Es wird einfach, wenn wir bereit sind, zurückgegeben wie reife Früchte, die vom Baum fallen.

Si

Dort, wo ich jetzt stehe, noch immer kaum auf der anderen Seite des Wetterumschwungs, der den Zeitenwechsel meines Lebens markiert, kann ich bereits fühlen, wie die Freundlichkeit sich wieder einschleicht. Ich fühle die Güte in allem weit mehr als den Verlust. Die Antwort war bereits da, eingehüllt in Rafes sanfter Gegenfrage: »Warum wurde es mir gegeben?« Es wurde mir *gegeben;* was gibt es noch weiter zu sagen? Alles wird aus Liebe gegeben. Der Kosmos ist weder heimtückisch noch ein Betrüger; er straft nicht, sondern er gibt und vergibt. Er baut keine Prüfungen und Fallen ein. Er erfreut sich nicht an unserem Versagen, sondern ermutigt uns sanft weiterzugehen, alles mit noch größerem Einsatz zu wagen und anzubieten. »Man muss Geduld haben mit dem Ungelösten im Herzen, und versuchen, die Fragen selber liebzuhaben«, rät Rainer Maria Rilke. Ich weiß, dass mir die Anfänge einer Antwort auf eine lebenslange Frage gegeben wurden, die zu leben ich heute noch nicht voll in der Lage bin, und dass, wenn ich sie in Gänze leben kann, mir auch die ganze Ant-

7. Huston Smith: *Why Religion Matters,* San Francisco: HarperSanFrancisco, 2001, Seiten 290–291.

wort offenbart wird. Bis dahin weiß ich um die anhaltende Liebe und dass es eine Welt gibt, in der all dies seinen Platz finden wird.

Und genauso weiß ich jetzt, dass die verschiedenen Karten sich nicht widersprechen. Permanente Individualität oder permanente Auflösung? Das sind bloß verschiedene Blickwinkel, verschiedene Arten, ein und dieselbe unendlich beschreibbare Wirklichkeit zu beschreiben. Aus der Außenperspektive – und dies ist eine gute, weil sie der Ort ist, wo wir tatsächlich leben und unsere menschliche Verantwortung übernehmen müssen – sieht die Reise eher aus wie Welten innerhalb von Welten, kosmischer Austausch, zunehmend feinere und diamantenere innere Körper, die schließlich zur permanenten Individualität führen. Dies ist die Reise, die ich mit Ihnen auf Grundlage dieser imaginativen Straßenkarten vor allem zu machen versucht habe. Aus der Innenperspektive sieht dieselbe Fahrt mehr wie ein ständiges Ablösen von Zwiebelhäuten aus, von Schichten um Schichten von Konstruktionsgegebenheiten, bedingten Freuden und schließlich dem »*Mit*-Wissen« selbst, dem uranfänglichen Beziehungsgrund. Sie sind ein und dieselbe Karte in unterschiedlichem Licht betrachtet; jede weist auf dieselbe unerforschliche innere Einheit, die von den einen »das Absolute« und von den anderen »die Leere« genannt wird. Wie immer wir sie auch bezeichnen, Thomas Keating sagt: »Sie ist der sicherste Ort in der gesamten Schöpfung, wo Dankbarkeit, Freiheit und reine Liebe herrschen.«[8]

»Was hat mir das Sterben je genommen?«, fragt Rūmī. Wie durch ein Wunder ist der Geist Prosperos in mir nun sonderbar still geworden; er hat zu all dem keine Meinung. Ich muss nicht wissen, in welchen Körper, in welche subtile Form; es reicht zu wissen, dass ich in die Liebe hinein sterben werde. Auch werde ich nicht genau wissen, wie diese Liebe auf der anderen Seite aussieht. Doch wenn am Ende der Auftritt Ariels kommt, werde ich wissen, was ich zu tun habe. Die Szene unauslöschlich in meinem Herzen eingebrannt, werde ich noch einmal aufstehen, den Faden durchtrennen und meinen geliebten übermütigen Geist gehen lassen. Und dann, in der Bedürftigkeit meines nackten Selbsts, werde ich mich in die Barmherzigkeit ergeben, dem wahren und einzigen zweiten Raskuarno.

8. Thomas Keating: *Reflections on the Unknowable,* New York: Lantern Books, 2014, Seite 150.

… und doch, zart, wie ich an diesem neuen Ort, an dem ich mich befinde, noch immer bin, frage ich mich, wie viele Welten es wohl noch dauert, bis ich jenen einen Vogel nicht mehr singen höre so schrecklich weit weg in den verschwund'nen Ländern.

Bibliografie

Diese Bibliografie beinhaltet vor allem die Bücher, aus denen hier im Text zitiert wurde, ergänzt um eine ausgewählte Liste weiterer Schlüsselwerke aus relevanten Bereichen. Sie erhebt keinerlei Anspruch auf Vollständigkeit, sondern bietet lediglich eine Grundlage für weitere Nachforschungen.

Axel, Gabriel [Regie]: *Babette's Feast,* Spielfilm produziert von Just Betzer und Bo Christensen, Panorama Films International 1987.

Barnhart, Bruno: *The Future of Wisdom; Toward a Rebirth of Sapiential Christianity,* New York: Continuum, 2008.

Barnhart, Bruno: *Second Simplicity: The Inner Shape of Christianity,* Mahwah, New York: Paulist Press, 1999.

Barnhart, Bruno: *The Good Wine: Reading John from the Center,* Mahwah, NJ: Paulist Press, 1993.

Baudelaire, Charles: «Correspondances» in *Les Fleurs du mal,* Paris: Poulet-Malassis et de Broise, 1857, Seiten 19–20; deutsch: »Entsprechungen« in *Die Blumen des Bösen,* neu übersetzt von Simon Wehrle, Reinbek bei Hamburg: Rowohlt Verlag, 2017, Seite 25.

Bennett, John G.: *Die inneren Welten des Menschen,* Zürich: Chalice Verlag, 2009.

Bennett, John G.: *Die Meister der Weisheit,* Südergellersen: Verlag Bruno Martin, 1993.

Blixen, Tania: *Babettes Fest,* aus dem Englischen von W.E. Süßkind, Zürich: Manesse Verlag, 1989.

Böhme, Jakob: *Aurora* [1612 / 1613], Amsterdam 1682.

Böhme, Jakob: *Christosophia: oder Der Weg zu Christo* [1621], Amsterdam 1731.

Böhme, Jakob: *Clavis* [1624], Amsterdam 1682.

Böhme, Jakob: *Vierzig Fragen von der Seelen* [1620], Amsterdam: Hans Fabeln, 1648.

Böhme, Jakob: Diverse Texte und Informationen zu finden bei der Internationalen Jacob Böhme Gesellschaft e.V.: www.jacob-boehme.org

Booth, Philip: "Heading Out" in: *Selves,* New York: Penguin Books, 1990.

Boros, Ladislaus: *Mysterium mortis – Der Mensch in der letzten Entscheidung,* Kevelaer: Verlagsgemeinschaft Topos, 2017.

Bourgeault, Cynthia: "Beatrice Bruteau's 'Prayer and Identity'" in Thomas Keating [et al.]: *Spirituality, Contemplation, and Transformation,* New York; Lantern Books, 2008.

Bourgeault, Cynthia: *Centering Prayer and Inner Awakening,* Cambridge, MA: Cowley Publications, 2004,

Bourgeault, Cynthia: »Eine Einführung in die Kosmologie des Jakob Böhme« in *Chalice Magazin,* www.chalice-magazin.de /bourgeault-boehme

Bourgeault, Cynthia: *Das Herz im Gebet der Sammlung – Non-duales Christsein in Theorie und Praxis,* Chalice Verlag, 2021.

Bourgeault, Cynthia: *Die Heilige Dreifaltigkeit und das Gesetz der Drei – Der Schlüssel zum Geheimnis des Christentums,* Xanten: Chalice Verlag, 2020,

Bourgeault, Cynthia: *Jesus: Meister der Weisheit,* Xanten: Chalice Verlag, 2020.

Bourgeault, Cynthia: *Stärker als der Tod ist die Liebe,* Xanten: Chalice Verlag, 2021.

Bourgeault, Cynthia: *Love Is the Answer, What Is the Question. Selected Writings and Talks,* Darien, CT: Northeast Wisdom, 2018,

Bourgeault, Cynthia: *Maria Magdalena* [Arbeitstitel], Xanten: Chalice Verlag, 2021.

Bourgeault, Cynthia: *Mystical Hope,* Cambridge, MA: Cowley Publications, 2001.

Bourgeault, Cynthia: *The Wisdom Way of Knowing,* San Francisco: Jossey Bass, 2003.

Bruteau, Beatrice: *God's Ecstasy: The Creation of a Self-Creating World,* New York: Crossroad, 1997.

Collins, Larry und Lapierre, Dominique: *Brennt Paris?,* Berlin: Ullstein, 2002.

Cummings, E.E.: *Poems 1923–1954,* New York: Harcourt, Brace & World, 1954.

CORBIN, HENRY: *Die smaragdene Vision: Der Licht-Mensch im persischen Sufismus,* München: Diederichs, 1989.

DELIO, ILIA: *Christ in Evolution,* Maryknoll, New York: Orbis Books, 2008.

DELIO, ILIA: *Making All Things New,* Maryknoll, NY: Orbis Books, 2015,

ELIOT, T.S.: *The Complete Poems and Plays,* New York: Harcourt, Brace, and World, 1952.

FEILD, RESHAD : *Die innere Arbeit* in *Gesammelte Werke,* Xanten: Chalice Verlag, 2016, Band III.

GURDJIEFF, G.I.: *Aus der wirklichen Welt – Gurdjieffs Gespräche mit seinen Schülern,* Basel: Sphinx Verlag, 1982.

GURDJIEFF, G.I.: *Beelzebubs Erzählungen für seinen Enkel: Eine objektiv unparteiische Kritik des Lebens des Menschen,* [*All und Alles,* Erste Serie], 3 Bände, Basel: Sphinx Verlag, 1981.

GURDJIEFF, G.I.: *Begegnungen mit bemerkenswerten Menschen* [*All und Alles,* Zweite Serie], Freiburg im Breisgau: Aurum Verlag, 1978.

GURDJIEFF, G.I.: *Das Leben ist nur dann wirklich, wenn »Ich Bin«* [*All und Alles,* Dritte Serie], Basel: Sphinx Verlag, 1987.

HELMINSKI, KABIR: *Living Presence: A Sufi Way to Mindfulness and the Essential Self,* New York: Jeremy Tarcher, 1992.

JÄGER, WILLIGIS [Hrsg.]: *Wolke des Nichtwissens,* Freiburg im Breisgau: Kreuz Verlag, 2012.

JASPERS, KARL: *Vom Ursprung und Ziel der Geschichte,* München und Zürich: R. Piper & Co., 1949.

KEATING, THOMAS: *Reflections on the Unknowable,* New York: Lantern Books, 2014.

KEATING, THOMAS [et al.]: *Spirituality, Contemplation, and Transformation,* New York: Lantern Books, 2008.

KELLY, THOMAS: *A Testament of Devotion,* New York: Harper-Collins, 1992; deutsch: *Das innere Licht spüren,* Bad Pyrmont: Religiöse Gesellschaft der Freunde (Quäker), 2015.

LELOUP, JEAN-YVES: *The Gospel of Mary Magdalene,* Rochester, VT: Inner Traditions, 2002.

LIPSEY, ROGER: *Gurdjieff in neuem Licht: Sein Leben, sein Werk, sein Vermächtnis,* Xanten: Chalice Verlag, 2020.

LOVEJOY, ARTHUR: *The Great Chain of Being,* Cambridge, MA: Harvard University Press, 1936, 1964.

LUKE, HELEN: *Old Age,* New York: Parabola Books, 1987.

LUSSEYRAN, JACQUES: *And There Was Light,* New York: Parabola Books, 1998; deutsch: *Das wiedergefundene Licht,* München: Deutscher Taschenbuchverlag, 2006.

MARION, JIM: *Putting on the Mind of Christ,* Charlottesville, VA: Hampton Roads, 2000; deutsch: *Der Weg zum Christus-Bewusstsein,* Petersberg: Via Nova, 2003.

MERTON, THOMAS: *A Thomas Merton Reader,* herausgegeben von Thomas McDonnell, New York: Doubleday Image Books, 1989.

MOORE, JAMES: *Gurdjieff: The Anatomy of a Myth,* Rockport, MA: Element, 1991; deutsch: *Georg Iwanowitsch Gurdjieff: Magier, Mystiker, Menschenfänger,* Bern: Scherz Verlag, 1992.

MOURAVIEFF, BORIS: *Gnosis,* Newbury, MA: Praxis Institute Press, 1989.

NEEDLEMAN, JACOB: *Lost Christianity,* New York: Doubleday, 1985.

NEEDLEMAN, JACOB: *What Is God?,* New York: Jeremy Tarcher/Penguin, 2009.

NICOLL, MAURICE: *The New Man,* New York: Penguin Books, 1983; deutsch: *Ich bin der Weg: Die Deutung einiger Gleichnisse und Wunder Christi,* Xanten: Chalice Verlag, 2023.

NICOLL, MAURICE: *Psychological Commentaries on the Teaching of Ouspensky and Gurdjieff,* five volumes, London: Watkins Publishing, 1976; London and Boulder: Shambhala Publications, 1984.

OUSPENSKY, P.D.: *Auf der Suche nach dem Wunderbaren – Perspektiven der Welterfahrung und der Selbsterkenntnis,* Bern, München Wien: Otto Wilhelm Barth-Verlag, 1993.

ROBERTS, BERNADETTE: *The Real Christ,* ContemplativeChristians.com 2018.

ROVELLI, CARLO: *Die Ordnung der Zeit,* Reinbek bei Hamburg: Rowohlt, 2018.

SEGAL, WILLIAM: "The Force of Attention" in *Parabola Magazine,* 15:2; ein Auszug aus *The Structure of Man,* Brattleboro, VT: Green River Press, Stillgate Publishers, 1987.

SHAKESPEARE, WILLIAM: *Der Sturm* in *William Shakespeare – Werke in zwei Bänden,* herausgegeben von L.L. Schücking, München: Th. Knaur Nachf. Verlag, 1955.

SMITH, HUSTON: *Why Religion Matters,* San Francisco: HarperSanFrancisco, 2001.

Symeon the New Theologian: "Three Methods of Attention and Prayer" in *Writings from the Philokalia: On Prayer of the Heart,* übersetzt von E. Kadloubovsky and G.E.H. Palmer, London: Faber and Faber, 1992.

Teilhard de Chardin, Pierre: *Der Göttliche Bereich,* Olten: Walter Verlag, 1962, Werkausgabe, Band II, Seite 163.

Teilhard de Chardin, Pierre: *Das Herz der Materie und das Christische in der Evolution,* Ostfildern: Patmos, 2014.

Teilhard de Chardin, Pierre: *The Human Phenomenon,* Chicago: Sussex Academic Press, 1999; deutsch: *Der Mensch im Kosmos,* München: C.H. Beck, 2018).

Das Thomasevangelium in *Die Bibel der Häretiker: Die gnostischen Schriften aus Nag Hammadi,* eingeleitet, übersetzt und kommentiert von Gerd Lüdemann und Martina Janßen, Stuttgart: Radius-Verlag, 1997.

Thompson, Evan: *Waking, Dreaming, Being,* New York: Columbia University Press, 2015.

Tolstoi, Leo: *Der Tod des Iwan Iljitsch,* übersetzt von J. v. Guenther, Stuttgart: Reclam, 1965.

Tomberg, Valentin: *Anthroposophical Studies in the New Testament,* Spring Valley, NY; Candeur Manuscripts, 1985.

Tomberg, Valentin: *Meditations on the Tarot,* Rockport, MA: Element, 1993; deutsch: *Der wandernde Narr: Die Liebe und ihre Symbole – Eine christliche Tarot-Meditation,* Luxembourg: Kairos Edition, 2007.

Wilber, Ken: *Integral Spirituality,* Boston: Shambhala, 2006; deutsch: *Integrale Spiritualität,* München: Kösel, 2007.

Wink, Walter: "Easter: What Happened to Jesus?" im Magazin *Tikkun,* Vol. 23, No. 2, March–April 2008.

Yagan, Murat: *Der Mann aus dem Kaukasus: Die Autobiografie eines Sufis,* Interlaken: Ansata-Verlag, 1990.

Yagan, Murat: "Sufism and the Source" im *Magazin Gnosis,* Ausgabe 50, Winter 1994, Seiten 40–51.

Über die Autorin

Cynthia Bourgeault ist eine amerikanische zeitgenössische Mystikerin, Leiterin von Einkehrtagen und international bekannte Autorin und Referentin. Die Doktorin der Mediävistik und Priesterin der episkopalen anglikanischen Kirche lebt in einer Einsiedelei auf Eagle Island vor der Küste von Maine und hält weltweit eine große Zahl von Vorträgen und Seminaren zum Thema des christlichen kontemplativen Pfades. Neben ihrer wissenschaftlichen und theologischen Ausbildung studierte sie viele Jahre in einer Gurdjieff-Schule und beschäftigte sich auch intensiv mit dem Sufismus sowie den mystischen Traditionen des Ostens. Sie engagiert sich für den interspirituellen und interreligiösen Dialog und ist eine der führenden Lehrerinnen der Praxis des Gebets der Sammlung (oder des zentrierenden Gebets) nach Thomas Keating, Bruno Barnhart und Richard Rohr, mit denen sie jahrelang eng zusammengearbeitet hat. Cynthia Bourgeault war eine Gründungsdirektorin der Aspen Wisdom School wie auch der Contemplative Society bei Vancouver, Kanada, wo sie lange als Lehrerin und Beraterin tätig war. Sie hat zahlreiche Artikel für internationale Fachmagazine sowie rund ein Dutzend Bücher zur kontemplativen Praxis und zur christlichen Weisheitstradition verfasst.

Weiterführende Informationen unter
www.cynthiabourgeault.org

Register

C

D

E

T

U

V

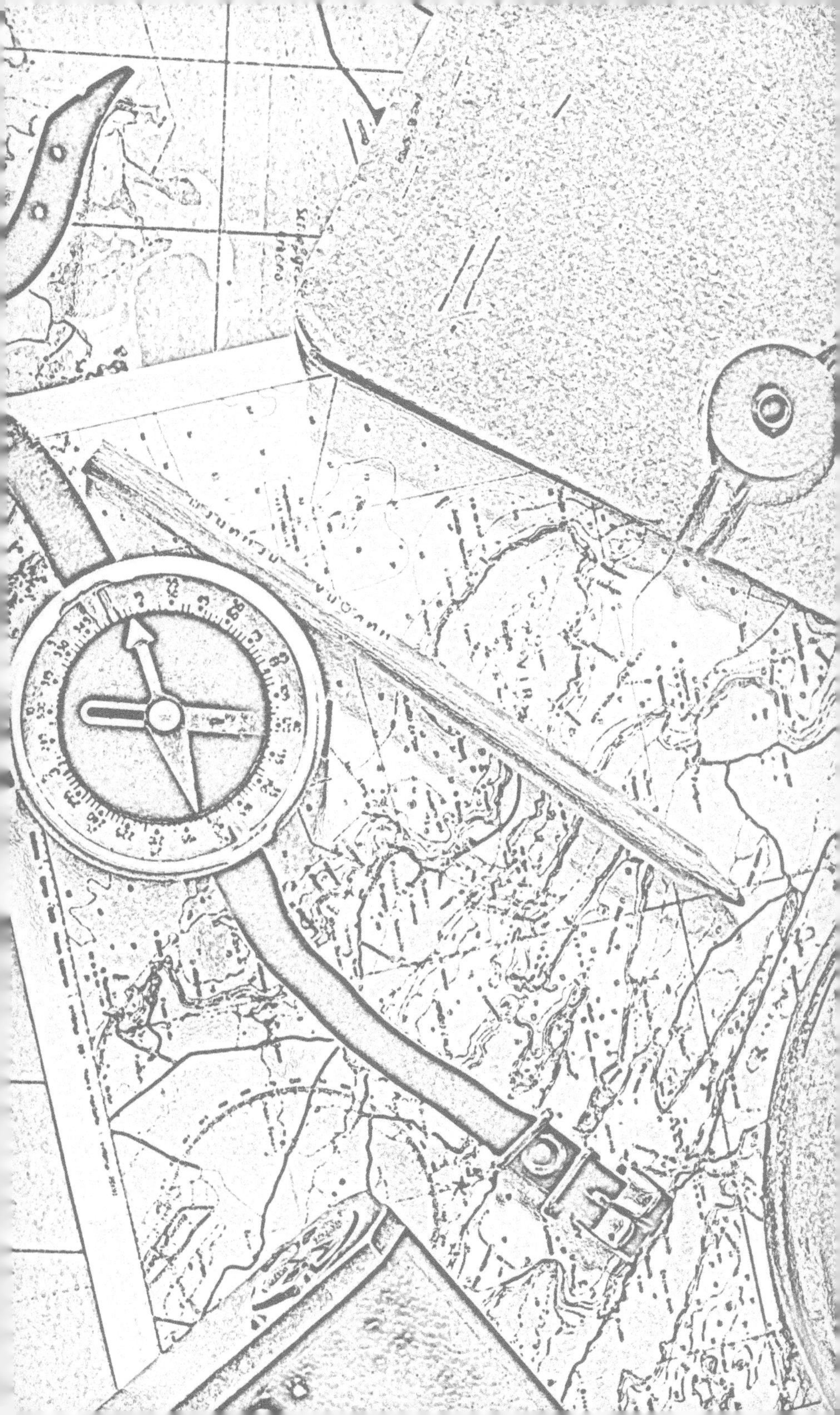

Der Chalice Verlag widmet sich
der Publikation von wertvollen Texten
aus verschiedenen spirituellen Traditionen

Unser gesamtes aktuelles Verlagsprogramm sowie
weiterführende Textbeiträge, Audioaufnahmen und Videos
finden Sie auf unserer Webseite

www.chalice-verlag.com

Wie Sie unsere Arbeit unterstützen können

Gute Bücher mit anspruchsvoller Literatur zu machen,
ist heutzutage ein steiniges Unterfangen, besonders
für kleine Verlage, die knappe finanzielle Mittel
mit umso mehr Herzblut wettmachen müssen.
Wir sind ein nicht-profitorientierter Kleinverlag,
arbeiten für weniger als ein Taschengeld und reinvestieren
alle unsere Erträge in neue Buchprojekte.

Wenn Sie den Chalice Verlag unterstützen möchten,
freuen wir uns natürlich über jeden Kauf und
jede Weiterempfehlung der von uns verlegten Bücher.
Auch falls Sie uns eine Spende zukommen lassen möchten,
die uns neue Buchprojekte ermöglichen hilft und
unsere Verlagsarbeit fördert, danken wir Ihnen von Herzen.

Unsere Bankverbindung:
Iban-Nr. DE89 3545 0000 1150 0050 54 · Bic WELADED1MOR

Unser PayPal-Konto: kontakt@chalice-verlag.com

Chalice Verlag

Wenn Sie all das, was Sie über Jesus zu wissen *glauben,* beiseitelegen und die Evangelien lesen, als wäre es das erste Mal, geschieht Bemerkenswertes: Jesus begegnet Ihnen als ein Meister der Weisheit, der eine Transformation von Herz und Bewusstsein lehrt, welche die Kraft hat, unser Leben vollständig zu verwandeln. Cynthia Bourgeault, die episkopale anglikanische Priesterin und Kontemplationslehrerin, bietet eine mystisch inspirierte und wissenschaftlich fundierte Neubetrachtung der Frohen Botschaft Christi: eine exzellente Auslegung der glänzenden Vision des Jesus von Nazareth, die mutig aufräumt mit den überkommenen Dogmen einer patriarchalischen und paternalistischen Theologie und die innere Bedeutung der christlichen Mysterien frisch und intelligent beleuchtet. Unter Einbezug der jüngsten Erkenntnisse der Bibelforschung, neuer Quellen wie der Evangelien des Thomas und der Maria Magdalena sowie von spirituellen Einsichten auch aus anderen Weisheitstraditionen erklärt die Autorin mit viel Esprit und einer guten Prise Humor, wie wir die Worte und Gleichnisse Jesu über den Verstand in unser Herz bringen und sie in unserem Alltagsleben aufblühen lassen können. In einem großen Praxisteil gibt sie zusätzlich wertvolle Anleitungen aus ihrer jahrelangen Erfahrung mit Übungen wie dem zentrierenden Gebet oder dem Gebet der Sammlung, der Textmeditation der *lectio Divina* sowie der »Willkommensübung« und dem Chanten oder Singen von heiligen Texten wie den Psalmen.

ISBN 978-3-942914-44-4
260 Seiten

Das für viele Menschen schwer zu verstehende christliche Dogma der Dreifaltigkeit aus brillanten neuen Perspektiven beleuchtet. Auf Basis der visionären Einsichten der großen Mystiker Jakob Böhme und G.I. Gurdjieff entwickelt die Autorin bahnbrechende Interpretationsmodelle für ein zeitgemäßes, non-duales und fruchtbares Verständnis der Trinität. Dabei erklärt sie das traditionelle Bild von »Vater, Sohn und Heiligem Geist« nicht etwa für obsolet, sondern erweitert es grundlegend von einem erstarrten Standbild zu einem dynamischen Prozess der Transformation, in welchem die Göttliche Liebe sich unablässig entfaltet – bis in den gegenwärtigen Augenblick und darüber hinaus. Mithilfe ihrer ternären Metaphysik beschreibt Cynthia Bourgeault eine Geschichte des Universums, die theologische und naturwissenschaftliche Erkenntnisse miteinander versöhnt, und schreckt auch nicht vor schwierigen Fragen zurück: Wie fing alles an, und was geschah davor? Handelt es sich bei Jesu »Himmelreich« möglicherweise um eine höhere Ebene des Bewusstseins? Wie führt eine neu verstandene Trinität zu einem intelligenten Gleichgewicht der Geschlechter? Welche Ausblicke eröffnet sie auf den individuellen Tod und auf die apokalyptische »Erfüllung der Zeiten« einer globalisierten Welt in der Krise? Die Autorin entzündet einen Hoffnungsschimmer und wirft vielleicht sogar einen Rettungsring aus für ein aufgeklärtes Christentum im einundzwanzigsten Jahrhundert.

ISBN 978-3-942914-45-1
288 Seiten

Das Gebet der Sammlung (oder das Zentrierende Gebet) ist eine authentische christliche Kontemplations- und Meditationspraxis, die es uns erlaubt, durch das Loslassen unserer Gedanken in der tiefsten inneren Stille unseres Herzens die Gegenwart Gottes und unser Einssein mit der ganzen Schöpfung zu erfahren. Dieses Buch bietet einen sorgfältigen Einführungskurs in diese faszinierende Übung, die in den 1970er-Jahren von einer Gruppe von Mönchen rund um den US-amerikanischen Trappisten Thomas Keating entwickelt wurde und heute von Hunderttausenden in aller Welt praktiziert wird. Die episkopale Priesterin, Theologin und Mystikerin Cynthia Bourgeault ist eine direkte Schülerin Keatings und lehrt die christliche Kontemplation und das Gebet der Sammlung seit vierzig Jahren. Im ersten Teil dieses Buches gibt sie kostbare Praxistipps für den Einstieg und die Vertiefung in die Übung. Der zweite Teil beleuchtet die Bedeutung des Herzens als Zentralorgan der spirituellen Wahrnehmung aus dem Blickwinkel der christlichen mystischen Traditionen sowie die jüngsten Erkenntnisse der Neurowissenschaften über die förderlichen Aspekte einer Resonanz von Gehirn- und Herzaktivität. Im dritten Teil nimmt uns die Autorin mit auf eine fesselnde Entdeckungsreise durch den mittelalterlichen Kontemplationsklassiker *Wolke des Nichtwissens,* der ältesten Quelle des Gebets der Sammlung und einer der frühesten christlichen Texte zur Phänomenologie des menschlichen Bewusstseins.

ISBN 978-3-942914-50-5
256 Seiten

Ein weises Wort besagt: Die dunkelste Stunde liegt kurz vor der Morgendämmerung. Ebenso wissen wir: Alles Leben beginnt im Dunkel. Warum also fürchten wir die Dunkelheit und versuchen so angestrengt, sie zu meiden? Könnte es sein, dass wir große Möglichkeiten vertun, wenn wir den dunklen Aspekten und Phasen unseres Lebens um jeden Preis zu entfliehen versuchen? Noch bevor Licht war, war Gott. Tatsächlich erschuf Er alles – das Universum, die Welt und uns als Sein Abbild, Sein Gleichnis und Seinen Atem – aus der tiefsten Dunkelheit heraus. In diesem geistreichen und ermutigenden Buch untersucht der Mystiker, Priester, Theologe und Psychologe Paul Coutinho, weshalb selbst gläubige Menschen sich vor Zeiten des Dunkels, des Schmerzes, der Veränderung und des Sterbens fürchten, wo wir doch alle wissen müssten, dass ohne Dunkelheit auch kein Licht auf unseren Lebensweg fallen und uns nach Hause leiten könnte. Mit seinem undogmatischen östlichen Blick auf eine gelebte christliche Spiritualität und anhand eindrücklicher Geschichten aus seiner eigenen Lebens- und Berufserfahrung in Indien und den USA zeigt uns der Autor, wie wir unsere Angst vor diesem Dunkel überwinden und gestärkt aus persönlichen Krisen hervorgehen können. Indem wir die wichtige Rolle der Dunkelheit auf unserer spirituellen Reise verstehen lernen, vermögen wir die Göttliche Liebe an Orten und zu Zeiten zu erfahren, wo wir sie am wenigsten vermuten.

ISBN 978-3-905272-25-3
148 Seiten

Ein mutiger Glaube erfordert einen großen Gott. In welche beschränkten Vorstellungen und Konzepte haben Sie das Göttliche eingesperrt? Falls Ihre Beziehung zu Gott distanziert oder beiläufig und Ihre Erfahrung des Göttlichen im Leben lau oder berechenbar geworden sind, lädt Paul Coutinho Sie ein, daran zu glauben, dass Gott größer ist – viel, viel größer! Jenseits von theologischem Dogmatismus und konfessioneller Schrebergärtnerei ist dieses Buch eine grandiose Aufforderung, in unserem Glauben tiefer zu leben und stärker zu wachsen, indem wir einen Gott umarmen, Dessen Liebe wahrhaftig keine Schranken kennt. Der aus Indien stammende und in den USA lehrende Priester, Psychologe und Theologe begeistert mit seinen Schriften und Vorträgen, die sich – mit einem östlichen Blick auf unsere westliche Spiritualität – der unermüdlichen Suche des Herzens nach dem Göttlichen widmen und unserem Verlangen, das Leben in seiner ganzen Fülle zu erfahren. *Wie groß ist dein Gott?* ist ein wunderbarer Wegweiser aus engen Bachläufen hinaus in den Fluss des Lebens und ins offene Meer des Göttlichen. Der Autor ermutigt uns mit aus dem Leben gegriffenen Geschichten, einer guten Prise Humor und wertvollen Inspirationen für unseren persönlichen Alltag, Herz und Verstand zu gebrauchen, sodass wir die unermessliche Weite Gottes erfahren können. Wir beginnen zu erkennen, dass eine immer tiefere Beziehung mit dem Göttlichen der wahre Zweck jeglicher Religion ist.

ISBN 978-3-942914-24-6
172 Seiten

Die in Expertenkreisen hochgelobte Biografie des griechisch-armenischen Mystikers, Autors, Choreografen und aufgeklärten Provokateurs G.I. Gurdjieff (1866–1949). Als einer der originellsten spirituellen Lehrer im modernen Westen pflegte er gute Beziehungen zu vielen bedeutenden Künstlerinnen und Künstlern, wie dem Architekten Frank Lloyd Wright oder der Schriftstellerin Katherine Mansfield, und beeinflusste nachhaltig Hunderte von Studentinnen und Studenten. Der Kunsthistoriker und Biograf Roger Lipsey, der sich ein halbes Jahrhundert lang intensiv mit dessen Lehre, Leben und Vermächtnis beschäftigt hat, legt hier ein objektives und einfühlsames Porträt vor, das uns die charismatische und geheimnisvolle Figur Gurdjieffs als einen mitfühlenden Menschenkenner, anspruchsvollen Denker und wahren Weisen nahebringt. Dabei widmet sich der Autor auch ausführlich der teils beißenden Kritik aus Kreisen von Intellektuellen und religiösen Traditionalisten, die ihn jahrzehntelang bewusst in ein falsches Licht rückten. Auf Basis umfangreicher, bislang teils unveröffentlichter Quellen werden Gurdjieffs Bildungsreisen durch Zentralasien, sein Lehrinstitut in Frankreich sowie die Entwicklung seiner rhythmischen Bewegungen, seiner einzigartigen Musik und seiner wegweisenden Lehre nachgezeichnet. Eine Pflichtlektüre für alle »Mitarbeiterinnen und Mitarbeiter des Lebens«.

ISBN 978-3-942914-40-6
416 Seiten · 16 Abbildungen

Inmitten der Wirren des Ersten Weltkriegs und der Russischen Revolution schließen sich die Sängerin und der Komponist Olga und Thomas de Hartmann in Sankt Petersburg dem geheimnisvollen spirituellen Lehrer G.I. Gurdjieff an und weichen ihm siebzehn Jahre lang nicht mehr von der Seite. Nach ihrer abenteuerlichen, als wissenschaftliche Expedition getarnten Flucht aus dem untergehenden Zarenreich gelangt die eingeschworene Gruppe von Wahrheitssuchern über den Kaukasus, die Türkei und Berlin nach Frankreich und bis in die USA. Dabei erdulden die ehemaligen Aristokraten psychische und körperliche Prüfungen, Krankheit, Armut und Hunger, während sie unter der weisen Leitung ihres Meisters an einer Vervollkommnung ihres Wesens arbeiten und mit schier übermenschlicher Kraft nach Selbsterkenntnis streben. Als Vertraute des charismatischen Lebenslehrers sind sie maßgeblich beteiligt am Aufbau von dessen »Institut für die harmonische Entwicklung des Menschen« und an der Entstehung seiner einzigartigen rhythmischen Bewegungen, seiner Herz und Seele berührenden Musik und seiner Schriften. Diese sehr persönlichen Aufzeichnungen ihrer äußeren und inneren Reise als wichtigste frühe Weggefährten Gurdjieffs ergeben ein beeindruckendes Zeitzeugnis und eine äußerst spannende Lektüre, die authentische Einblicke gewährt in außergewöhnliche Lebensgeschichten rund um eine der faszinierendsten und rätselhaftesten Figuren des zwanzigsten Jahrhunderts.

ISBN 978-3-942914-39-0
380 Seiten · 60 Abbildungen

Das Johannesevangelium ist einer der bekanntesten und schwierigsten Texte des Neuen Testaments und hat mit seiner poetischen Schönheit und tiefen Spiritualität schon sehr viele Interpreten beschäftigt. Von besonderer Kraft und klarer Vision ist die Deutung von Johannes Scotus Eriugena, des irischen Weisen aus dem neunten Jahrhundert. Seine *Homilie* über den Prolog dieses Evangeliums, die im Mittelalter sehr einflussreich war, ist eines der frühesten Zeugnisse der keltisch-christlichen Mystik und deutet die Schrift außergewöhnlich originell und inspiriert. Auf den Schwingen des Adlers (dem traditionellen christlichen Symbol für Johannes) trägt uns Eriugena empor und lässt uns den Ursprung des Universums und unser eigenes Wesen aus einer Perspektive schauen, die weit über die Welt der Erscheinungen hinausgeht. Für Eriugena ist Gott transzendent in Seinem unerschaffenen Wesen und gleichzeitig immanent in Seiner erschaffenen Natur. Diese hat sich im Anfang von Gott entfremdet und ist nun aufgefordert, zu Ihm zurückzukehren. Jesus, das Fleisch gewordene Wort, erinnert den Menschen an sein wahres Wesen und seine Bestimmung zur Rückkehr in die Einheit allen Seins.

Dieses Buch erschließt die Homilie Eriugenas in der wunderbaren Übersetzung und mit den ausführlichen Reflexionen von Christopher Bamford, dem renommierten Autor und Herausgeber auf dem Gebiet der westlichen Spiritualität.

ISBN 978-3-905272-86-4
228 Seiten

Um uns von der alles vereinenden Liebe Gottes ansprechen zu lassen, brauchen wir die mitfühlenden Augen und die verständnisvollen Ohren eines großen, offenen Herzens. Ein solches pocht in Johannes Maria Reißmüller und bewegt den modernen Mystiker und Lehrer der (ur-)christlichen Kontemplationserfahrung nach der Tradition von Willigis Jäger und der »Wolke des Nichtwissens«. In dieser kostbaren Sammlung authentischer Eingebungen schildert der so Angesprochene in lyrischen Worten die Einsichten und Inspirationen, die ihm über die Jahre in seinem täglichen stillen Gebet gewährt wurden. Dabei legt er ein ergreifendes Zeugnis ab von der Wirklichkeit der ineinander verwobenen höheren Welten, die nicht getrennt sind von unserem Leben im irdischen Alltag, sondern Teil einer Ganzheit, die sich unserer liebevollen Achtsamkeit offenbaren kann im Geisteswind, der weht, wo er will, und in allen Wundern der Schöpfung: im Klang eines Engelchores, in den Worten der Heiligen und Propheten, im Blätterrauschen eines Baumes oder im kreisenden Flug eines Bussards. Sie alle rufen uns von den Abwegen unserer oberflächlichen Verirrung zurück auf den geraden Weg des tiefgründigen Vertrauens. »Es ist die Mutter allen Seins, der du dein Leben anvertraust. Es ist die Mutter allen Seins, die dir die Liebe nun einhaucht. Es ist ein Wunder an dir geschehen, denn du kannst wahrhaft wieder sehen.«

ISBN 978-3-942914-44-9
272 Seiten

»Das gesamte *Masnawī* endlich auf Deutsch in Versform – eines der wichtigsten Werke in der Geschichte der religiösen Literatur.«

Navid Kermani
Friedenspreisträger des Deutschen Buchhandels

❧

Das *Masnawī* des großen persischen Dichters Dschalāl ad-Dīn Rūmī zählt nicht nur zu den Schlüsselwerken des Sufismus und den hellsten Glanzlichtern orientalischer Lyrik und islamischer Poesie, es gehört ebenso zu den bedeutendsten Werken der Weltliteratur und hat über Jahrhunderte hinweg Bewunderung in allen Kulturkreisen gefunden. Die hier in einer zweibändigen Gesamtausgabe von insgesamt über 1500 Seiten vorliegende kongeniale Übertragung aus dem persischen Original ist die erste deutsche Versübersetzung des *Masnawīs* mit seinen sechs Büchern zu je rund viertausend Doppelversen und ist vollständig in Blankversen gehalten, der in der deutschen wie auch in der englischen Literatur klassischen reimlosen Versform.

❧

»Wenn es je einen inspirierten Dichter unter den Muslimen gegeben hat, so war es gewisslich Rūmī. Er soll seine Verse größtenteils in einer Art Verzückung diktiert haben. Seine Bildersprache spiegelt die gesamte Bildungswelt seiner Zeit. Man ist immer wieder überrascht, wie frisch und lebendig die Dialoge wirken.«

Annemarie Schimmel
Friedenspreisträgerin des Deutschen Buchhandels

978-3-942914-51-2	978-3-942914-52-9
760 Seiten	ca. 800 Seiten

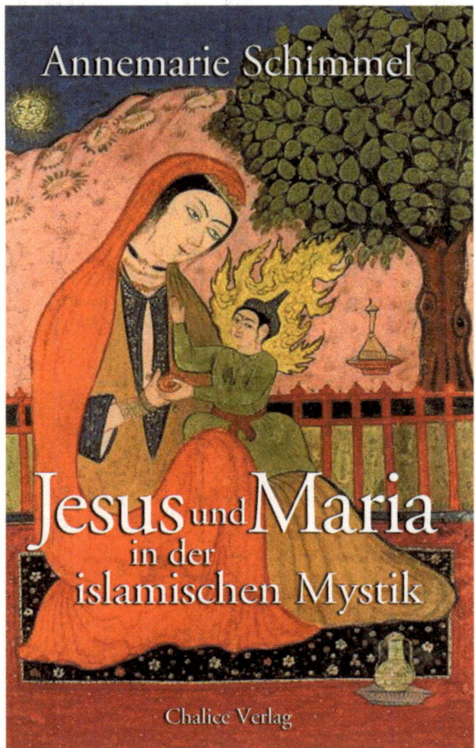

Nur wenige Christen wissen, dass Jesus in 15 Suren und 93 Versen des Korans erwähnt wird und Maria gar die einzige darin namentlich genannte Frau ist. Jesus gilt im Islam als der letzte Prophet vor Mohammed und als ein großer Gesandter, ja sogar als »Geist und Wort Gottes«. Auch wenn sie die christliche Vorstellung der Gottessohnschaft nicht teilen können und die Geschichte der Kreuzigung anders erzählen, bezeugen viele Muslime, so wie es auch Mohammed getan hat, ihren großen Respekt vor der Jungfrau Maria und ihrem Sohn Jesus, der nach islamischem Verständnis am Jüngsten Tag wiederkehren, den Antichristen besiegen und die Menschen zum wahren Glauben führen wird. Dabei eröffnen die insbesondere im Sufismus verbreiteten, höchst interessanten Interpretationen der Verkündigung, der Empfängnis und der Geburt Jesu, seiner Wundertätigkeit und seiner Funktion und Bedeutung als *rūḥ Allāh* überraschende Einblicke, die für manche Christen sehr inspirierend sein dürften. Die weltbekannte Orientalistin Annemarie Schimmel präsentiert hier die religiösen, volkstümlichen und literarischen Bilder und Erzählungen der islamischen Welt über Jesus und Maria in einer umfassenden Darstellung und mit einer großen Auswahl wundervoll übersetzter und lehrreich kommentierter Textstellen. Damit veranschaulicht sie, von welch immenser Bedeutung diese beiden zentralen Gestalten für einen verständnisvollen und fruchtbaren christlich-islamischen Dialog sind.

ISBN 978-3-942914-30-7
164 Seiten

Im spirituellen Schrifttum des Islams stellt die *Abhandlung über die Liebe* einen Höhepunkt dar; sie ist im Ganzen wie im Detail ein vollendetes Meisterwerk. Alles, was vor Ibn 'Arabī zu diesem, insbesondere für das esoterische Verständnis des Korans so zentralen Thema gesagt wurde, fasst der »größte Meister« hier zusammen, geht aber noch weit darüber hinaus. Kein spiritueller Lehrer hat seither derart wirklichkeitsgetreue, ursprüngliche, tiefgründige und vollständige Sichtweisen auf das Wesen und die Essenz der Liebe dargestellt.

In dem hier zum ersten Mal auf Deutsch vorliegenden Kapitel 178 seiner umfangreichen *Mekkanischen Eröffnungen* beleuchtet der »Lehrer der Sufis« alle Formen der Liebe, die natürliche oder physische, die spirituelle und die Göttliche. Die falsche, im Westen – heutzutage wie auch in der Vergangenheit – verbreitete Meinung, der Islam sei lediglich eine Religion der Strenge und formaler Vorschriften, in der Göttliche Transzendenz alles derart aufsauge, dass ein menschliches Wesen nicht einmal mehr an der Liebe teilhaben könne, wird hier mit großer Einblickskraft in die tiefsten Zusammenhänge und in poetischer Sprache richtiggestellt.

ISBN 978-3-905272-74-1
280 Seiten

Sex ist eine der machtvollsten Kräfte in unserem Leben, und doch vermögen nur die wenigsten Menschen, ihn ganzheitlich zu betrachten. Weit über Fortpflanzung und Vergnügen hinaus kommt ihm besondere Bedeutung für die spirituelle Transformation des Menschen zu. Suchenden, denen sich zu diesem Thema schwierige Fragen stellen, bietet dieses Buch neue Denkanstöße und überraschende Blickwinkel auf eines der größten Wunder und tiefsten Rätsel der Schöpfung. In den hier zusammengestellten Auszügen aus seinen Vorträgen behandelt der Naturwissenschaftler, Philosoph und spirituelle Lehrer Bennett Themen wie den Ursprung der Sexualität, ihr Verhältnis zur Liebe, die Bedeutung des Geschlechtsakts, die komplementären Rollen von Mann, Frau und Kind, Ehe und Partnerschaft, Fortpflanzung, Elternschaft, Kreativität, »negativen Sex« sowie psychologische und gesellschaftliche Aspekte.

»Die innere Spaltung des Menschen ist die Trennung seiner geistigen und materiellen Hälften. Sie führt zur Unzufriedenheit und Suche, die seine Transformation erst ermöglichen. Die wirkliche Freude am Sex liegt weder in gedanklicher Stimulation noch in emotionaler Erregung, sondern in verbesserter Klarheit, Kraft und Stärke der Erfahrung auf allen Ebenen. Im Geschlechtsakt können wir wahrhaft wir selbst sein, und dies sollte uns in Sachen Sex sehr feinfühlig machen.«

ISBN 978-3-942914-06-2
120 Seiten

Nach seiner glänzenden Biografie über Dag Hammarskjöld (1905–1961), den parteilosen schwedischen Diplomaten, zweiten Generalsekretär der Vereinten Nationen und spirituellen Denker und Autor, der auf einer Friedensmission in Afrika unter mysteriösen Umständen bei einem Flugzeugabsturz ums Leben kam, legt Roger Lipsey mit diesem Buch ein kluges Vademecum vor über dessen Gedanken zur Kunst der ethischen Führung, die in der heutigen Zeit von Populismus und wiederaufkeimendem Nationalismus vielleicht bedeutsamer sind als jemals zuvor. »In einer Zeit, in der politische Führung sich in vielen Kontexten den schlimmsten und ätzendsten Facetten der Unterhaltungsindustrie angleicht und das Ideal des Dienstes am Allgemeinwohl geringgeschätzt, ja gar missachtet wird, ist es wichtig zu wissen, wo wir nach Hoffnung und neuen Zielen suchen sollen. Dag Hammarskjölds herausragendes Beispiel einer Staatskunst, die gleichzeitig klug, demütig, beherzt, geduldig und gewagt war, haben wir heute so nötig wie Wasser in der Wüste. Roger Lipsey zeigt in diesem begrüßenswerten Buch leidenschaftlich und mit vorbildlicher Klarheit auf, was wir von Hammarskjöld konkret lernen können und wofür genau wir Verantwortung übernehmen sollten« (Rowan Williams, Politiker, Theologe und ehemaliger Erzbischof von Canterbury). »Ich bin mittlerweile zur Erkenntnis gelangt, dass ich im Vergleich zu ihm nur ein kleiner Mensch bin. Er war der größte Staatsmann unseres Jahrhunderts« (John F. Kennedy über Dag Hammarskjöld).

ISBN 978-3-942914-47-5
152 Seiten

Ein Schatz tiefer Einsichten aus spiritueller Perspektive in das große Mysterium des Atems. Inspirierende Vorträge, praktische Übungsanleitungen und eine Auswahl poetischer Texte aus unterschiedlichsten Traditionen laden uns ein, den Atem als Wunder auf vielen Ebenen zu erforschen.

Was ist dieser Atem? Welche Bedeutung liegt in diesem Leben spendenden Geheimnis? Wie wichtig ist das bewusste Atmen für echte spirituelle Transformation? Was sagt uns die Tatsache, dass unser Leben all seine Möglichkeiten zwischen einem Einatmen und einem Ausatmen entfaltet? Wie hängt das alles mit dem Rhythmus des Universums und der Zeit zusammen? Welche Rolle spielt der Atem im »Werden des Seins« aus dem immerwährenden »Schoß des Augenblicks«? Wie können wir Nahrung einatmen und sie ins alchimistische Exilier destillieren, das wir für die nachhaltige Verwandlung unseres Lebens brauchen? Wie können wir ausatmen, um die Atmosphäre in einem Raum oder in einer Situation zu verändern, in Verantwortung für unsere Mitmenschen und für die »kommende Welt«? Was könnte es bedeuten, dass Jesus »auf dem Wasser wandelte« und dass »Atem und Geist eins sind«? Welches ist die esoterische Beziehung zwischen Maria, Jesus, dem Geist Gottes, *rūḥ Allāh,* und Christus?

Vor dem Hintergrund seines lebenslangen Studiums der inneren Essenz der Sufi-Lehren liefert uns der Autor Gedankenanstöße und praktische Tipps zur Atemarbeit in unserem Alltag.

ISBN 978-3-942914-09-3
172 Seiten

Guter Geschmack will gelernt sein: *Le bon-goût s'apprend.* Das gilt insbesondere für das spirituelle Schmecken der Einheit des Seins. In dieser einzigartigen Anthologie beschreiben liebestrunkene Sufis, wahrheitshungrige Gnostiker, erkenntnisdurstige Geisterseher und verschmitzt-weise Skandalgurus, hingebungsvolle Brotbäcker, humorbegnadete Geschichtenerzähler, ägäisverzauberte Lebensreisende und extremfastende Meisterspione Möglichkeiten und Wege, das Feine vom Groben zu unterscheiden, das Obere mit dem Unteren zu verbinden und so die scheinbare Trennlinie zwischen dem Körperlichen und dem Spirituellen zu überwinden. Wenn wir die ›Küchenarbeit an uns selbst‹ in der richtigen, nämlich dienenden Haltung angehen, kultivieren wir in uns diesen guten, feinen Geschmack für die Nähe Gottes. Bewusstes Kochen und Gekochtwerden lässt uns die Heiligkeit in der Transformation von Äußerem und Innerem entdecken.

Neben Ausgesuchtem von Dschalāl ad-Dīn Rūmī, Bahauddin Walad, Hafis, Khalil Gibran, Bülent Rauf, Reshad Feild, Muzaffer Ozak, G.I. Gurdjieff, P.D. Ouspensky, Idries Shah, Osho, Scotus Eriugena, Emanuel Swedenborg oder Henry Miller finden sich hier zum ersten Mal auf Deutsch vorliegende Trouvaillen von Annemarie Schimmel, Muḥyīddīn Ibn 'Arabī, John G. Bennett, Christopher Bamford und Paul Dukes.

ISBN 978-3-942914-20-8
324 Seiten

Was ist das Wesen des Kindes? Was bedeutet Kind*heit* als Archetyp, als spirituelles Ideal und lebendige Wirklichkeit? Wie können wir Kindern helfen, das zu werden, was zu sein sie von der Schöpfung gedacht sind? Was können wir von ihnen lernen, da wir doch aufgerufen sind, zu werden wie sie? Wie können wir ihnen in liebender Achtsamkeit begegnen und ihnen die Art von Nahrung verschaffen, die sie in unserer Zeit brauchen? Dieses Lesebuch bietet Denkanstöße, Erfahrungsberichte und Verhaltensvorschläge aus dem Weisheitsschatz der mystischen Überlieferungen der verschiedenen Religionen wie auch von maßgeblichen Wegbereitenden einer neuen ganzheitlichen Pädagogik. Nicht nur Eltern, Betreuende und Erziehende sind hier angesprochen, sondern alle, die die »versöhnende Kraft des Kindes« (Gurdjieff) verstehen möchten, die »Achtung haben vor den Geheimnissen und den Schwankungen der schweren Arbeit des Wachsens« (Janusz Korczak) und die es sich zur Aufgabe machen, das Kind als »lebendiges menschliches Bild der Wahrheit zu umsorgen« (Bülent Rauf). Und weil letztlich »alle Bildung Selbstbildung ist« (Edith Stein), geht es dabei immer auch um unser »inneres« Kind, das, »wenn die Zeit reif ist, in uns geboren wird« (Reshad Feild). Dieses Buch kann uns helfen, zu verstehen und unsere Kinder zu lehren, was Gott zu jeder und jedem Einzelnen von uns sagt: »Du bist Mein Schmuck; du bist Meine Schönheit; du bist Meine Vollkommenheit; du bist Mein Name« (al-Dschīlī).

ISBN 978-3-942914-34-5
480 Seiten